공동체 가계도

개인 · 가족 · 문화 이야기를 두루 담아

Community Genograms: Using Individual, Family, and Cultural Narratives with Clients

Sandra A. Rigazio-Digilio · Allen E. Ivey · Kara P. Kunkler-Peck · Lois T. Grady 공저

공헌자: Anthony J. Rigazio-Digilio

추천사: Dorothy S. Becvar

강혜성 옮김

박학사

COMMUNITY GENOGRAMS:

Using Individual, Family, and Cultural Narratives with Clients

Sandra A. Rigazio-DiGilio, Allen E. Ivey, Kara P. Kunkler-Peck, and Lois T. Grady

---

역자 서문

저는 상담이라는 지극히 개인적인 만남의 공간에서 역사와 사회를 마주하곤 합니다. 촘촘히 엮여 있는 개인의 행위와 사회구조. 처음에는 개인적인 어려움이라고 여겼던 일이 이야기를 나누고 그 뿌리를 탐구하는 과정에서 새롭게 정의되는 경우가 참 잦았습니다. 자신을 깊이 이해하고 수용하는 과정이 개인의 삶과 사회구조를 아울러 성찰하는 과정과 많이 닮았다는 것도 배웠습니다.

『공동체 가계도』는 위험 사회로 나아가는 한국 상황에 시의적절한 화두를 던지고 있습니다. 기댈 곳 없는 사람들, 불안하고 공허한 사람들, 외롭고 지친 사람들……. 가족을 포함한 다양한 공동체적 기반이 무너지는 상황에서 관계와 공동체가 우리 삶에 어떤 의미가 있는지, 진정한 변화와 행복을 위해서 치료사가 어떤 역할을 할 수 있는지에 대해 이 책은 새롭고 구체적인 대안을 제시합니다.

책에 나온 연습 활동을 해 보면서 자신과의 소통을 시작으로 내담자와 사회를 살피고 이들과 소통하는 방법을 확장해 나갔으면 합니다. 나를 살리고 가족을 살리고 이웃 공동체와 사회를 살리는 돌봄의 문화를 가꾸어 가는 데, 새로운 실천을 모색하고 창조하는 데 이 책이 작은 밑거름이 된다면 더할 나위 없이 좋겠습니다.

이 책의 번역을 계기로 상담 현장에서 공동체의 중요성에 관한 토론과 실천이 더욱 활발해지기를 기대합니다. 마지막으로 이 책이 나오기까지 사랑과 지혜를 나눠 준 가족과 친구, 선생님과 출판 담당자님께 깊이 감사드립니다.

2017년 2월

강혜성

한국어판 저자 서문

한국 독자에게 『공동체 가계도』를 소개하게 되어 무척 기쁩니다. 먼저 이 책을 번역한 강혜성 박사생의 열정과 헌신에 고마움을 표하고 싶습니다. 모쪼록 이 책이 개인, 가족, 공동체를 보살피는 사회복지 및 정신건강 전문가들에게 도움이 된다면 좋겠습니다.

행복하고 건강한 개인과 가족을 만들기 위해서는 공동체의 역할이 절실합니다. 공동체 가계도라는 도구를 활용하여 내담자와 상담사가 함께 개인/가족의 강점과 회복탄력성(resilience)을 살리고, 주변 환경과 공동체에 내재한 자원을 탐색하기를 희망합니다. 이 과정에서 여러분이 치료 맥락을 확장하고, 더 넓은 시각과 다양한 해결 방안을 모색하기를 바랍니다.

우리는 역자와 일하면서 많이 배웠습니다. 특히, 모국 한국의 유연성과 강인함에 대한 역자의 따스한 신념에 감탄했습니다. 그래서 역자가 이 책을 한국 독자에게 소개하고 싶다고 했을 때, 우리는 기꺼운 마음으로 역자의 제안을 받아들였습니다.

내담자가 겪는 어려움을 제대로 이해하는 방법의 하나로, 간과하기 쉬운 공동체 자원을 알아채는 길잡이로, 좀 더 넓고 깊이 있는 관점과 다양한 해결방안을 탐색하는 도구로 이 『공동체 가계도』를 잘 살려 쓴다면 좋겠습니다.

『공동체 가계도』 출판을 계기로 한국에서 공동체 관련 논의가 더욱 활발하고 풍성해지기를 바라며 이 글을 마칩니다.

감사의 마음을 담아,

2017년 산드라 리가지오-디질리오(Sandra Rigazio-DiGilio)와

앨런 아이비(Allen Ivey) 드림

추천사

20세기 중후반에 들어서면서 정신건강 전문가들 사이에서는 개인과 가족을 둘러싸고 있으며 문제의 근원지가 되기도 하는 문화의 맥락을 이해하는 일이 중요한 과제로 떠올랐다. 여성주의와 포스트모더니즘(postmodernism) 지지자들의 이러한 문제 제기에 상담사와 치료사들 또한 내담자의 환경과 문화를 폭넓게 이해하는 것이 매우 중요하다고 공감하기 시작했다. 즉 성별, 인종, 국적, 권력, 특권 등이 삶의 현실을 구성하고 의미 있는 변화를 도모하는 데 결정적인 요소로 여겨졌다.

따라서 내담자를 둘러싸고 있는 환경과 문화의 요소에 민감하고 적절하게 반응하는 일이 치료 과정에서 중요한 요소로 주목받았고, 이와 관련된 여러 가지 접근 방식이 개발되었다. 예를 들어 브루언린(Breunlin), 슈워츠(Schwartz), 매큔-카러(MacKune-Karrer, 1992)와 리가지오-디질리오(Rigazio-DiGilio, 1994)는 내담자에게 영향을 끼치는 다양한 문화 환경이 있음을 함께 고찰하고, 그 문화 환경을 내담자가 개인적으로 해석하고 본인만의 의미를 부여하게끔 도와주는 접근 방식을 발전시켰다. 대를 이어(3대 혹은 그 이상) 가족에게 나타나는 특성을 보여 주는 데 매우 유용한 도구인 가계도(genogram)를 확장하여 문화 맥락을 가계도에 포함하는 다양한 접근 방식 또한 개발되었다(Guerin & Pendagast, 1976; McGoldrick, Gerson,

& Shellenberger, 1999). 예를 들어 종교와 영성에 초점을 맞추기도 하고(Frame, 2000) 경제 문제를 포함하거나(Mumford & Weeks, 2003), 특정 문화 차원을 가계도의 핵심 주제로 다룬다(Congress, 1994; Hardy & Laszloffy, 1995).

앞서 언급한 다양한 접근 방식이 문화 맥락을 민감하게 이해하는 데 나름대로 중요한 이바지를 하지만, 『공동체 가계도』의 저자들은 이러한 움직임을 한 차원 높였다. 즉 이 책은 각 내담자가 자신의 고민과 문제를 깨닫고, 자신을 둘러싸고 있는 특정한 문화 환경의 맥락을 이해하도록 돕는다. 또한, 치료 과정에 초점을 맞추었기 때문에 치료사의 이론적 배경과 상관없이 두루 유용하게 사용이 가능하다.

『공동체 가계도』는 상담 현장에서 폭넓게 사용할 수 있으며, 공동 구성주의(Coconstructivism) 시각에 기초한다. 독자는 이 책을 읽으며 내담자가 공동체 가계도를 활용하여 과거와 현재 자신의 인생 이야기를 다양하게 구성/재구성하는 방법을 배우고, 그 이야기를 미래에 더욱 긍정적이고 편안한 방향으로 만들어 가는 과정에 깊은 인상을 받을 것이다. 공동체 가계도에서는 내담자의 눈으로 바라본 인생 이야기를 그림으로 표현하는데, 이렇게 그림으로 표현하면 쉽게 지나칠 수 있는 부분들이 빠지지 않고 드러난다. 특히 이 책의 저자들은 표준화된 가계도 형태뿐만 아니라 내담자가 창의적으로 자신만의 공동체 가계도를 표현할 수 있도록 돕는 방법을 보여 준다. 공동체 가계도는 내담자가 직접 자기 인생 이야기를 스스로에게 의미 있는 방식으로 표현하게 도와준다는 점에서 포스트모더니즘이 주장하는 '내담자와 전문성 공유하기'라는 개념과도 맥이 닿아 있다. 이 책의 차별화된 가치가 상담 분야에 큰 밑거름이 되리라 믿는다.

도러시 벡바(Dorothy S. Becvar) 박사

저자 서문

공동체 가계도는 사회 · 역사의 맥락에서 개인과 가족의 이해를 도모하는 평가 방법과 치료 계획에 사용된다. 우리는 독자들이 공동체 가계도를 활용하여 내담자에 관한 풍부한 자료를 수집하고, 내담자의 고민이나 문제가 시간과 상황에 따라 달라지는 과정을 폭넓게 이해하기를 희망한다.

공동체 가계도를 활용하면 내담자의 장점을 찾기 쉽다. 상담 형태(개인상담이든 가족상담이든 집단상담이든)를 막론하고 상담과 치료에서 증상 중심의 병리학적 관점을 바탕으로 내담자를 이해하는 경우가 많다. 하지만 내담자 개인, 가족, 공동체의 강점과 가능성에 기반을 두어야 진정한 변화가 가능하다는 견해에 더 큰 힘이 실리고 있다. 공동체 가계도에서는 다양한 질문 전략을 바탕으로 내담자가 개인, 가족, 공동체의 긍정적인 힘과 자원에 초점을 맞추도록 돕는다.

상담 과정에서 내담자가 내면의 강점뿐만 아니라 자신을 둘러싼 환경의 강점을 깨닫도록 돕는 것은 무척 중요하다(Ivey, Gluckstern, & Ivey, 1992; Ivey, Pedersen, & Ivey, 2001). 공동체 가계도는 이야기 치료(narrative therapy)와 같이 긍정성을 지향한다. 강점을 찾는 과정에서 내담자는 시야를 넓혀가며 자기 인생 이야기를 더욱 힘 있고 건설적이고 이로운 방향으로 새롭게 써내려가는 법을 배운다. 이처럼 강점 찾기는 상담의 핵심 요소이다.

공동체 가계도는 상담사가 개인 또는 가족 내담자를 역사적 존재이자 공동체의 한 부분으로 이해하도록 도와준다. 이 관점은 아프리카의 오랜 공동체 중심 세계관과 비슷한데, "공동체의 상호 연결성(communal interconnection) 개념은 … 공동체 안에서의 개인(persons within community)이라는 관점을 지지할 뿐만 아니라, 더욱 온전한 개념인 공동체로서의 사람(person as community)을 강조한다"(Ogbonnaya, 1994, p. 81).

"증상을 줄이는 것에 초점을 맞추면 일시적인 효과를 가져올 뿐이다. 진정한 치료는 [사람과 공동체 사이의] 올바른 관계 정립에 기반을 둔다." 따라서 '병적인' 증상을 다룰 때는 사회, 환경, 문화의 요소를 깊이 이해하려 노력해야 한다. 왜냐하면 이러한 사회, 환경, 문화의 요소는 내담자와 가족이 병을 이해하고 위기에 대응하는 방식에 영향을 미치기 때문이다. 즉 이는 병에 대한 개념, 행동, 반응에 영향을 준다. 따라서 이렇게 내담자와 그 가족의 성장과 상호작용에 영향을 미치는 환경과 사회와 문화의 요소를 이해하는 일을 치료 과정의 일부로 여겨야 한다. 마지막으로 "개개인을 치료하는 것만으로는 진정한 치유가 불가능하다. 한 사람을 치유하기 위해서는 주변인과 그 공동체가 같이 변해야 한다. 즉 개인과 공동체는 연결되어 있기에, 진정한 치유를 위해서는 개인과 공동체가 함께 건강해져야 한다"(Ogbonnaya, 1994, p. 86).

✲ 공동체 정신을 지향하며

이 책을 쓰는 이유 가운데 하나는 공동체 가치관을 강조하기 위해서이다. 현대인의 바쁜 삶 속에서 공동체 정신의 중요성은 쉽게 드러나지 않기에 우리 삶의 행복과 밀접한 연관이 있는 공동체의 영향력은 더 주목받아야 한다. 상담사는 이 책에 나오는 예문과 사례를 활용하여 커뮤니티가 가진 영향력을 이해하고 평가하는 방법을 배울 수 있다. 내담자는 공동체가 미치는 영향력에 대해서 인지하지 못하거나 주어진 사회 환경 속에서 어떻게 변화를 꾀할지 모르는 경우가 많다. 이 책은 내담자의 공동체가 지닌 영향력을 과거, 현재, 미래의 그림으로 구체화하고, 내담자가 그들 삶에서 변화를 추구하고 유지하는 방법을 배우도록 돕는다.

공동체가 지닌 영향력, 사회 구조, 체계 전반에 관해 이야기하기란 내담자나 상담사 모두에게 어려운 일이다. 개인 내면의 생각 · 감정 · 신념에만 초점을 맞추고 상담하기가 더 쉬울 수도 있다. 상담에서 공동체와 사회에 대해서 이야기하기 시작하면 집중력을 잃기 쉬운데, 이럴 때 공동체 가계도 그림이 유용하다. 공동체 가계도 그림에 나타난 환경의 영향에 관해 이야기하면서, 내담자는 자신을 둘러싸고 있는 공동체의 어떤 부분이 자기 삶에 결정적인 영향을 미치는지 깨닫고, 상담에도 쉽게 몰입한다.

공동체를 분석하면 내담자는 두 가지 효과를 거둔다. 첫째, 현재 내담자가 처한 상황에 영향을 미치는 환경과 공동체 문제를 이해한다. 개인의 선택을 제한하고 억압하는 외부 요인을 깨달았을 때 내담자는 더는 문제를 자기 탓으로만 여기지 않게 된다. 둘째는 공동체가 미치는 영향력을 바꾸는 방법을 연구하고 실천해 나갈 수 있다. 곧 내담자 개인뿐만 아니라 이웃, 지역사회, 사회 전체를 위해 더 나은 환경을 만들어 나가는 것이다. 이로써 많은 사람이 정신건강을 증진하는 사회서비스와 정책의 혜택을 받게 된다. 상담에서 오로지 한 개인의 삶에만 초점을 맞춘다면, 개인차와 상호 연관성(interconnectedness)을 동시에 존중하는 이상적인 사회 환경을 만들지 못할 것이다.

※ 사례

이 책에 나오는 예문과 사례는 다양한 임상 및 비임상 사례(개인, 연인, 부부, 가족상담)에서 인용했다. 이 예문과 사례는 내담자가 공동체 가계도를 그리면서 자기 삶에 영향을 미치고 있는 외부 요인을 어떻게 분석하고 대응해 나가는지 보여 준다. 사례와 인터뷰는 다양한 문화와 연령대에서 겪기 쉬운 여러 가지 문제를 다룬다. 사례와 인터뷰에 담긴 질문 전략을 통해 상담사는 내담자와 함께 공동체 가계도를 그려 나가는 방법을 배우게 된다. 내담자와 인터뷰 참여자의 사생활 보호를 위해서 개인 정보는 모두 변경하였다.

이 책에는 다양한 시나리오와 공동체 가계도 양식이 예시로 나온다. 상담 사례들은 공통적으로 내담자가 자신의 장점을 발견, 발전시키고, 나아가 궁극적으로 공동체에 미치는 역량을 향상하는 데 초점을 두고 있다. 내담자 개인이나 가족 내부의 문제에 초점을 맞추는 상담 기법과 이론도 사용되었지만 그 부분은 이 책의 초점이 아니다.

※ 연습 활동

2장~4장에는 상담사 훈련용으로 혹은 내담자와 함께 사용할 수 있는 연습 활동(practice exercises)과 질문을 포함하였다. 이 연습 활동과 질문은 상담사가 공동체 가계도를 상담에 활용 가능한 충분한 지식을 제공한다. 연습 활동을 직접 해보는 과정에서 상담사는 공동체 가계도의 효과를 체감하고, 내담자가 기억을 정리하고 재구성하는 데 도움이 되는 상담 기법을 익힐 것이다. 또한 내담자와 상담자 필요에 맞게 연습 활동의 기법과 질문을 수정해서 사용하기를 권장한다.

※ 내담자의 창의성

내담자의 창의력은 무궁무진하다. 내담자가 자신의 통찰력과 의견을 창조적으로 공동체 가계도에 더할 때, 상담사는 새로운 상담 기법을 배우며 더 의미 있는 질문을 하게 된다. 공동체의 영향력, 지지와 방해물 같은 복잡한 주제를 다룰 때, 공동체 가계도 같은 단순한 도구가 내담자의 창의력과 열정을 끌어내는 데 도움이 된다. 보이지 않는 외부 요인을 인식하게 도와주는 것 또한 상담사가 하는 일이다. 공동체 가계도는 이러한 과정을 돕는 도구 중 하나이며, 상담사와 내담자가 이 과정을 함께 즐기기를 바란다.

이 책에 나오는 예시들은 내담자들이 공동체의 복잡한 영향력을 얼마나 창의적으로 표현했는지 보여 준다. 공동체 가계도를 활용하여 내담자들은 그들 문제를 둘러싼 독특한 문화 환경적 요소를 이해하게 된다. 책의 앞부분에는 공동체 가계도의 다양한 형태를 다루고 있다. 3장에서는 공동체 가계도의 한 형태인 **별 모양 그림**(star diagram)을 소개한다. 이는 교육 차원에서 소개하는 것일 뿐, 상담자와 내담자가 가진 창의성에 한계를 두려는 의도는 아니다. 이 책은 환경 요인들이 내담자의 문제를 정의하고 해결 방식을 찾는 데 미치는 영향력을 보여 준다. 또한 내담자가 공동체 영향력을 평가하도록 돕고, 개인과 공동체 수준에서 동시에 변화를 추구하는 방법을 보여주는 데 초점을 두고 있다.

책의 개요

공동체가 어떻게 개인, 가족과 상호작용을 하는지 이 책 한 권에 다 담을 수는 없다. 이 책은 개인과 가족 이야기가 어떻게 문화 환경 요소와 관련이 있는지를 여섯 개의 장에 나눠 담았다. 1장은 공동체 가계도를 그리는 과정 및 평가도구로서 공동체 가계도를 설명한다. 이 책 전체 개요와 생태계(ecosystemic) 관점에서의 공동체 가계도에 대한 설명도 담겨 있다. 2장에서는 공동체 가계도의 구성 요소를 다룬다. 개인과 가족을 다양하게 정의하는 방법을 제공하는데, 이는 환경 요소를 상담 과정에 통합하는 기본 과정이다. 3장에서는 문화 배경이 상호작용에 미치는 영향을 다루고, 특히 관계에서의 경계선(boundary)과 권력(power)에 관해 설명한다. 이러한 개념들을 활용하면 개인 정체성 형성 과정과 문제 해결 방식에 영향을 미치는 공동체와 환경 요소를 이해하기 쉽다. 4장에서는 생애 전반에 걸친 문제와 발달 과정에서 경험하는 다양한 차이를 다룬다. 5장에서는 한 상담 회기를 구체적으로 분석한다. 공동체 가계도가 정체성, 권력, 억압과 같은 주제를 다루는 방법을 구체적으로 보여 준다. 6장에서는 가족 내 관계가 중심이 되는 상담 회기를 보여 준다. 공동체 가계도를 활용하여 가족 내부의 세대 차와 역동을 깨닫고, 시간 흐름에 따른 가계 역사와 특징을 인식하고, 미래를 준비하는 과정을 보여 준다. 맺음말에서는 공동체 가계도를 활용하여 내담자를 평가하고 치료하는 방법을 논한다. 각 장에서 공동체 가계도가 가진 독특한 구성 요소들이 소개되는데, 이 모든 장을 하나로 통합하면 상담사는 내담자에게 맞게 평가도구를 활용하고 내담자의 관점을 이해하기 쉽다.

❋ 더 나아가

문화를 상담에 통합하는 것은 매우 중요하다. 우리는 이 책이 내담자를 존중하고, 내담자 고유의 역량에 영향을 미치는 여러 사회 환경의 요소를 진정성 있게 다루는 데 이바지하기를 소망한다. 상담사는 내담자를 비난하는 관점을 버리고 내담자 개인의 정신적인 문제나 인간관계 문제를 넘어서, 어떻게 공동체와 가족 내 갈등 요인들이 내담자 개인의 감정, 생각, 행동으로 발현되는지를 고려해야 한다. 물론 내담자의 고충이 모두 문화 환경의 요소에 원인을 두고 있다는 뜻은 아니다. 하지만 내담자를 둘러싸고 있는 사회와 공동체의 반응이 내담자의 문제를 개선하거나 악화시키는 데 크게 영향을 준다는 점은 확실하다. 공동체의 장점과 이점을 이해하면서 내담자들은 변화와 성장하는 데 더 많은 선택이 있음을 깨닫게 된다. 즉 내담자의 관계 · 공동체 · 문화 자산을 향상하는 데 이 책의 궁극적인 목표가 있다.

감사의 글

산드라(Sandra) 앨런 아이비(Allen Ivey) 교수님, 교수님의 지도와 가르침에 감사드립니다. 문화와 환경 맥락 같은 다양한 관점을 상담 과정에서 중요하게 다루는 이 프로젝트에 함께 할 수 있어 영광입니다. 이 프로젝트에 명확성을 더해 준 로이스(Lois)와 카라(Kara)에게도 고마움을 표합니다. 공동체 가계도 예문 사용을 허락한 내담자와 가족들에게도 감사드립니다. 덕분에 실제 삶에서 일어난 일이 어떻게 공동체 가계도 기법에 사용되는지 좋은 예를 제시할 수 있었습니다. 이 책이 세상에 나올 수 있게 도와주신 티쳐스 컬리지 프레스(Teachers College Press) 관련자 분들께, 특히 캐럴 콜린스(Carol Collins)의 지도와 지지에 감사드립니다. 마지막으로 기억 속에 항상 살아 계시는 부모님, 남편 앤서니(Anthony), 딸 엘리자베스(Elizabeth), 아들 니컬러스(Nicholas)와 할머니께 사랑을 담아 고마움을 전합니다.

앨런(Allen) 끊임없는 지지를 보내 주고 실제 편집 일을 돕고 용기를 북돋워 준 아내 메리 브래드퍼드 아이비(Mary Bradford Ivey)께 특별히 감사드립니다. 산드라 리가지오-디질리오와 함께 일하고 알아가는 것은 기쁨이자 큰 배움의 과정이었습니다. 카라(Kara)와 로이스(Lois) 두 사람의 유능함에 매료되었고, 그들과 함께 일할 수 있어서 행운이었습니다.

카라(Kara) 이 책을 함께 쓴 저자들에게 감사를 드리고 싶습니다. 열정이 넘치는 전문가들과 일할 수 있어 정말 영광입니다. 영감과 용기와 지지를 보내 준 가족에게도 깊이 감사를 느낍니다.

로이스(Lois) 박사학위를 받기까지 그리고 받은 후에도, 앨런 아이비 교수님의 지지와 가르침에 감사드립니다. 도리스 셜크로스(Doris Shallcross) 교수님 역시 제가 박사학위를 받기까지 보살펴 주셨습니다. 일레인 앤더슨(Elaine Anderson)은 저를 늘 지지해 주는 특별한 친구입니다. 산드라 리가지오-디질리오는 재미있고 훌륭한 저자입니다. 라일 퍼킨스(Lyle Perkins)는 도자기 공예 학위를 받는 데에 멘토로서 영감을 주었습니다. 돈 와이즈(Don Wise)는 지질학을 연구하는 데 좋은 선생님이자 멘토입니다. 호기심이 많은 저에게 끊임없는 지지와 인내, 용기를 주는 남편과 아이들에게 감사드립니다.

차례

제 1 장

공동체 가계도: 공동체에 바탕을 둔 내담자 이해

이 책은 개인치료와 가족치료에서 사용할 수 있는 대화식 평가도구이자 중재 전략인 공동체 가계도(community genogram)를 다룬다. 내담자를 외떨어진 존재로 보기보다는 관계 속 개인(individuals-in-relation), 관계 속 가족(families-in-relation)으로 보게 돕는 것이 이 책을 저술하게 된 목적이다. 공동체 가계도는 개인, 관계, 맥락, 문화 관점을 중요하게 본다. 임상가는 공동체 가계도를 이용하여 내담자가 과거-현재-미래의 사회 연결망을 어떻게 인식하는지를 한눈에 쉽게 이해할 수 있다. 공동체 가계도는 내담자와 임상가가 놓치기 쉬운 맥락과 공동체 속에서 상호작용과 자원(dynamics and resources)을 알아가고 활용하는 데 큰 도움이 된다.

이 장에서 다룰 세 가지 주요 주제는 다음과 같다.

- 공동체 가계도의 정의
- 공동체 가계도와 다른 그림평가도구의 관계
- 상담 과정에서 공동체 가계도 활용법

공동체 가계도는 주변 사람들 · 상황 · 경험이 어떻게 내담자 자신에게 영향을 미치는지를 자연스럽고도 체계 있게 이해하는 데 도움이 된다. 공동체 가계도는 치료의 모든 단계에서 다양한 목적으로 이용될 수 있다. 내담자는 자신이 깊이 이해하고자 하는 특정 시점 · 맥락 · 사람들을 스스로 선택하며, 공동체 가계도 구성이나 질문 전략은 여러 가지 방식으로 변경할 수 있다. 또한 공동체 가계도는 개인, 가족, 네트워크, 자문과 같은 다양한 치료 양식에서 두루 쓰인다. 공동체 가계도를 그리고 활용하는 방법에 공통된 특성이 있기는 하지만, 내담자가 새로운 것을 창조하는 역량과 경험, 내담자가 겪고 있는 고민에 따라 자기 삶을 그려 내는 방법은 가지각색이다.

공동체 가계도는 가족과 개인 발달에 영향을 미치는 가족 · 사회 · 문화의 영향력을 탐구하고 드러내는 데 쓸모 있는 그림평가도구이다. 이 도구는 내담자가 개인 또는 가족과 관련된 문제를 맥락 속에서 이해하고 판단하는 데 도움이 된다. 공동체 가계도는 내담자의 고충 및 해결 방법과 관련된 사회 자원(가족, 친구, 동료)과 공동체 자원(교회, 학교, 이웃, 공공서비스)을 알아가는 데 초점을 둔다. 또한 여러 시점, 다른 가족 구성원들이 가진 관점을 잡아내는 데도 쓸모가 있다.

공동체 가계도는 두 가지 개념(concepts)에서 나왔다. 첫째, 가족 유산이 개인과 가족 심리와 물리 발달에 미치는 영향을 강조하기 위해 가계도(genogram)라는 말을 썼다. 전통 상담과 치료 모델에서 가족 유산은 맥락을 무시한 채 검토된 경우가 많았다. 가족 유산을 맥락 속에서 이해하기 위해 공동체 환경(community setting)이라는 두 번째 개념을 추가하였다. 공동체 가계도는 내담자가 자신이 중요하다고 생각하는 삶의 시기를 잘 나타내며, 깊이 있는 치료적 대화를 촉진한다.

이 도구는 공동체에 초점을 두고 있다는 점에서 기존의 표준화 가족 가계도와 다르다(예: McGoldrick, Gerson, & Shellenberger, 1999). 공동체에 초점을 둠으로써 내담자에게 도움이 되는 자기 · 가족 · 공동체 모습을 발달시키기 쉽다. 공동체 가계도는 여러 형식으로 그릴 수 있으며 이 책 전반에 걸쳐 다양한 사례를 예로 들 것이다.

※ 그림평가도구: 우리 삶에 숨겨져 있는 구조를 한눈에 그려 보기

내담자가 겪은 경험을 그림으로 한눈에 볼 수 있게 그림으로 표현하는 방식은 유용한 치료 도구 중 하나이다(Guerin & Pendagast, 1976; L'Abate & Bagarozzi, 1993; McGoldrick et al., 1999; Thomlison, 2002). 그림평가도구는 내담자와 임상가 모두에게 개인 발달이나 가족 역동과 같은 쟁점을 이해하는 데 도움을 준다.

❀ 가족 가계도

가족 가계도(family genogram)는 가장 널리 쓰이는 그림평가도구로 개인·가족·그룹·의학 세팅에서 두루 사용되어 왔다(McGoldrick et al., 1999). 가족 가계도를 이용하여 관련 정보를 수집하는 것은 개인·가족 치료의 표준 관행이다. 가족 가계도는 광범위한 정보(예: 가족 구성원 이름, 결혼·출산·이혼·죽음과 같은 주요 가족 행사)를 수집하는 데 도움을 준다. 또한 가족 가계도를 그리는 과정에서 임상에서 주요한 정보—예컨대 가족 관계, 가족 유산, 가족의 중심 주제—를 발견할 수 있다. 무엇보다 가족 가계도는 여러 세대에 걸쳐 되풀이해 온 가족 유형이나 양식을 밝히는 데 도움을 주는 도구 중 하나로, 가족 관련 정보를 체계적으로 한눈에 알아보기 쉽다(Becvar & Becvar, 2003; Dunn & Levitt, 2000; Frame, 2000; Gladding, 2002; Green, 2003; Green, 1999; Worden, 2003).

❀ 문화 가계도

상담사와 치료사가 문화 역량(cultural competence)을 가졌는지 여부를 중요하게 생각함에 따라 문화 역량을 키우는 수단으로 문화 가계도가 개발되었다. 문화 가계도(cultural genogram; Hardy & Laszloffy, 1995)는 이 목적에 가장 적합한 도구 중 하나이다. 하디(Hardy)와 라즈로피(Laszloffy)가 밝히길, "문화 가계도는 수련생들이 자신들이 가진 문화 정체성을 이해하는 데 도움이 되며, 이는 문화 역량과 알아채기 능력을 높이는 데 그 목적이 있다"(p. 228). 이 그림평가도구를 쓰면 (1) 문화가 가족 시스템에 미치는 영향력을 명확히 하고; (2) 문화 정체성을 형성하는 데 이바지하는 주요 모임을 밝히고; (3) 문화와 관련 있는 각종 가정(assumptions), 고정관념, 갈등이 무엇인지 이해하는 데 도움이 되는 대화를 나누며; (4) 상담 수련생이 스스로 자신이 가진 문화 정체성이 어떻게 상담 스타일과 상담 효과에 영향을 미치는지 이해하기 쉽다(Hardy & Laszloffy, 1995).

문화 가계도는 상담 수련용으로 개발된 도구이나 임상 장면에서도 활용할 수 있다(Congress, 1994). 한 예로 문화 가계도는 문화 차이에 따른 어려움을 겪고 있는 다문화 가정(cross-cultural families)에 중요한 관점을 제공해 준다.

❀ 에코맵

에코맵(eco-map)은 환경 맥락 속에서 개인과 가족의 관계를 자세히 그려내는 그림평가도구로, 종이와 연필로 그리거나 컴퓨터 시뮬레이션으로 완성한다(Hartman, 1978). 에코맵은 내담자가 자신이 사는 공간에 직접 영향을 미치는 주요한 시스템(예를 들어 의료 서비스, 사회 서비스, 학교, 일, 친구, 친인척)을 보여 준다. 내담자와 시스템을 연결하는 선과 화살표는 내담자와 이들 시스템 사이의 갈등과 지원 정도를 나타낸다. 임상가는 평가-계획-개입 등 치료 전반에 걸쳐 내담자의 참여를 늘리는 한 방안으로 에코맵을 활용할 수 있다(Gladding, 2002; Thomlison, 2002). 더불어 내담자는 현 상황에 영향을 미치는 환경 스트레스 요소(environmental stressors)를 깨닫고 새로운 대안과 자산(resources)을 찾는 데 도움을 받는다(Hanson & Boyd, 1996).

❀ 기타 그림평가도구

이들 외에도 다양한 그림평가도구가 가족과 연관된 문화 요소를 이해하는 데 쓰인다(예: Thomlison, 2002). 이들은 대부분 개인, 가족 혹은 집단에 문화가 미치는 힘(cultural forces) 사이의 역학을 이해하는 데 초점을 두고 있다.

그림평가도구는 개인과 가족의 역사(예: Duhl, 1981); 가족 구조, 발달, 문제 해결(예: Meyerstein, 1979); 성 역할 발달 역사(예: Green, 2003); 원가족(family-of-origin) 기억(예: Coopersmith, 1980); 개인과 가족의 자기 인식(예: Thomlison, 2002); 의미 부여의 원천(예: Ivey, D'Andrea, Ivey, & Simek-Morgan, 2002)을 이해하는 데에도 많이 활용된다. 이런 그림평가도구를 쓰면 개인과 가족에게 관련된 시기 · 맥락 요소들이 무엇인지 드러내기 쉽고 이는 치료 과정을 촉진한다. 이 기법들은 경험, 해석, 의사결정, 행동과 관련된 대인관계나 개인 내면 현상을 눈으로 볼 수 있게 나타내 주며, 그 치료 효과 또한 증명되었다. 하지만 이 평가도구들은 관계 속 개인(individuals-in-relation)이나 관계 속 가족(families-in-relation)과 관련된 이슈를 분명하게 다루지 않을뿐더러, 인간과 시스템 발달에 장기간 영향을 미치는 더 큰 맥락을 잡아내지는 못한다.

❋ 공동체 가계도 관점: 개인 · 관계 · 가족 · 공동체 · 문화의 관계

공동체 가계도는 사용하기 쉽고, 다양한 내적 · 대인관계상의 요소들을 잘 정리하고 통합한다. 공동체 가계도는 상호작용에 기반을 둔 평가도구이며, 그림 하나로 다른 그림평가도구에서 보여 주고자 하는 여러 변인을 한꺼번에 보여 준다. 다른 평가도구들이 주로 치료 초반에 평가나 치료 계획을 목적으로 쓰이는 반면, 공동체 가계도는 상담 · 치료 과정 전반에 걸쳐 계속 활용할 수 있다. 공동체 가계도는 여타 그림평가도구와 개념적으로 다르므로 공동체 가계도 구성과 활용에 바탕이 된 관점들을 검토할 필요가 있다.

역사적으로 북유럽과 미국 문화에서는 개인과 가족을 하나의 고립된 독립체로 바라보곤 했다. 상담과 치료에서는 주로 정신 내적 역동(intrapsychic dynamics)과 가족 내 역동(intrafamilial dynamics)에 초점을 맞췄으며, 내담자와 내담자를 둘러싼 사회 맥락 사이의 상호작용에 대해서는 거의 다루지 않았다. 여성주의 이론가와 치료사(Goldner, 1993; Hare-Mustin, 1978; Luepnitz, 1988; Whipple, 1999; Williams & Wittig, 1997 참조)는 이 고전 치료 이론들의 한계를 지적하며 내담자가 안고 있는 어려움을 양성한 문화 환경적 요소에 더욱 많은 주의를 기울일 것을 촉구했다.

여성주의 평론과 비슷하게 다문화주의자들도 전통적 상담 모델이 민족과 인종에 대한 인식이 부족하다고 지적하였다(Cheatham, 1990; D'Andrea & Daniels, 2001; Falicov, 1988;Hardy, 1990; Ibrahim, 1985; Pedersen, 1991 참조). 앞서 다룬 전통 치료 모델에서는 내담자를 나이, 문화 배경, 성과 관계없이 모두 똑같이 치료하였다. 이에 반해 오늘날 임상가들은 사회문화가 개인에게 미치는 억압을 인식, 이에 대응하는 치료를 제공해야 한다고 여긴다.

개인과 가족은 환경으로부터 완벽히 분리되거나 외부 세계에서 완전히 독립하여 발달하는 존재가 아니다. 공동체 가계도는 생태계(ecosystemic) 관점(Auerswald, 1983)에 바탕을 두고 있다. 생태계 관점은 개인과 체계 이론을 통합하며, 내담자의 전체적 발달 맥락을 고려한다. 또한 개인이 가족 · 지역사회 · 사회문화의 환경 속에서 발달하고 성장한다고 믿는다. 따라서 인간이 발달하고 적응하게 만드는 힘은 개인 · 가족 · 환경의 상호작용이라고 보고 있다(Axelson, 1999; Harland, 1987; Ivey, Gonçalves, & Ivey, 1989; Vygotsky, 1934/1986 참조).

미누친(Minuchin, 1974)은 가족에게 두 가지 기능이 있다고 보았다: (1) 가족 구성원들의 심리사회적 필요를 충족하며, (2) 가족 내의 바람과 문화 관습, 사회로부터의 요구사항 사이에서 균형을 맞춘다. 우리 또한 가족이 일차 사회화를 담당하며, 개인이 성장함에 따라 가족 경계(family's boundaries)가 점점 더 큰 사회 환경으로 확대된다고 본다. 동시에 가족은 전체 사회 안에 있는 하위체계(subsystems)로 거대한 사회 실체 속에서 운영, 발달한다. **그림 1.1**은 생태계 관점에서 본 가족 역할 중재 모델이다. 4개의 동심원은 문화 · 사회 · 지역사회 · 가족 내부의 혹은 상호 간의 역동을 나타낸다. 이런 역동이 미치는 영향이 무엇인지, 어떤 방식으로 내담자가 속한 문화를 존중할 수 있는지 이해하는 것은 상담과 치료 과정에서 무

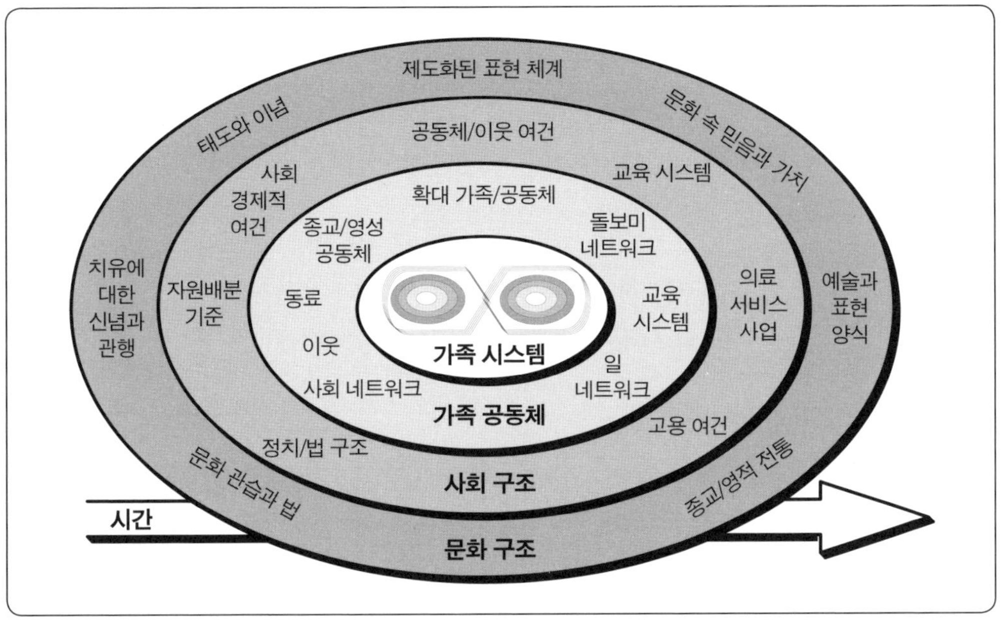

그림 1.1 가족: 인간과 시스템 발달을 위한 중재 맥락(mediating context)

척 중요하다. 그림의 한가운데 원(가족 시스템)을 살펴보자. 그림에서 보듯 가족 구성원 개개인은 이 4단계 요소들을 지니고 있으며, 가족 맥락이라는 관점을 통해 자신과 타인에 대한 인식을 형성해 간다. 따라서 우리는 자기(self)와 관계 속 나(self-in-relation)에 대한 맨 처음 모습을 만드는 데 가족 시스템이 유일하지는 않지만 가장 중요하다고 본다.

임상가와 내담자가 과거 삶을 재평가하고 더 나은 현재와 미래를 위해 변화를 추구할 때 이런 전체론 관점(holistic perspective)을 활용해 어떤 개인 · 집단 자원이 필요한지 이해하면 좋다. 이렇게 전체를 바라보는 눈으로 내담자와 임상가는 스트레스의 원인과 내담자가 가진 강점(strengths)을 오롯이 파악할 수 있다. 대개 스트레스와 강점은 개인과 가족에 내재할 뿐만 아니라 공동체와 주류 문화 환경의 영향을 받기 때문에 개인 · 대인관계 · 상호작용과 관련된 자원을 다양한 맥락 속에서 파악하고 이해해야 치료 성장을 촉진하기 쉽다.

그림 1.1에는 시간(time)이라는 요소를 포함하였다. 자기(self)와 관

계 속 나(self-in-relation)에 대한 개념은 시간이 지나면서, 즉 개인, 가족, 중요한 사람들, 관련 공동체 및 문화 양식 사이 문화 교환 과정(cultural exchange process)을 거치면서 변한다. 시간 변화와 다양한 맥락 속의 사회역사 요건들은 이러한 사회 교환 구조에 영향을 미친다. 개인과 가족 특성, 발달 궤적(developmental trajectories), 구조 속 권력과 영향력 정도(positions of power and influence within the structure)는 특정 시공간의 인간 발달과 의미화 과정(meaning-making process)에 이바지한다. 예를 들어 추상적인 문화와 사회 개념은 개인 · 집단 발달에 중요한 정보를 제공하며, 동시에 개인과 집단 행동에 영향을 받는다. 이런 방식으로 문화 양식과 사회 구조는 개인과 가족이 가진 독특한 차이들을 엮어, "공유된 세계(shared world)에서 어느 정도 협의하며 살아가는 것이 가능하다고 느끼게 돕는다"(Wentworth & Wentworth, 1997, p. 42). 가족은 개개인이 공유하고 있는 세계와 협상하는 방법을 배우는 근본 모체이다.

전체적으로 인간과 시스템 발달을 이해하려면 임상가가 다양한 시점에서 네 가지 단계의 정보를 모두 얻으려고 노력해야 한다. 아쉽게도 우리가 가장 자주 이용하는 그림평가도구인 가족 가계도는 이런 확장된 영역을 평가하는 데 다소 부족할 때가 있다. 가족 가계도는 개인과 가족 기능에 영향을 미치는 가족 · 유전의 영향을 파악하는 데 매우 유용하다. 또한 가족 가계도는 가족 내력을 강조하기에 지금 겪고 있는 문제가 현세대에만 국한된 문제가 아니라 세대 간 패턴(intergenerational patterns)을 이해해야 한다고 강조한다. 이러한 시간 관점(temporal perspective)은 관계 속 내담자(client-in-relation)가 지닌 한 측면을 다루긴 하지만, 가족 밖에 존재하는 다른 요소들—직장 · 학교 · 교회 · 지역사회 기관 · 친구 · 이웃 · 주요 사회문화정치적 테마—이 어떻게 서로 영향을 미치는지는 다루지 않는다.

마찬가지로 전통 가족 가계도에서는 문화 환경이 가족에게 미치는 영향을 간과하는 경향이 있다. 가족 가계도 분석만으로는 문화와 환경이 의사결정, 상호작용 패턴과 경향, 존경과 사랑 표현 방식 등에 어느 정도로 영향을 미치는지 파악하기 어렵다. 가족 가계도는 가족 안 문제에 주로 초점을 맞추는 경향이 있으므로, 가족과 이들을 둘러싼 사회문화 환경 간의 갈등 ·

차이 · 권력 격차와 같은 주제를 간과하기 쉽다.

공동체 가계도는 가족 밖에서 일어나는 현상에 대한 시각을 제공하기 때문에 가족 가계도를 보완하는 유용한 도구이다. 가족 가계도에서 주로 사용하는 3세대 가족 관계도(three-generation family tree structure) 그림은 내담자, 가족, 지역사회, 문화 사이의 상호작용을 정확히 담아내는 데 한계가 있다. 공동체 가계도에서는 다양한 형태의 도표를 활용하여 개인 · 가족 · 사회 환경이 어떻게 자기 · 관계 속 나 · 건강 · 고충 · 장애라는 개념을 구성하는 데 영향을 미치는지 탐구한다. 공동체 가계도는 다음과 같은 질문에 답을 준다. 내담자가 처한 현재 상황에 영향을 미치는 지역사회 내 주요 이벤트 · 인물 · 제도(institutions)는 무엇인가? 외부 환경은 어떤 방식으로 개인 · 가족 · 관련 그룹에 특권과 압제를 행사하는가? 내담자는 이러한 외부 세력을 통제할 힘을 어느 정도 가지고 있는가(현재와 미래 시점에서)? 내담자는 이들 사이의 상호작용을 어떻게 받아들이고 있으며, 이 관계 속에 있는 강점을 어떻게 치료 목적에 맞게 활용할 수 있는가?

공동체 가계도는 기존 정신건강 서비스(mental health services)가 가진 관점을 더욱더 넓게 확장, 개인 역동(individual dynamics)뿐만 아니라 관계 역동(relational dynamics)을 이해하는 데 도움이 된다. 공동체 가계도는 다음 영역에서 내담자를 이해하는 데 유용하다.

- 자기(self)
- 관계 속 나(self-in-relation)
- 관계 시스템(relational systems)
- 광범위한 사회문화 맥락(wider sociocultural context)
- 발달 내력(developmental history)
- 역사 맥락(contextual history)
- 삶의 과제와 기능(life tasks and functions)

또한 공동체 가계도는 내담자의 정신건강과 관련된 필요(needs)를 최대한 충족시키는 데 초점을 둔다. 개인 · 가족 · 사회문화 환경은 고유한 분석 구조이자 서로 연관된 요소이며, 이들은 인간과 시스템이 발달하는 상호작용

체계를 구성한다.

따라서 공동체 가계도는 문화와 맥락을 세심히 고려하는 평가와 치료 계획 도구이다. 내담자가 자신을 맥락 속 개인(persons-in-context) 혹은 맥락 속 시스템(systems-in-context)으로 이해할수록 긍정적 발달에 필요한 자원들을 더욱더 쉽게 발견하고 활용할 수 있게 된다. 내담자는 자신 혹은 타인을 전적으로 탓하는 방식에서 벗어나 점점 개인 · 가족 · 지역사회 · 문화 환경이 미치는 영향을 균형 있게 이해하는 방식을 체득한다. 내담자와 환경 사이의 이 균형감(balance)은 내담자와 임상가가 상담과 치료를 더욱더 긍정적으로 체험하는 데 도움이 될 뿐만 아니라 치료 과정을 더욱 재미있게 하여 사람들의 참여를 촉진한다.

❁ 맥락 내에서 발달 조망하기: 엘리자베스 사례

이 사례는 공동체 가계도를 간단명료하게 사용한 예이다. 엘리자베스(Elizabeth, 54)는 공군 소속으로, 군 관련 고등학교에서 지도교사(guidance counselor)로 일하다 얼마 전에 은퇴하였다. 엘리자베스는 전문 상담사이며, 은퇴 후 프리랜서 교육/상담 전문가로 일하려 한다. 현재 엘리자베스는 한 대학에 있는 상담 센터에서 일하며 박사 공부를 하고 있다. 우리는 1~4장에 걸쳐 엘리자베스가 그린 그림과 분석을 활용할 예정이다.

그림 1.2는 포개진 바퀴(wheel) 모양 그림인데, 엘리자베스는 자신의 생애주기(life span)에 영향을 미친 맥락(context)을 바퀴 모양으로 표현했다. 각 바퀴는 삶의 각 단계(stage)를 대표하며, 한 단계에서 그다음 단계로 나아간다. 바퀴의 크기는 특정 시기의 시간 총량과 연관이 있다. 바퀴는 환경(타인 포함) · 조상(ancestral) · 생물/신체 · 영성 · 심리 · 사회적 요소로 구성되어 있다. 엘리자베스는 각 바퀴의 중심에 나("I")라는 글자를 적었다. 여기서 나("I")는 엘리자베스 자신을 뜻하며, 엘리자베스는 다음과 같이 말했다. "나는 바퀴처럼 유동적이에요. 늘 변해 왔죠. 나 자신, 환경, 다른 사람과의 관계에서 말이죠." 바큇살은 주제와 논점을 묘사한다. 엘리자베스는 이렇게 말했다. "각 단계의 유의미한 바큇살(spokes)이 생애 전반에 걸

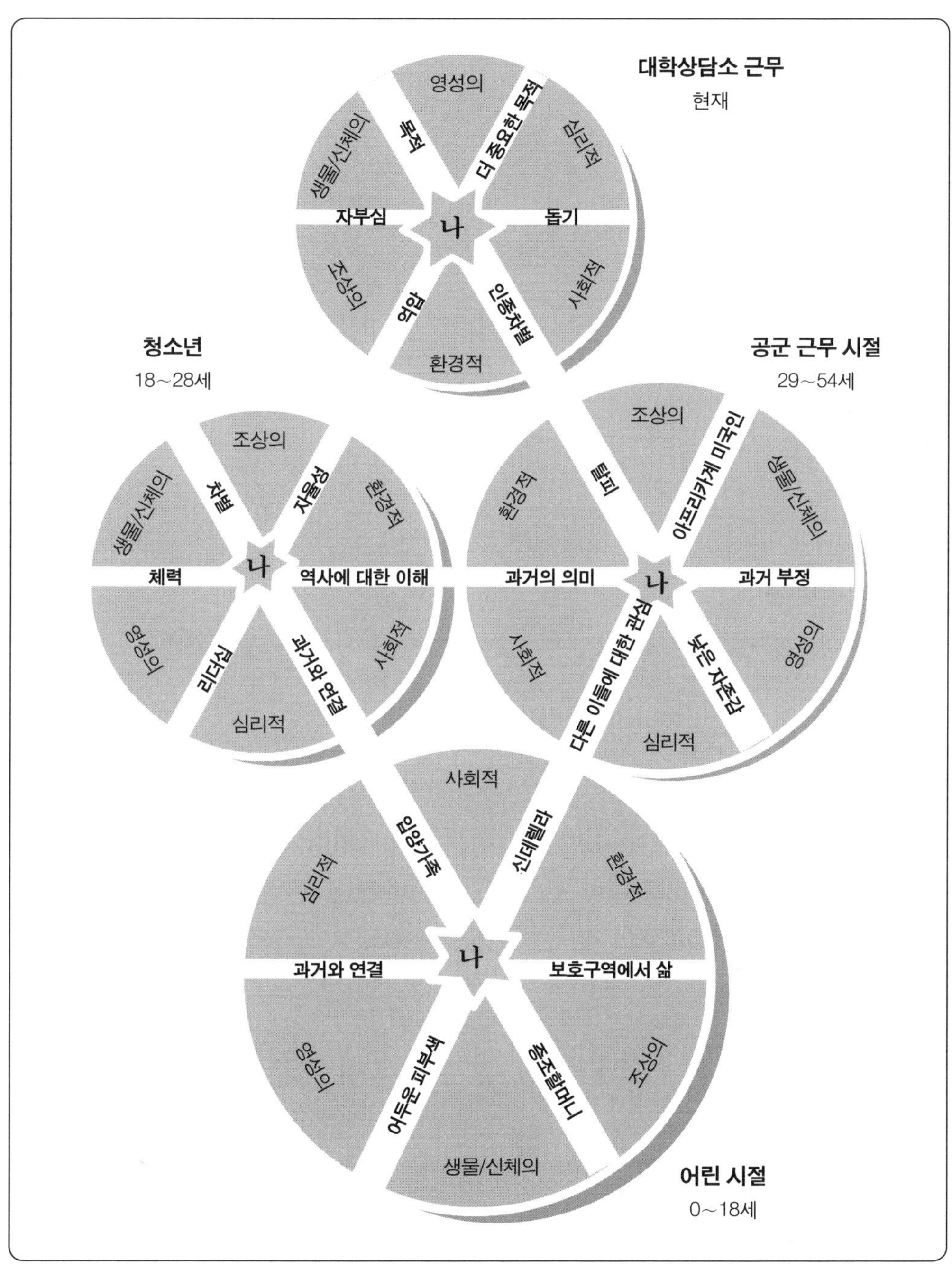

그림 1.2 엘리자베스: 생애주기 관점

쳐 서로 의미 있게 연결되어 있어요. 그런데 때로는 이 바퀴살이 다른 상황으로 변하기도 하지요. 각 바퀴의 바퀴살은 삶의 단계에 따라 다른 식으로 모습을 드러내요. 어떤 바퀴살은 다른 것보다 더 두껍지요. 더 큰 영향을 미치는 바퀴살을 더 두껍게 그렸어요."

엘리자베스는 바퀴살이 게임이나 각본(script) 같은 모습으로 나타나며, 실제 대인관계에 영향을 미친다고 설명했다. 바퀴살 사이에 있는 공간은 "삶의 결(texture), 시공간(time spaces), 살아가는 환경"을 뜻한다. 바퀴의 둘레는 "다음 삶의 단계로 나아가는 변환점"을 뜻한다. 서로 연동된 바퀴들은 다양한 영역—엘리자베스의 조상뿐만 아니라 현세의 세계 공동체 · 확대 가족 · 출생 가족—을 다 아우른다. 엘리자베스는 이렇게 말했다. "삶은 여행이라고 생각해요. 과거에 있었던 일, 지금 일어나는 일과 주변에서 일어나는 일들이 서로 영향을 미치거든요."

엘리자베스는 이 그림이 세상사의 속성—모든 것이 끊임없이 변화하고 순환한다는 것—을 잘 묘사한다고 생각한다. 각 주요 사건에 내재한 역사/게임과 각본을 이해할 때만 진정으로 변할 수 있다. 이 게임과 각본을 한 번 이해하고 나면 자신의 이야기를 새로 쓰기 쉽다. "어떤 일은 다른 일보다 더 많은 영향을 미쳐요. 그때그때 어떻게 개입하고 대응하느냐에 따라 삶의 방향이 바뀌곤 하죠. 하지만 결국에는 이 모든 게 다 우리에게 영향을 미치지요." 엘리자베스가 내린 분석은 다음 장에서 다시 다룰 예정이다.

※ 상담과 치료 전반에 걸쳐 공동체 가계도 사용하기

내담자들은 공동체 가계도 구성과 해석에 적극적으로 참여한다. 임상가는 질문을 통해 내담자가 자신의 삶을 좀 더 구체적이고 분명하게 표현하는 것을 돕고 내담자의 치료 동기를 파악한다. 내담자 이야기에는 변화와 성공을 위해 무엇이 필요한지도 담겨 있다. 치료사는 내담자가 미처 보지 못했던 강점(hidden strengths)을 찾아 이를 제대로 활용할 수 있도록 돕고, 내담자는 자기 자신에 관해 이야기하면서 현실을 새로이 조망하게 된다. 과거에 관한 이야기와 경험과 이미지를 되새기는 과정에서 내담자는 자기 · 가족 · 집단에 대한 새로운 시각을 배우고 익힌다. 요컨대 공동체 가계도는 치료 전반에 걸쳐 사용할 수 있으며, 내담자의 삶을 묘사하고 평가하는 수단을 넘어 변화를 만드는 핵심 전략으로 활용이 가능하다.

공동체 가계도는 내담자의 문화유산, 주요한 삶의 일화, 변화를 위한 숨어 있는 자원을 새로이 발견하고 이에 대한 자각을 높이는 데 도움이 된다. 이러한 임상 정보를 바탕으로 임상가는 내담자가 현재 겪고 있는 이슈가 어떻게 발달했는지에 대한 가설을 세우고, 여기에 영향을 미치는 지역사회와 문화 요소를 이해할 수 있다. 또한 공동체 가계도는 내담자가 주인이 되어 치료의 초점과 치료 방향을 정하게 돕는다. 알렉스(Alex)의 사례를 들어 치료 전반에 걸쳐 공동체 가계도를 어떻게 적용할 수 있는지 보여 주겠다.

알렉스는 최근 이혼을 했고 아이가 둘 있다(그림 1.3 참조). 알렉스는 자기의심(self-doubt), 낮은 자존감(low self-esteem), 자신이 좋은 엄

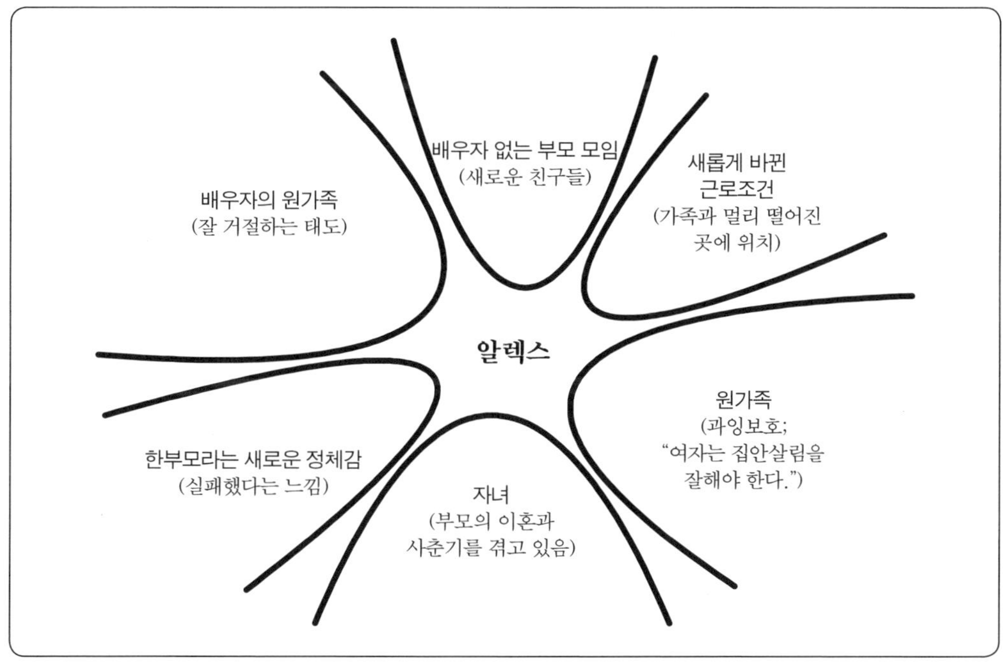

그림 1.3 공동체 가계도 예: 알렉스

마 · 친구 · 직장인인지에 대한 의구심이 생겨 치료를 받고자 하였다. 공동체 가계도를 그리고 분석하면서, 알렉스는 원가족에서 배운 규칙(rules)과 지역사회/문화의 영향력(forces) 때문에 우울해졌다는 사실을 깨달았다. 치료는 이 규칙과 영향력에 초점을 맞춰 진행되었다.

✿ 치료 초기

공동체 가계도는 상담과 치료의 모든 단계에서 사용할 수 있다. 치료 초기 단계에서는 공동체 가계도를 활용, 치료 초점을 어디에 둘지 정하는데 내담자의 참여를 끌어낼 수 있다. 공동체 가계도는 쉽고 편하게 그릴 수 있으며, 방대한 정보를 간결하고 한눈에 보기 쉽게 정리하는 데 유용하다. 공동체 가계도를 사용하면 치료를 계획할 때 기존 평가도구나 표준화 가족 가계도에서는 미처 생각하지 못한 다양한 선택지와 대안을 고려할 수 있다.

공동체 가계도는 내담자가 현재 겪고 있는 문제점을 이해하고 해결책을 모색할 때 지역사회와 문화 요소들을 동시에 헤아리도록 돕는 데 그 목적이 있다. 현재 어려움을 개인 · 가족 · 지역사회의 상호작용이라는 관점에서 이해하기 시작하면, 내담자들은 자신이 겪고 있는 어려움이 자신만의 문제가 아님을 이해하게 된다. 즉 내담자는 현재 여러 고충과 연관된 사회 변화, 지역사회 고민, 발달 역사를 함께 인식하게 되며, 이러한 역학을 이해하는 과정에서 내담자는 자신을 "환자로 지목된 사람(identified patients)"으로 보는 관점에서 벗어나 "자신과 환경의 상호작용(interactions between clients and their environment)"이라는 더 큰 영역에 초점을 두게 된다.

알렉스는 공동체 가계도를 활용하여 현대 미국 사회에서 이혼한 엄마들이 전통적 여성 역할을 고수할 경우 어떤 어려움을 겪는지 이해하였다. 예를 들어, 알렉스는 성 역할에 대한 가정들(gender role assumptions)—이 가정들은 1950년대 출생한 중산층 미국인들이 가진 가정(assumption)과 유사하다—이 자신이 겪고 있는 새로운 상황을 잘 대변해 주지 못한다는 것을 깨달았다. 이전에 알렉스는 "여성은 집과 가족을 돌봐야 한다"는 믿음, 다른 말로는 "남성은 경제적인 부분을 책임진다"는 믿음을 가지고 있었는데, 알렉스는 현대 법과 경제 동향에 맞춰 자신이 가진 믿음을 새롭게 바라보아야 할 필요성을 느꼈다. 또한 알렉스는 자기 딸뿐만 아니라 다른 청소년들 또한 부모가 이혼하면서 수많은 변화를 경험하며 학업과 관련해 많은 어려움을 호소한다는 것을 알게 되었다. 더불어 알렉스는 자신의 원가족이 지닌 과잉보호 성향과 이혼한 남편의 원가족이 지닌 차가운 태도는 다른 가족들에게서도 흔히 발견되는 것임을 깨달았다. 자신이 처한 상황이 흔하고 평범한 일이라는 것을 알게 되면서 알렉스는 자신이 가진 문제를 자기 자신과 분리할 수 있게 되었다(externalize). 더불어 자신의 발달 내력(developmental history)과 현재 처한 상황이 어떻게 자기 행동과 반응에 영향을 미쳐 왔는지 이해할 수 있었다.

❀ 치료의 진척: 이야기 재구성 과정

공동체 가계도를 참조하고 새로운 정보와 해석을 갱신하는 과정을 거치면서 우리는 치료의 진척도를 가늠할 수 있다. 상담은 내담자가 자기 삶을 새롭게 이야기하는 능력이라고 정의되기도 한다(Anderson & Goolishian, 1988; De Shazer, 1991; Gergen,1999; Kittredge, 1999; Morgan, 2000; Polkinghorne, 1994; White & Epston,1990). 우리는 공동체 가계도 그림으로 내담자가 새롭게 쓴 이야기를 분명히 보여 주고 그 의미를 더욱 굳건히 다질 수 있다.

내담자는 자신의 고민을 더 깊이 탐구하고 해결책을 찾아가면서 때때로 새로운 이미지와 이야기를 생각해 낸다. 이런 새 이미지들은 직조 벽걸이(tapestry)를 짜듯 기존 공동체 가계도에 조금씩 추가로 덧붙여 그릴 수 있으며, 상황별(situation-specific) 혹은 주제별(theme-specific) 공동체 가계도를 따로 그려 특정 시기나 상황 속 내담자의 삶 형태를 더 깊이 탐구할 수도 있다. 이러한 특수 공동체 가계도는 처음 작성한 공동체 가계도가 지닌 미묘한 뉘앙스를 살리고 이야기 재구성 과정(re-storying process)을 촉진하는 데 도움이 된다.

자신의 우울증을 병리적인 것으로 보기보다는 어려운 상황을 헤쳐 나가려는 인내와 용기로 바라볼 수 있게 되면서, 알렉스는 지역사회에 다시 복귀하였다. 그뿐만 아니라 알렉스는 '배우자 없는 부모 모임'(Parents Without Partners)이나 '이혼 가정 청소년 지지 그룹'과 같은 지역사회 자원을 찾아냈다.

배우자 없는 부모 모임에서 알렉스는 자신과 유사한 경험을 가진 부모들을 만났다. 이들은 알렉스의 처지를 잘 이해했고 자신들이 어떻게 난관을 극복했는지 이야기해 주었다. 알렉스는 한부모라는 새로운 정체성을 긍정적으로 받아들이게 되었고, 한부모 가정에 필요한 것이 무엇이며 어떻게 지원을 요청해야 하는지도 더 명확히 이해하였다. 새로이 업데이트한 종합 공동체 가계도(composite community genogram)에 알렉스는 배우자 없는 부모 모임을 추가하였고, 이혼을 반대한 사람들이 지닌 영향력이 축소되었다고 묘사하였다. 이는 과거에 부정적으로 인식하던 것을 이제는 긍정적인 강점으로 받아들이는 것을 보여 주는 한 지표이다. 예를 들어, 알렉스는 이제 자녀들을 자산으로 느끼며 한부모로서 역할에 더 큰 자신감을 느꼈다. 실제로 알렉스는 회사 동료 세 사람과 함께 가족 상황을 고려한 유연근무일정(flex scheduling)을 허가해 달라는 진정을 올려 성공했다.

❁ 치료 종결

공동체 가계도는 치료 종결시 사용할 수 있는 유용한 활동(activity) 가운데 하나이다. 내담자는 공동체 가계도를 되짚어 보면서 변화와 진척이 어디에서 일어났는지 구체적으로 이해할 수 있다. 내담자는 자신이 겪고 있던 고충을 새로운 눈으로 바라보고, 공동체 가계도를 분석하면서 스스로 일군 변화에 만족감을 느끼며 치료를 마무리하게 된다. 예전에는 문제로 생각했던 것을 강점이나 자산으로 새로이 인식하는 경우도 흔하다. 내담자들은 거시적 관점에서 문제를 정의하는 기술을 배우며 이것은 변화를 꾀하는 다양한 대안을 더 많이 발견하는 데 도움이 된다.

임상가들에게는 이 그림이 치료 진행 정도를 나타내 주는 시각 자료와도 같다. 내담자들이 자기 이야기를 새롭게 쓰고, 새로운 자원을 찾아 활용하도록 돕는 것이 치료 종결 과정의 핵심이다. 공동체 가계도는 치료에서 얻은 이득을 지속하는데 보탬이 되는 지도(map)이기도 하다. 새로운 이야기와 자원은 공동체 가계도에 이미 잘 묘사되어 있기에 치료 종결시 이에 대해 이야기를 나누면 좋다. 마지막으로 치료 종결시 공동체 가계도를 이용하면 내담자는 치료 후에도 필요할 때마다 공동체 가계도를 스스로 활용하여 의미 있는 변화를 만들어 가기 쉽다.

> 치료 초반 알렉스는 자신의 나약함(weakness) 때문에 우울증이 왔다고 믿었다. 공동체 가계도 분석 과정에서 알렉스는 더 이상 자신과 가족의 상황과 필요에 맞지 않는 기존 규칙에 맞춰 살아가려는 데서 우울증이 왔음을 깨달았다. 이런 새로운 깨달음을 바탕으로 알렉스는 자신과 비슷한 신념을 지닌 사람들을 만났고, 이 난관을 성공적으로 헤쳐나가는 방법도 배웠다. 치료 종결시 알렉스는 한부모 가정의 경제 및 자녀 양육 관련 전문 변호사와 연결이 되었다.

결론: 지도와 실제 지형의 차이

우리는 이 책 전반에 걸쳐 다양한 사례를 들어 실례를 보여 주려 한다. 각 치료 사례에서 나오는 추론, 가설, 치료 관련 판단은 다양한 선택지 가운데 하나일 뿐 우리가 꼭 따라야 할 유일한 방법은 아니다. 내담자-임상가 관계는 사례별로 다르며, 이 관계 양상에 따라 치료 과정 또한 달라진다. 이 책에 제시된 사례들은 우리가 내담자들과 해온 치료 작업 가운데 일부를 보여 주는 것으로, 유사한 증상을 가진 내담자들에게 똑같이 적용할 수 있는 치료 모델을 제시하고자 한 것은 아니다.

공동체 가계도는 어느 정도까지는 간접 정보(secondhand information)로 구성된다. 즉 공동체 가계도는 실제 상황과 상호작용에 대해 내담자가 내린 해석과 기억을 재구성한 것이며, 그렇기에 내담자와 가족들이 기억 회상시 특정 영역을 과소평가 혹은 과대평가할 수 있다는 것 또한 염두에 두어야 한다. 하지만 우리는 정신건강 전문가(mental health professionals)이지 사학자(historians)가 아니기에 사실 정확도나 검증 가능성에 초점을 둘 필요는 없다. 우리는 내담자가 내린 해석이 내담자 삶에 어떤 영향을 미쳤는지 알아차리는 것에 더 초점을 둬야 한다. 공동체 가계도는 치료적 대화를 촉진하고 내담자와 치료사가 함께 결정한 방향으로 치료를 진전시키는 데 유용한 방법 가운데 하나이다.

공동체 가계도가 경험의 주관적인 부분을 묘사하지만 이를 작성하고 분석하는 과정에서 우리는 내담자의 고민과 관심 주제를 더욱더 체계적으로 탐구할 수 있다. 곧 공동체 가계도는 치료가 어느 정도 진척되었는지를 기록하고 추가 분석이 필요한 영역을 규명하는 데 유용한 지도이다. 공동체 가계도로 내담자는 그들 자신, 가족, 소속 지역사회에 내재한 강점과 자원을 찾아내고 자기 삶을 새롭게 쓰게 된다.

제 2 장

공동체 가계도 그리기와 해석: 관계 속 나와 관계 속 가족 탐구

공동체 가계도는 지극히 개개인에게 맞춘(personal) 작업이다. 내담자 개개인의 고유한 특성과 표현 능력을 살리기 위해서 상담사는 섬세하게 지식을 사용하고 여러 상황을 잘 고려해야 한다. 이를 위해 공동체 가계도가 바탕을 두고 있는 주요 개념과 이론, 가정을 충분히 이해하는 것이 필요하다. 상담사는 내담자들이 지닌 학습 방식(learning styles)과 개별 필요에 맞추어 다양한 방식으로 유연하게 공동체 가계도를 적용할 수 있다. 이 장에서는 다섯 가지 구체적 목표를 달성하고자 한다.

- '관계 속 나'와 '관계 속 가족'이라는 개념 이해
- 분리형 관점(separate perspective)과 관계형 관점(relational perspective)의 구분
- 권력(power)이 자기를 바라보는 관점에 미치는 영향 고려
- 공동체 가계도 그리기와 해석을 뒷받침하는 주요 가정(assumptions) 이해
- 공동체 가계도 그리기에 관련된 기본 단계 이해

자기와 가족에 대한 다양한 정의의 명료화

다음 질문은 겉보기엔 단순해 보이지만 흥미로운 대답을 끌어낸다. "자신이 어떤 사람인지 말해 주시겠어요?", "가족을 어떻게 정의하시겠어요?", "가족과 지역사회가 당신 삶에 어떤 영향을 미쳤나요?" 이런 질문들은 개인과 가족 정체성의 여러 가지 측면에 초점을 맞추고 있으며 이는 이 책의 핵심과 맞닿아 있다. 임상가의 질문 방식은 내담자들이 자기 고민을 생각하는 방식을 결정하기도 한다. 즉 질문과 대화 방식이 치료 기틀을 마련한다.

이 장에서는 정체성과 관련된 개인과 가족의 다차원적 관점을 만들어 내고 체계화하는 데 도움이 되는 구체적인 치료 전략을 다루려 한다. 공동체 가계도는 시각화 도구이자 질문 전략으로, 내담자들이 여러 시점과 상황에서 자신을 다양한 방식으로 탐구하게끔 돕는다.

자기(self)라는 개념은 20세기에 나타난 현상이다. 개인(individual), 자아(ego)와 같은 용어는 1900년대 초반 심리학 사전에 추가되었고 20세기 후반에 많은 사람에게 알려졌다. "당신만이 할 수 있는 유일한 무언가를 해라", "당신만의 공간을 찾아라", "자신을 찾아 나서라", "그게 나한테 무슨 이익이 된다는 거야?"와 같은 표현들은 자기중심 세대(me-first generation)의 심리를 전형적으로 보여 준다. 이 시기 이전에는 자기라는 개념이 자신이 자라 온 가족 및 지역사회와 분리되지 않았다.

20세기를 지배했던 전통적인 개인 상담과 치료에서는(예: 인본주의-경험적 · 정신 역동적 · 행동적 치료) 개인이 자신을 둘러싼 환경과 분리되어 있다는 신화를 영속시켰고(Hayes, 1994; Paniagua, 2001; Pedersen, 2000; Rigazio-DiGilio, Gonçalves, & Ivey, 1996), 개인 내부에 존재하는 정신병리 치료에 초점을 두었다. 현대에 이르러서는 사회문화 환경과 개인이 어떻게 연결되어 있는지에 많은 관심이 쏠리고 있다. 고립된 자기(isolated self)를 연결된 자기(connected self)라는 개념과 구별하기 위해 우리는 관계 속 나(self-in-relation)라는 용어를 사용할 것이다.

이와 비슷하게 자족적인 핵가족(self-contained nuclear family)이라는 개념은 제2차 세계대전 이후에 널리 퍼졌다. 제2차 세계대전 이전에는 확대 가족, 마을, 민족 공동체가 가족을 정의할 때 좀 더 자주 등장하였다. 1950년대 인기를 끌었던 텔레비전 쇼(예: *Leave It to Beaver*, *Ozzie and Harriet*, *Father Knows Best*)에서는 확대 가족 및 지역사회와 분리된 핵가족 구조(예: 두 사람의 부모와 2.3명의 자녀)를 전형적인 가족의 모습으로 묘사하였다.

1960년대와 1970년대에 전통적 가족치료 이론에서는 기존 병리학의 치료 모델을 넘어서서 환자뿐만 아니라 그들 가족까지 치료에 포함하고자 노력했다. 하지만 이들 이론조차도 가족을 더 큰 맥락 속에서 보지 못하고 가족이 맥락으로부터 독립된 존재라는 생각을 더 강화하는데 일조했다(D'Andrea &Daniels, 2001; Rigazio-DiGilio, 1997). 우리는 여기서 **관계 속 가족**(family-in-relation)이라는 용어를 사용하여 가족이 성장하고 발달하고 적응하는 데 영향을 미치는 폭넓은 지역사회와 문화의 요소들을 분명히 보여 주고자 한다.

이 책에서 사용하는 **자기 정체성**(self-identity)과 **집단 정체성**(collective identity)이라는 용어는 각각 개인과 가족의 자족적인 개념과 관련이 있다. 반면, **관계 속 나**와 **관계 속 가족**이라는 용어는 가족이 사회정치, 공동체, 문화 환경 안에서 존재한다는 교류의 특성을 강조하기 위해 사용되었다. 독자들은 이 장에 소개된 몇 가지 질문에 답을 하는 과정에서 이들 개념들(개별 독립체와 관계 독립체)이 어떻게 다른지 이해하게 된다. 또한 개인 · 가족 · 지역사회 · 문화와 같은 요소들이 어떻게 자기 정체성과 관계 속 나에게 영향을 미치는지 직접 체험해 볼 수 있는 몇 가지 연습 활동도 포함하였다.

자기 · 가족 · 지역사회 공동체 정의: 연습 질문

다음 질문에 답하며, 자기 정체성과 집단 정체성의 의미를 스스로 체험해 보자. 질문을 읽고 마음에 바로 떠오르는 것이 무엇인지 적어 보자.

1. 여러분 자신에게 잠시 집중해 보세요. 나 하면 무엇이 떠오르나요?

답변을 검토해 보자. 자기 정체성을 구성하는데 가족 · 지역사회 · 혹은 문화와 같은 요소들이 어떻게 영향을 미치고 있는가? 사람들은 자신을 정의할 때 의식적 혹은 무의식적으로 문화 배경을 종종 언급한다. 이는 자신이 속해 있는 공동체나 문화 배경의 가치, 기준, 규칙들이 우리에게 영향을 미치고 있음을 뜻한다. 예를 들어 미국인은 자기를 소개할 때 "학생이고, 치료사이고, 선생님이에요"처럼 자기 직업을 기준으로 자신을 소개하는 반면, 노르웨이인은 "전 존(John)과 그레타(Greta)의 딸이에요."처럼 가통(family lineage)에 대해 이야기하는 편이다. 이탈리아에서는 "전 칼라브리아 출신이에요."처럼 자신의 고향을 말하며 자신을 정의한다.

이런 문화 요소들은 원가족(family-of-origin)과 관련해 우리가 누구인지 탐색할 때도 똑같이 영향을 미친다. 우리 가족의 배경이 우리 자신을 정의하는 데 어떤 영향을 미치는가?

2. 여러분의 원가족에 대해서 잠시 생각해 보세요. 원가족과 관련해서 자신에 관해 생각하면 무엇이 떠오르나요?

지금까지의 두 가지 답변을 모두 검토해 보자. 원가족에 대해 초점을 맞춰보라고 했을 때, 자기 정체성과 관련된 여러분 답변이 달라졌는가? 가족의 시각으로 우리 자신을 이해하려고 하면 우리는 자기 정체성의 새로운 면을 발견하게 된다.

3. 여러분의 가족(원가족)은 가족 자체를 어떻게 정의하나요?

여러분 가족의 집단 정체성을 어떻게 뜻매김했는가? 우리 가족을 하나의 실체(entity)로 간주하면 우리는 가족 전체 구성원들에게 영향을 미치는 공통 요소가 무엇인지 파악할 수 있다.

문화 또한 가족정의에 영향을 미치는데, 서구사회에서는 핵가족에 초점을 맞춰 대답하는 경향이 있다. "전 엄마와 아빠, 형 네 명과 같이 살아요." 지중해 문화에 뿌리를 둔 사람들은 확대 가족까지 포함하여 대답하는 편이다. "아내랑 결혼한다는 건 아내의 가족과 결혼하는 것과 같죠." 아프리카인(African)이나 북아메리카 원주민(Native American)들은 마을과 부족 관련 정보처럼 좀 더 넓은 범위에서 가족을 정의하기도 한다. "전 거대한 가족 마을에서 부모들, 형제자매들과 같이 살지요." 또는 "우리 가족은 나바호 족이에요."

문화는 가족을 공동으로 정의하는 방식에도 영향을 끼친다. 서구사회 가족들은 사회적 지위를 위주로 대답하는 경향이 있다. "우리는 중산층 가정이에요. 둘 다 직업이 있고 아이들은 학교에 다니죠." 아시아계 가족들은 가족의 유산(legacy)이나 친밀도에 초점을 두는 경향이 있다: "우리 가족은 화목해요. 우리가 어디에 살든지 서로 가깝게 지낼 거예요."

자기 정체성과 집단 정체성은 문화 내에서도 다양한 양상을 보인다. 한 가정에서 태어나고 자라고 나이 차도 적은 두 형제도 앞선 질문에 다르게 대답한다. 생물학적 차이, 관심사, 배경, 인간관계, 가족과 다른 의미 있는 집단 내의 위치 등이 이러한 차이를 결정한다. 하물며 같은 지역사회에서 태어나고 자란 두 남자의(혈연이 아닌) 대답이 서로 다른 것은 자명하다. 예를 들어 이란의 수도 테헤란에서 맏아들로 태어나 자라 온 이란 남성은 교외 농촌 지역에서 셋째로 태어난 이란 여성과는 사뭇 다른 자기 정체성과 집단 정체성을 가질 것이다. 비슷한 예로 그리스계 미국인이 주류인 마을에 살며 어린 자녀를 기르는 러시아계 미국인 가족은 같은 마을에 살고 있지만 청소년을 기르고 있는 가족과 다른 집단 정체성을 보일 것이다. 즉 문화 내 차이(within-culture differences)는 문화 간 차이(cross-cultural differences) 만큼이나 개인과 가족의 정체성을 이해하는 데 중요하다.

개인 혹은 가족들이 위와 같은 질문에 답할 때 어떤 표현(descriptors)을 쓰는지를 알면 우리는 이들이 자신을 어떻게 인식하는지, 다른 사람들과는 어떻게 지내는지, 현재 중심에 있는 삶의 과제는 무엇인지 깊이 이해하게 된다. 가족과 개인의 정체성은 일상을 경험하고 이해하고 적응할 때 사용하는 거름망이 되어 사람들에 대한 믿음과 가치를 결정한다.

가족뿐만 아니라 우리를 둘러싼 지역사회 환경 또한 자기 정체성과 가족의 집단 정체성 형성에 영향을 끼친다. 예를 들어 우리가 어떤 사회 집단(social groups), 지역사회 기관(community institutions)에 속해 있는지는 우리 자신과 우리 가족을 정의하는 데 영향을 미친다. 만약 누군가가 단주회(Alcoholics Anonymous) 모임에 나가고 있다면 그 사람은 아마도 자신을 알코올 중독자라고 말할 것이다. "제 이름은 에릭(Eric)입니다. 전 알코올 중독이에요." 대학 캠퍼스에서는 많은 학생이 자신의 전공이나 학년을 말한다. "전 역사를 전공하고 있는 4학년생입니다." 아일랜드계 미국인들은 자신의 종교를 밝히는 경우가 많다. "우린 성 요셉의 교구(St. Joseph's parish)에 속해 있어요."

자녀가 문제행동을 일으켜 부모-교사 회의에 참석한 두 부모를 생각해 보자. 같은 상황에서 지역사회 교육 현실에 대한 문제의식을 느끼고 있던 부모는 과밀한 학교 시스템 속에서 자녀의 권리를 찾기 위해 목소리를 내야 하는 가족으로 자기 가족을 정의한다. 반면, 이러한 교육 환경에 대한 인식이 없는 부모의 경우 의식하든 의식하지 못하든 자기 가족을 문제가 있는 부적절한 가족으로 정의할 가능성이 크다. 다른 예로, 경제 · 사회 · 환경의 측면에서 수많은 스트레스를 겪고 있는 지역에 사는 개인과 가족은 사회경제적으로 안정적이고 풍요로운 지역에 거주하는 개인/가족과는 상당히 다른 자기 정체성과 집단 정체성을 가지게 될 것이다. 9·11 테러가 우리 개인 정체성과 집단 정체성에 미친 영향력을 생각해 보자.

4. 여러분이 태어나고 자라 온 동네와 이웃(community-of-origin)을 곰곰이 돌이켜 생각해 보세요. 여러분에게 영향을 많이 미쳤던 지역 공동체 말이예요. 이웃과 관련해서 여러분 자신을 생각해 보면 무엇이 떠오르나요?

지역사회가 지닌 영향력에 대해서 생각해 보라는 질문을 받았을 때 여러분의 자기 정체성에 어떤 변화를 감지했는가? 지역사회 환경적 요소 가운데 어떤 부분이 두드러지게 나타나는가? 지역 지리나 소속 사회 · 종교 · 지역 단체가 어떤 식으로 당신에게 영향을 미쳤는가? 거주 지역의 경제와 정치 상황은 어떤가? 이런 질문에 답하다 보면 우리는 자기 정체성이 환경에 영향을 받는다는 것을 이해할 수 있다.

동료 집단 · 직장 · 종교 · 시민 · 여가 관련 관계망(network) 또한 우리에게 영향을 미친다. 이러한 대형 관계망은 공유 가치나 공동 목표를 중심으로 사람들을 한데 묶어 준다. 질문에 대답할 때, 특정 공동체의 상징이나 가치가 여러분에게 와 닿았을 것이다. 여기에는 성취, 역사, 가치, 영웅, 공동체의 중요도, 기대, 집단 내 차이 같은 것들이 포함된다. "전 시민의식 모임에 속해 있어요. 이 모임에서는 우리 지역 아이들에게 에이즈에 대해 교육하지요.", "저흰 경제적으로 나은 삶을 찾고자 하는 이민자 모임에 속해 있어요.", "우리 교회 사람들 가운데 일부는 임신 중절을 찬성하고, 일부는 반대해요. 이런 의견 차이로 교회 안에 균열이 생겼어요.", "우리 농구팀이 결승전에서 이겼어요." 이와 같은 답변에서 볼 수 있듯이 공동체는 개인과 가족의 특징만큼이나 자기 정체성 형성과 관련된 다양하고 풍부한 정보를 제공해 준다.

5. 앞서 여러분이 언급한 지역사회와 관련하여 여러분의 원가족은 어떻게 스스로를 정의하나요?

집단의 구성 단위로서 원가족이 지역사회와 연계하여 자신을 정의하는 방식은 지역사회에 대해 가족이 공유하고 있는 기대(expectations)에 좌우된다. 예를 들어, 지역사회에서 추구하는 가족 가치, 공중도덕, 영성에 부합하는 가족은 이 지역사회 기준과 배치되는 신념과 행동 양식을 보이는 가족과는 다른 집단 정체성을 가지고 있을 것이다. "우린 이 배타적인 동네에서 아웃사이더에요. 그래서 우리 가족은 서로 똘똘 뭉쳤죠.", "우리가 이 부자 동네로 이사 왔을 때 남들한테 보여 주는 소비를 해야 한다는 생각에 사로잡혔어요. 나중에서야 이게 얼마나 우리 가족들 관계와 영성에 영향을 미쳤는지 깨달았죠." 이렇듯 지역사회와 가족의 관계는 자기 정체성뿐만 아니라 집단 정체성에 영향을 미친다.

관계 속 나와 관계 속 가족 관련 요소의 표면화

지금까지의 답변은 삶 속에서 함께한 중요한 인물이나 이벤트와 연관하여 여러분 자신을 어떻게 정의하느냐와도 관련이 있다. 답변을 잘 들여다보면 사회의 상호작용을 기반으로 자기 정체성과 가족 집단 정체성을 형성해 왔음을 알아챌 수 있다.

첫 번째 질문에 어떻게 답했는가? 답변 내용 가운데 얼마만큼이 다른 사람들과의 관계를 나타내는 답변인가? 예를 들어 오빠, 언니, 조력자(helper), 학생, 아내와 같은 단어들은 모두 관계 속 여러분 역할(role)과 관련되어 있다. '성공한, 행복한, 세심한'처럼 개인 성향을 나타내는 답변조차도 실은 특정 상황과 관계 내에서의 행동을 통해 여러분이 자신을 이해하고 경험하는 방식을 반영하는 표현이다.

두 번째 질문에 대한 답변을 살펴보자. 누구를 떠올렸는가? 사랑하는 이모? 비판적이었던 부모님? 응석을 다 받아 주시던 조부모님? 아니면 힘이 되어 주었던 아빠 친구? 병으로 아팠던 일, 부모님이 돌아가신 일, 형제자매가 태어난 일, 이혼, 가족의 이사처럼 특정한 이벤트들이 여러분의 답변에 포함되어 있는가?

네 번째 질문(여러분 자신과 주요 지역사회가 지닌 영향력에 대한 질문)에 대한 답변을 떠올려 보자. 좋아했던 목사님이나 비판적인 선생님처럼 여러분에게 영향을 준 사람들을 떠올렸는가? 교회나 지역사회 레크리에이션 센터처럼 지역사회 기관을 떠올렸는가? 청소년기 친구들과 어울려 놀던 장소처럼 기억에 남는 장소를 떠올렸는가? 혹은 홍수, 폭동, 지역 소속 운동팀의 승리처럼 기억에 남는 사건을 떠올렸는가?

이 사유적 분석 과정에서 떠오르는 것들은 여러분의 자기 정체성이 특정한 사람 혹은 환경과 교류하면서 영향을 받았음을 뜻하며, 이는 매우 복잡한 과정이다. 우리는 자기(self)의 상호작용 측면을 설명하기 위해 **관계 속 나**(self-in-relation) 혹은 **맥락 속 나**(self-in-context)라는 용어를 사용했다.

가족 또한 이런 교류 관점(interactive perspective)에서 바라볼 수 있다. 3번과 5번 질문에 어떻게 답했는가? 이 질문에 대답할 때 사회 환경에 따른 어떤 영향력들이 **관계 속 가족**(family-in-relation) 혹은 **맥락 속 가족**(family-in-context)에 대한 인식을 만드는 데 작용했는가? 어떤 사람이, 어떤 집단과 기관, 장소, 사건이 관계 속 가족에 대한 인식 형성에 이바지했는가?

지금까지 우리는 가족 혹은 가족체계를 주변과 단절된 고립체로 보는 관점과 더욱더 총체적인 관점에서 자기-가족-지역사회-문화의 연결을 함께 고려하는 교류 관점을 비교, 탐구해 보았다. 여기서 기본 가정은 개인의 자기 정체성과 가족의 집단 정체성이 주요한 사회 교류를 통해 형성, 내면화된다는 것이다.

확대 가족을 포함한 폭넓은 관점: 엘리자베스

엘리자베스(Elizabeth)는 자기가 그린 공동체 가계도를 다시 보면서, 개인으로서 나(self-as-individual)보다는 관계 속 나에 대한 인식이 더 강하게 자리 잡고 있다고 말했다. 엘리자베스는 우리(we)를 각 그림 중심에 추가로 적어 넣었다. 엘리자베스는 이렇게 말했다. "내 안에 있는 우리가 나 자신보다 더 두드러져요. 실은 나를 만든 것도 우리이지요." 엘리자베스는 어린 시절 경험을 기반으로 원가족 이슈를 탐색했다(그림 2.1).

엘리자베스는 가족 덕분에 "심리적으로 건강하게 자랄 수 있었다."라

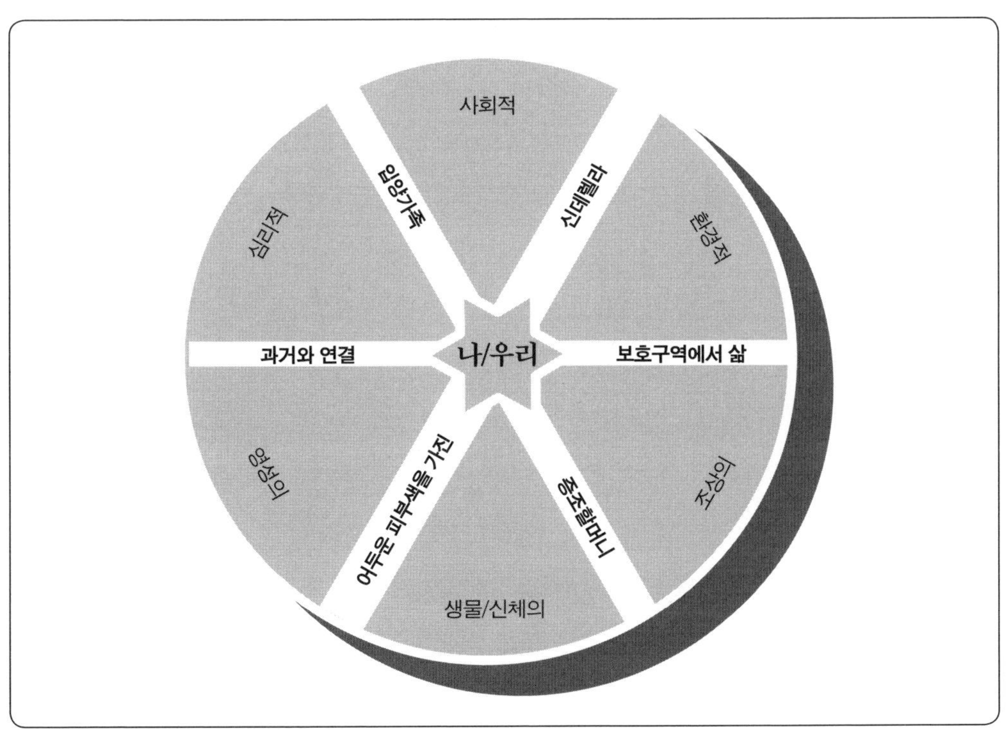

그림 2.1 엘리자베스: 아동기 바퀴

고 말했다. 엘리자베스는 주류 미국 문화에서 여겨지는 것보다 폭넓은 관점에서 가족을 바라보았다. 엘리자베스에게 가족이란 단순히 피로 연결된 관계가 아니라 영혼(spirit)으로 이어진 관계이다. 확대 가족 관계는 엘리자베스에게 서로 아끼고, 키우고, 인정하고, 지지하고, 참고, 연결된 관계를 의미한다. 핵가족 밖의 다른 사람 역시 서로에게 가족의 구실을 한다. 예를 들어 여성 친구는 서로에게 자매가 되기도 하고, 배려심 많은 이웃 어른은 부모가 되기도 한다. 나이를 불문하고 사람들은 누군가를 입양하곤 했다.

엘리자베스는 자신이 가지고 있는 가족에 대한 생각이 북아메리카 원주민(Native American)의 신념을 반영한다고 설명하였다. 북아메리카 원주민들은 공식적인 의식을 통해 개인을 씨족의 구성원으로 입양한다. 엘리자베스는 델라웨어 네이션(Delaware Nation)의 일원이지만, 자기 부족 사람들을 아무도 몰랐다. 무스코기족(Muskogee Creek Wind Clan) 일원 가운데 한 사람이 엘리자베스를 자매(sister)로 입양하였고, 이를 통해 엘리자베스는 소속감을 느끼게 되었다. 엘리자베스가 원한다면 엘리자베스는 공식 의식을 통해서 이 부족 입양 구성원이 될 수 있다.

이러한 가족에 대한 시각은 엘리자베스에게 수많은 가능성을 열어 주고 시야를 넓혀 주었다. "삶의 새로운 차원, 우리 조상, 살아 있는 자연, 사람들 사이의 연결 고리를 깨달았어요." 이런 방식으로 사람들은 여러 가지 형태로 관계에 참여하는 능력을 갖추게 된다. 이러한 시각은 엘리자베스 삶에 많은 도움이 되었다. 엘리자베스는 다른 사람들과 나누고 서로 든든하게 의지하며 안정적인 관계를 맺어 왔다. 애정 어린 돌봄, 지지, 이해, 사랑, 포용, 축하, 실망 등이 여기에 포함된다. 확대 가족은 엘리자베스의 삶을 풍성하게 만들어 주었으며 앞으로도 그러할 것이다.

※ 연속선상의 분리체와 관계체

모든 질문에 대한 지금까지 내린 대답을 모두 통합해서 전체적으로 생각해 보자. 자기 정체성과 관계 속 나를 쉽게 구분할 수 있는가? 여러분의 집단 정체성과 관계 속 가족이 명확히 구별되는가? 이들을 한 막대 위 양극단처럼 연속선상(continuum)—한쪽 끝에는 분리체(separate entity)가 반대쪽 끝에는 관계체(relational entity)가—에 놓여 있다. 다양한 요소들이 연속선상 위에서 당신과 당신 가족의 위치를 결정한다. 두 가지 핵심 요소들이 특히나 관련이 있는데, 경계(boundaries)와 권력/영향력의 인식(perceived sense of power and influence)이 여기에 해당한다.

❁ 경계

첫 번째 주요 요인은 개인과 가족이 독립체와 관계체 중 어디에 더 비중을 두는지, 두 개념이 겹치는 부분에 대해 어느 정도 잘 이해하고 있는지와 연관이 있다. 예를 들어 백인 중산층 아일랜드계 미국인 남성이 자신을 독립체로 인식하고 있으면, 자신과 똑같은 요건을 가진 아프리카계 미국인 여성에게 승진에서 밀렸을 때, 이 남성은 아마도 그 원인을 자기 능력에서 찾을 것이다. 반면, 유사한 배경을 가진 남성일지라도 자신을 관계체로 인식할 경우 같은 상황을 다르게—역차별의 결과로—해석할 가능성이 더 크다. 관계체와 독립체 연속선상에서 자신을 유연하고 균형 있게 바라보는 남성의 경우는 상황적 맥락을 좀 더 통합적으로 고려한다. 즉 승진 관련 자신의 적합도, 승진 관련 차별철폐 정책, 인터뷰 당시 대화 등 여러 정황을 모두 염두에 두고 각 상황을 평가할 가능성이 크다. 이렇게 조화로운 시각을 가진 사람의 경우 "다 내 책임이고 내 잘못이지." 혹은 "다 사회 때문이야."라고 황급히 결론 내리기보다는 각 상황에서 특정한 요인들을 폭넓게 고려하여 특정 현상이나 사건을 판단한다.

어떤 가족들은 개인주의를 강조하며 이는 자기와 핵가족이라는 개념을 강화한다. 미국 사회의 프레임을 따르는 많은 가족이 여기에 해당한다. 엔론(Enron), 월드컴(World Com), 타이코(Tyco) 같은 기업 사태에서 볼 수 있듯, 이 회사 고위 간부들은 타인과의 상호 연관성을 잊은 채 개인의 경제적 이득만을 추구하였고, 이는 회계 비리와 같은 여러 심각한 문제를 낳았다.

관계체로서의 가족을 더욱 강조하는 가족들도 있다. 이들은 개인, 가족, 지역사회, 문화를 뚜렷이 구분하지 않는다. 아프리카 · 아시아 · 유럽 문화나 북아메리카 원주민 문화에서 가족을 드넓게 정의하는 경향이 있다. 가족 경계(boundary)의 경직도(rigidity) 수준은 그들이 주변 환경과 변화에 얼마만큼 유연하게 대응하는지와 관련이 있다.

✿ 권력과 영향력: 연습 질문

두 번째 주요 요인은 실제 혹은 지각된 권력 배치(power arrangements) 및 자원(resources)과 관련이 있다. 관계 속 나와 관계 속 가족의 정의는 특정 상황이나 역할, 맥락 속 영향력 정도(degree of influence)에 기반을 두고 있다. 먼저 개인 질문으로 시작해 보자.

1. 무기력함을 느꼈거나 상황을 통제할 수 없다고 느꼈던 때 혹은 그런 관계를 떠올려 보세요. 어떤 생각이나 감정이 드셨나요? 누가 혹은 무엇이 가장 영향을 미쳤나요? 권력이나 자원(resources)이 어떤 식으로 여러분을 힘들게 하거나 도움을 주었나요?
2. 어떤 관계에서 여러분이 영향력을 행사하나요? 이 관계 속에서 여러분은 자신을 어떻게 느끼나요?

권력 차이(power differentials)와 유효 자원(available resources)은 고정된 현상이 아니다. 이는 시간 혹은 맥락에 따라 끊임없이 변화하며 그 과정에서 지각된 혹은 실제 영향력 정도는 계속 변한다. 한 예로 1950년대에 대표적이라고 여겨진 가족의 모습은 오늘날을 대표하는 가족의 모습과는 무척 다르다. 선생님들은 전반적으로 자기 교실을 책임지고 담당하지만, 이들이 부모-교사 회의나 다른 동료 선생님, 슈퍼바이저와 관계에서 행사하는 영향력 정도는 각기 다르다.

개인과 가족은 대인 간, 가족 내, 지역사회 내 관계에서 각기 다른 수준에서 영향력을 행사한다. 대학생은 동료 집단 내에서는 자기 힘을 활발히 사용하는 편이나, 집에 돌아가 부모님과 시간을 보낼 때는 자신이 가진 힘을 일부 포기하는 경향이 있다. 어떤 사람은 회사에서는 영향력을 크게 행사하지만, 교회나 지역사회 조직에서는 지도력을 행사하는 지위를 피하기도 한다.

관계 내에서 지각된 영향력 정도는 연속체-관계체 연속선상에서의 위치를 정한다. 이러한 점에서, 권력과 자원은 우리를 다른 사람들과 연결해주는 주요한 연결고리이다.

예를 들어, 힘의 균형이 깨진 상황에서 일부 사람들은 이용 가능한 다른 자원을 활용하고 영향력 행사를 포기한다. 이 경우 유대 관계는 매우 약하다고 볼 수 있다. 실제 많은 내담자가 학습된 무기력(learned helplessness)과 연관된 행동을 보이며(Seligman, 1975) 자신의 선택에 대한 책임을 최소화하려고 한다. 이러한 환경에서는 자기 주변에 두꺼운 울타리를 치게 되며 다른 사람들과 쉽게 단절된다. 하지만 힘의 균형이 깨져 있는 상황에서 영향력을 빼앗긴 동시에 이용 가능한 자원도 없으면, 사람들은 더 긴밀히 연대하게 된다. 그 예로는 대량 학살, 경제적 · 정치적 압제, 제도적 인종차별, 성차별이 있다. 이런 상황에서 힘없는 자들은 환경과 주변인들에게 많은 영향을 받게 되는데, 이는 타인들이 이들의 복지(well-being)와 환경을 좌지우지하는 영향력과 자원을 소유하고 있기 때문이다.

힘을 가진 자들이 힘의 불균형 상태를 이어나가는 데 자원을 이용한다면, 이는 자신과 타인 사이에 경직된 경계선, 즉 지나치게 강하거나 약한 경계선(either impenetrable or invasive boundaries)을 형성하는 것과 연관되어 있으며, 결국 분리된 자기(separate sense of self)가 강화된다. 반대로 우리가 힘을 가졌을 때 우리가 가진 자원을 자유롭고 조화로운 상황을 만드는 데 이용한다면, 타인에 대한 책임감이 높아질뿐더러, 환경과 복지 관련 우리와 다른 사람들의 경계가 유연해진다.

❀ 연속선상 예시

경계선과 권력 · 영향력의 정도는 개인과 가족이 자신을 관계 속에서 어떻게 정의하는가와 관련이 있다. 자기, 가족, 관계 속 나, 관계 속 가족에 대한 의미(sense)가 발전해 가는 데 영향을 미치는 핵심 요소에 대한 이해를 돕기 위해 여기서는 이민자 가족의 예를 들어 보겠다. 이 이민자 가족은 인구 대다수가 백인인 도시에 산다.

만약 아이가 학교에 가기를 거부하면 학교 관련자는 가장 먼저 해당 학생을, 그다음에는 학생의 가족을 비난하는 경향이 짙다. 교육이나 정신건강 전문가가 학교 시스템 자체나 지역사회가 아이와 가족의 행동에 미치는 영향을 이해하고자 하는 경우는 매우 드문 편이다.

독립체와 관계체 연속선상(continuum)에서 균형 감각을 지닌 가족은 자녀의 행동이 부분적으로는 비인간적인 학습 환경 때문임을 인식하고 있으며 태어날 때부터 타고난 사회의 억압 요소를 이해, 관계 속 나와 관계 속 가족이라는 정체성을 발달시키게 된다.

반면 자신을 독립체로만 여기는 가족의 경우, 학교 시스템과 지역사회에서 붙인 무능 · 일탈의 딱지를 내면화하고, 환경이 아이 행동에 미치는 영향을 알아채지 못한다.

균형 감각을 가진 가족이 아이가 왜 그런 행동을 하는지 잘 이해하고 있다 할지라도 만약 이 문제를 해결할 수 있는 자원을 찾지 못한다면, 이 가족은 변화를 만들 수 있다는 희망을 잃고 의기소침해지기 쉽다. 하지만 이용 가능한 자원이 있다면 이 가족은 상황을 실제로 바꾸는 데 이바지할 수 있다. 일례로 이 가족은 다양한 문화 배경을 가진 아이들의 교육적 필요를 충족하는 지역사회 대안학교를 설립하는데 나섰다. 이러한 실천 과정에서 이 이민자 가족은 관계 속 나와 관계 속 가족에 대한 더 긍정적인 인식을 형성했다.

개인과 가족이 자기 고유한 정체성과 타인과 관계에서의 정체성을 어떻게 형성하는지 아는 것은 상담과 치료 과정에서 무척 중요하다. 더불어 개인과 가족이 개인-가족-지역사회의 상호 연관성을 얼마나 잘 이해하고 있는지, 어떤 영향을 실제 주고받는지를 이해하면서 우리는 치료의 지평을 넓힐 수 있다. 마지막으로 개인과 가족이 경계선과 영향력 정도를 자신을 바라보는 데 어떻게 투영하는지 이해함으로써 임상가들은 적절한 개입 시점과 문화적으로 적합한 치료 전략을 결정할 수 있다. 공동체 가계도는 상호작용에 기반을 둔 평가도구로 경계선과 권력 이슈를 깊이 이해하는 데 유용하다. 특히 이 경계선과 권력 이슈는 관계 속 나와 관계 속 가족을 정의하는 부분과 긴밀히 연결되어 있다.

※ 공동체 가계도 그리기

"마을 전체가 아이를 기른다." 이 말은 유명한 아프리카 속담으로 공동체 가계도의 중요성을 잘 보여 준다. 우리가 속한 지역사회 혹은 '마을(village)'에서 아이들은 자기 삶 속에서 평생 살아 숨 쉬는 문화를 배운다. 지역사회는 가족(때로는 확대 가족도 포함), 친구와 이웃, 학교, 직장, 지역의 물리적 구역, 교회 등 각종 종교 공동체, 기타 그 지역사회에만 있는 독특한 요소들로 구성된다. 우리가 속한 지역사회 내에서 개개인이 경험하는 것은 우리 지문만큼이나 유일무이하다.

문화, 지역사회, 마을, 가족, 모임, 개인들은 모두 서로 연결되어 있다. 회오리바람(tornado), 총기 난사 사건, 공장폐쇄로 인한 실업 등 지역사회 내에서 발생하는 여러 트라우마나 난관은 개인 삶뿐만 아니라 가족과 지역사회 모임에 두루 영향을 끼친다. 실상 지역사회에서 일어나는 주요 사건이 해당 지역 문화 전체를 바꾸기도 한다. 그 결과로 한 개인의 기술 혹은 광기가 전체 시스템을 바꿀 수도 있다. 워싱턴과 콜럼버스에서 일어난 총격 사건처럼 한 사람이 이웃 전체를 공포에 떨게 하기도 하고, 마틴 루서 킹(Martin Luther King)처럼 한 사람이 긍정적인 영향을 미치는 예도 있다.

공동체 가계도를 활용하여, 내담자들은 관계 속 나와 관계 속 가족을 볼 수 있고, 자기 자신과 가족의 강점과 긍정적인 면을 깨닫게 된다. 또 우리의 정체성을 형성하는 데 영향을 끼치는 주요 집단(예를 들어 교회, 학교, 친구나 동료, 이웃)을 알아가는 데도 큰 도움이 된다. 생애주기 관점(life span perspective)에서 보면, 공동체의 특성은 성장 과정에서 바뀌고 확대된다. 아이들의 중심에는 대개 가족이 위치하며, 청소년에게는 동료 집단이, 어른들에게는 직장이, 좀 더 나이든 어른들에게는 다시 가족이 가장 중요한 집단이 된다.

개인 · 가족이 겪는 고충이나 문제는 지역사회와 연관된 경우가 많다. 공동체 가계도는 개인 · 가족 · 집단의 강점에 초점을 맞추고 있으며 내담자의 과거 혹은 현재 이슈 관련 기저의 맥락과 정황을 파악하는 데 도움이 된다.

❁ 공동체 가계도 관련 주요 가정들

여기서는 공동체 가계도 이용과 관련된 몇 가지 중요한 가정들을 설명한다.

- 내담자는 분리된 존재가 아니라, 다른 사람 · 가족 · 지역사회 · 문화의 관계 속에서 서로 이익을 주고받는, 통합되고 연결된 존재이다.
- 개인과 가족은 그들만의 고유한 독립된 정체성과 관계 속 나, 관계 속 가족에 대한 신념을 가지고 있다.
- 지역사회에서의 주요 이벤트 · 사건 · 사람들은 내담자가 자신과 자기 가족을 바라보는 시각, 관계 속 나와 관계 속 가족을 바라보는 시각에 영향을 끼친다.
- 내담자가 가진 생각, 행동, 감정이 자신이 속한 지역사회나 문화의 일반적인 생각, 행동, 감정과 일치하는 정도는 내담자가 관계 속 나와 관계 속 가족을 어떻게 인식하는지를 정하는 데 작용한다.
- 영향력 정도는(자신이 영향력을 행사하는 것이든 받는 것이든) 관계 속 나와 관계 속 가족의 의미를 형성하는 데 작용한다.
- 공동체 가계도는 관계 속 나와 관계 속 가족 관련 이슈의 원인이 되는 다이내믹을 찾는 데 유용하다.
- 공동체 가계도를 활용해 개인 · 가족 · 지역사회에 내재한 강점을 찾고, 주요한 문화 주제를 밝힐 수 있으며 이는 놀랄 만한 변화를 가져오기도 한다.
- 공동체 가계도는 치료사와 내담자 사이의 상호 건설적인 관계(coconstructive relationship)를 중시한다.
- 공동체 가계도는 치료의 진행 정도를 보여 준다.

기본 요소: 리타 사례

공동체 가계도는 어떤 관계, 사건, 상황이 내담자에게 큰 영향을 미쳐 왔는지를 그림으로 보여 준다. 3장과 4장에서 이와 관련된 정보를 끌어내는 데 유용한 기본 질문 전략과 요소를 집중하여 다룰 것이다. 여기에는 근접성 · 일치성 · 영향력 정도를 그림으로 표현하는 방법이 포함되며, 근접성 · 일치성 · 영향력의 정도 차이는 내담자와 특정 인물 및 관계, 지배적인 지역사회와 문화의 주제, 주요한 사건과 기관 사이에 존재한다. 또한 특정 질문 전략을 사용하여 더 폭넓은 시각으로 문제를 규명하고 활용 가능한 자원을 확인한다.

그림 2.2의 공동체 가계도를 예로 들어 보자. 이 그림은 우울 삽화를 겪고 있는 68세 폴란드계 미국 여성 리타(Rita)가 왜 그토록 슬프고 무기력한지, 가족과 지역사회가 이 여성에게 어떤 영향을 미치고 있는지를 시각적으로 잘 보여 준다. 리타는 남편과 사별 후 세 자녀를 기르며 홀로 살아왔다. 리타는 마지못해 생활지원시설(assisted-living facility)로 이사하는 데 동의

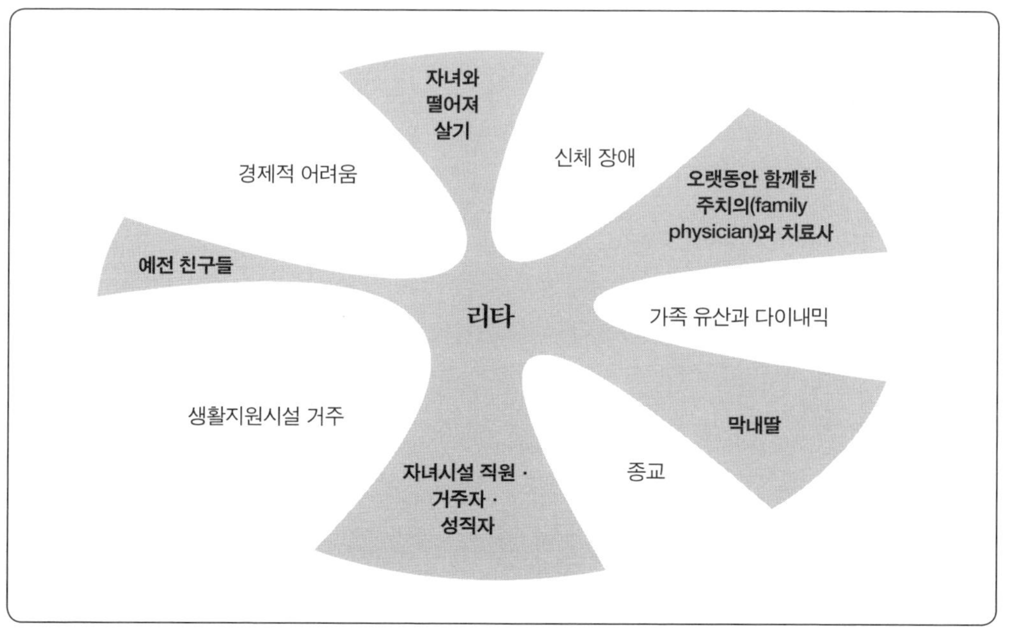

그림 2.2 공동체 가계도 그림: 리타 사례

했다. 리타는 자신이 자살을 자주 생각했기에 좀 더 안전한 곳에서 다른 사람들의 관찰을 받는 것이 필요하다는 사실에는 동의했지만, 이사를 해야 한다는 사실에는 화가 났다.

현재 상황을 그림으로 묘사하면서, 리타는 자기 행복지수와 다른 사람들과의 유대감에 긍정적 · 부정적 영향을 주는 다섯 가지 주요 요인을 발견하였다. 리타는 다섯 가지 주요 원인(경제적 어려움, 신체 장애, 가족 전통과 행동 양식, 종교적 신념, 새로운 거주 환경)을 그림 중앙을 향하는 하얀색 공간으로 표현하였다.

리타는 옛 친구들과 연락이 끊겨 아쉽고 새 시설에서 친구를 사귀기가 어렵다고 치료사에게 호소하였다. 하지만 리타는 동시에 자신이 시설 직원 및 성직자와 가까워졌고 가족들과(특히 막내딸과) 계속 좋은 관계를 유지하고 있다고 말했다. 또 옛 친구와 주치의가 자신을 아낀다고 느꼈고, 치료사와는 3년째 돈독한 신뢰를 유지하고 있음을 알아챘다. 그림 2.2의 회색 부분은 이러한 연결고리를 표현한 것이다.

공동체 가계도를 분석에 활용하며 리타는 세 가지 핵심 요소(생활지원시설, 경제적 어려움, 신체 장애)의 경계선이 예전 친구와 가족 사이에 어떤 단절을 가져왔는지 보게 되었다. 이러한 시각 자료로 리타는 사회 연결망, 마음의 고충, 가족 전통과 역동이 어떤 방식으로 새로운 관계 맺음에 방해요소로 작용하는지 이해했다. 지금부터는 종교, 생활지원시설 거주, 가족의 유산과 역동이 더욱더 열린 관계(의사와 치료사, 막내딸, 시설 직원 · 거주자 · 성직자들과의 관계)를 맺는데 이바지한 방식을 살펴보겠다. 리타는 치료사와 함께 공동체 가계도를 탐구하는 과정을 거치면서 시설 거주, 종교적 신념, 가족 전통과 역동이 이곳 시설 직원과 새로운 관계를 맺고 자신에게 만족을 느끼는 데 도움을 주었음을 깨달았다. 리타는 종교적 신념과 가치, 생활지원시설에서 새로이 알게 된 사람들, 가족과 끈끈한 유대가 얼마나 자신에게 위안과 안도감을 주는지 더 명확히 알게 되었다. 마지막으로 리타는 자기의 자산(예: 가족 전통, 종교, 거주시설에서 안락함)을 통해 연락이 소원했던 옛 친구들과 다시 가까워지는 방법을 고민하기 시작했다.

❁ 융통성 있는 공동체 가계도

공동체 가계도는 고정된 도구라기보다는 개념(concept)에 가깝다. 공동체 가계도는 내담자가 보여 주고자 하는 광범위한 공동체 자료와 미묘한 세부 사항을 잘 담아낼 수 있어야 하기에 융통성 있게 여러 방식으로 변형하여 활용할 수 있어야 한다. 이러한 연유로 다양한 질문 전략과 시각 모델을 사용하여 공동체 가계도를 작성한다. 공동체 가계도의 기본 요소(청사진)를 습득하고 나면, 임상가는 이를 내담자의 필요와 학습 스타일에 맞추어 다양하고 새롭게 변형하여 활용할 수 있다.

아이비(1995)는 공동체 가계도를 한 가지 특정 방식으로 시각화하기보다는 내담자 각자에게 맞는 고유한 모델을 만들 것을 제안하였다. 내담자들은 자기 지역사회를 지도(map) 모양으로 그리기를 좋아하며, 이 지역사회 그림에 가족, 학교, 교회 들을 포함하는 편이다.

그림 2.3은 이탈리아계 이민 2세대인 지셀리(Gesili) 가족의 공동체 가계도이다. 지셀리 가족은 이탈리아계와 아일랜드계가 섞여 있는 동네에서 살고 있다. 이 동네에는 아일랜드계 사람들이 먼저 들어왔고, 아일랜드계 출신들은 종교 · 교육 · 고용 부문에서 차별을 받았다. 몇 해 뒤 아일랜드계 미국인들이 동네 주류로 자리 잡았다. 곧이어 이탈리아계 미국인들이 이 지역에 정착하기 시작했고, 아일랜드계 미국인들은 자신들이 당했던 대로 이탈리아계 이웃들을 차별하였다. 이탈리아계 출신들은 좋은 집에 살거나 좋은 직장을 가질 기회가 제한되었다. 아일랜드계의 고용 차별로 사용되었던 NINA(No Irish Need Apply, 아일랜드인은 필요 없습니다) 간판은 이제 이탈리아계 이민자들의 구직을 막기 위해 사용되었다. 지셀리 가족은 이탈리아계 공동체에 살고 있음에 자부심을 느낌과 동시에 아일랜드계 이웃에게 차별을 받는다고 느꼈다. 지셀리 가족은 매년 가족 주최로 집 뒷마당에서 동네 주민 잔치(block parties)를 열었는데, 여기서 아일랜드계 이웃과 이탈리아계 이웃이 함께 어울렸고, 이 잔치는 두 공동체를 묶어 주는 중요한 이벤트로 자리매김하였다.

내담자의 외할머니는 바닐라 추출 공장(vanilla extract factory)에서 일

내담자	지셀리 가족
문화 설명어	이탈리아계 미국인—1세대와 2세대
공동체 설명어	어린 시절을 보낸 곳 (딸)
참여자	엄마, 아빠, 딸, 사위

그림 2.3 컴퓨터로 작성한 시각 지도: 지셀리 가족의 사례

했는데, 이 곳 여성 노동자들은 온종일 번갈아 가며 아이들을 돌보았다. 곧 여성 노동자들은 쉬는 시간을 달리하여 자신이 쉬는 시간 동안 바깥에서 노는 아이들을 챙겨 주었다. 아이들은 평생 친구가 되었고 이 과정에서 이탈리아계 가족들과 아일랜드계 가족들은 서로 가까워졌다. 공동체 가계도를 활용하여 지셀리 가족은 자신들이 속해 있는 동네에 소중하고 유용한 자산이 많이 존재한다는 것을 깨달았다. (저자 주: 지셀리 가족 구성원들은 여러 차례 인터뷰에 참여하였고, 기억을 한데 모아 개인과 가족의 정체성 형성에 이바지한 맥락 요소들을 이미지로 형상화하였다.)

그림 오른쪽 위에 위치한 코딩 상자는 내담자 관련 정보를 요약한 것으로 시각화한 정보를 정리하는 데 유용하다. 이 코딩 상자는 내담자와 참여자가 누구인지, 이들을 정의하는 문화 · 지역사회 배경은 무엇인지를 나타내준다. 이 공동체 가계도를 작성한 사람은 딸이었고, 괄호를 이용해 딸이 작성했다는 것을 표기하였다.

관계형 공동체 가계도(relational community genogram) 또한 유용한 시각화 모델이다(**그림 2.4** 참조). 로버트(Robert)의 오랜 암 투병 생활 후 로버트와 도러시(Dorothy)는 치료실 문을 두드렸다. 두 사람은 점점 더 지쳐가고 있고 서로에 대한 지지를 잃어가고 있다고 이야기했다. 치료사는 이 부부에게 관계형 공동체 가계도를 소개하며 이를 현재 상황에 대한 부부 사이의 공통된 관점과 각 개인의 고유한 관점을 이해하는 도구로 사용하자고 제안하였다. 치료사는 지금 이 시점에서 각자에게 중요한 사람들이 누구인지 말해달라고 했다. 로버트와 도러시가 중요하다고 말한 모임과 사람들은 그림에서 굵은 활자체(bold print)로 표기하였다. 도러시와 로버트가 공동으로 중요하다고 한 모임과 사람들은(자녀, 배우자, 의료시설에서 알게 된 전문가와 친구들 등) 관계형 그림 가운데에 그려 넣었다. **그림 2.4**에서 중앙의 공동 영역은 회색 배경색으로 칠해져 있다. 공동이 아니라 각 개인에게만 중요한 모임이나 사람들은 도러시와 로버트 이름 외각에 표기하였다. 치료사는 종교 생활, 직장 이슈, 이웃과 지역사회 관계와 같은 부부의 삶에서 의미 있는 부분과 활동이 무엇인지도 파악하였다. 가족, 집, 암 치료처럼 부부가 공통으로 가지고 있는 부분은 그림 가운데 적어 넣었다.

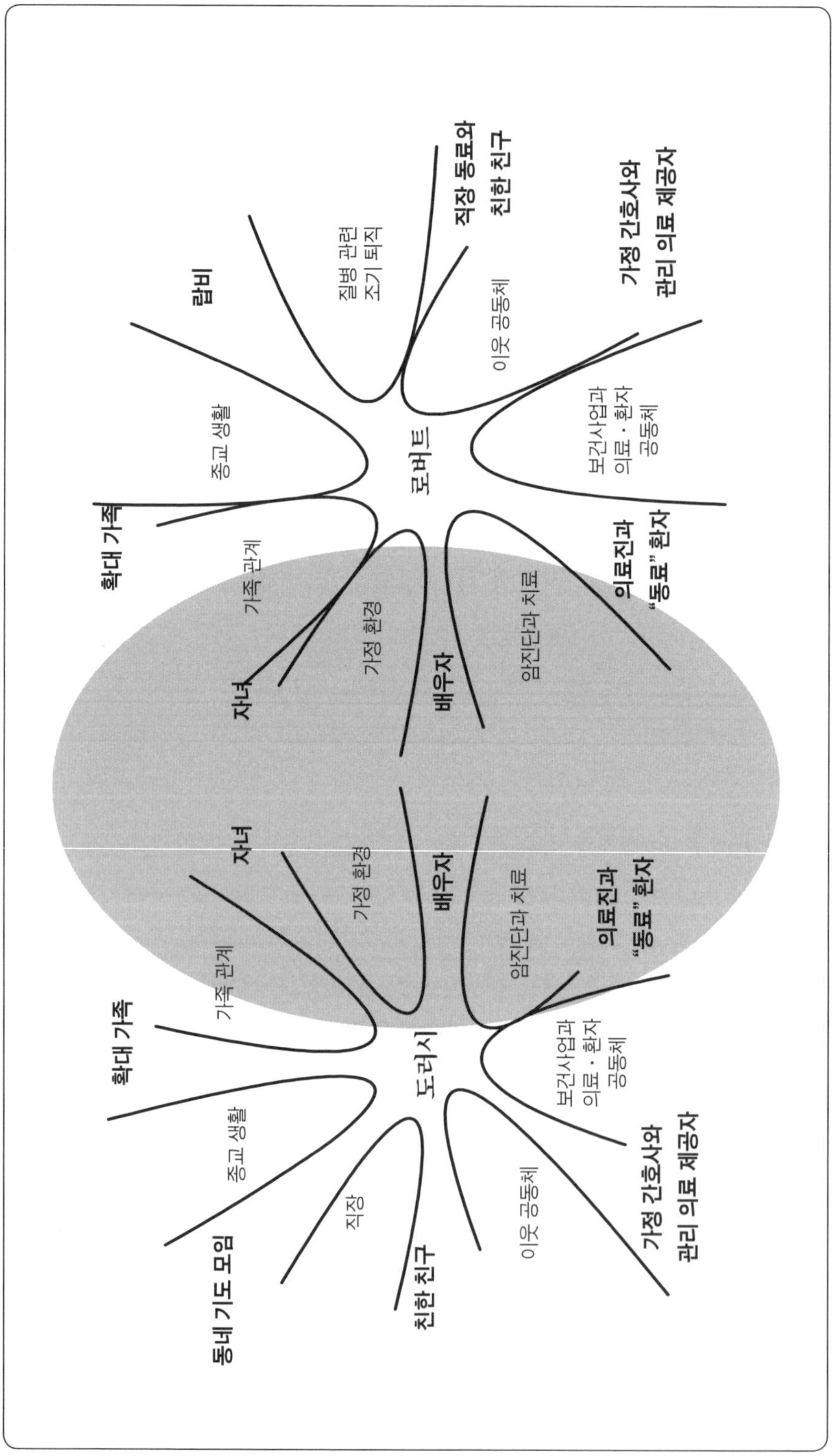

그림 2.4 관계형 공동체 가계도: 도러시와 로버트

다음으로, 치료사는 부부가 자신에게 중요한 사람들과 어떤 관계를 맺고 있는지 서로 이야기를 나누도록 권유하였다. 로버트는 첫 암 진단 후부터 자신과 같은 고충을 겪고 있는 동료 환자들(patient colleagues)에게 많이 의지하고 있으며 랍비(rabbi)에게 비밀을 털어놓는다고 말했다. 로버트와 자녀 · 확대 가족 · 직장 동료 사이의 닫힌 틈(closed gaps)은 로버트와 이들 사이 소통이 제한되어 있음을 상징한다. 반대로, 로버트와 랍비 · 동료 환자 · 의료진 사이에 활짝 열려 있는 틈은 로버트와 이들이 가까이 지내고 있음을 상징한다.

치료사는 도러시가 가까운 사람들과 어떤 관계를 맺고 있는지 물어보았다. 마찬가지로 열린 공간은 친밀한 관계를 의미하며 닫힌 공간은 소원해진 관계를 뜻한다. 내담자는 벌어진 틈새 크기로 관계의 질을 표현할 수 있다. 그림 2.4를 보면 로버트와 도러시 사이 틈새 크기가 다른 것을 알 수 있다.

이 그림은 또 각자만의 삶의 영역을 이해하는 데도 사용되었다. 예를 들어 로버트는 기존에 가까웠던 사람들과 많이 멀어진 반면, 도러시는 이들과 여전히 가까이 지내고 있었다. 두 사람은 서로 다른 방식으로 위안을 추구해 왔다는 사실에 놀랐다. 로버트는 랍비와 죽음을 대비한 대화를 위안으로 삼았던 반면, 도러시는 기도 모임에서 위안을 얻었고 암을 어떻게 슬기롭게 다스리며 더 나은 삶을 살 수 있는지에 마음을 기울였다. 두 사람 모두 로버트가 가족과 아이들에게 마음의 문들 닫았다는 사실에, 도러시가 고군분투하며 로버트를 이해하기 위해 노력해 왔다는 사실에 놀랐다. 로버트와 도러시는 치료 과정을 다르게 경험했다. 로버트가 사회적 · 정서적 지지를 추구한 반면, 도러시는 몸을 보살피고 실질적인 재정, 보험 관련 문제를 해결하는 데 주의를 더 기울였다. 공동체 가계도를 작성하기 전까지 두 사람은 이러한 차이를 잘 인식하지 못했다. 공동체 가계도를 그리는 과정을 거치면서 로버트와 도러시는 치료가 어디에 초점을 둬야 하는지, 곧 서로 관계를 돈독히 하기 위해 서로를 지지하는 방식을 어떻게 바꿔야 하는지를 정할 수 있었다.

관계형 그림으로 두 사람이 겪고 있는 스트레스 근원이 무엇인지, 개

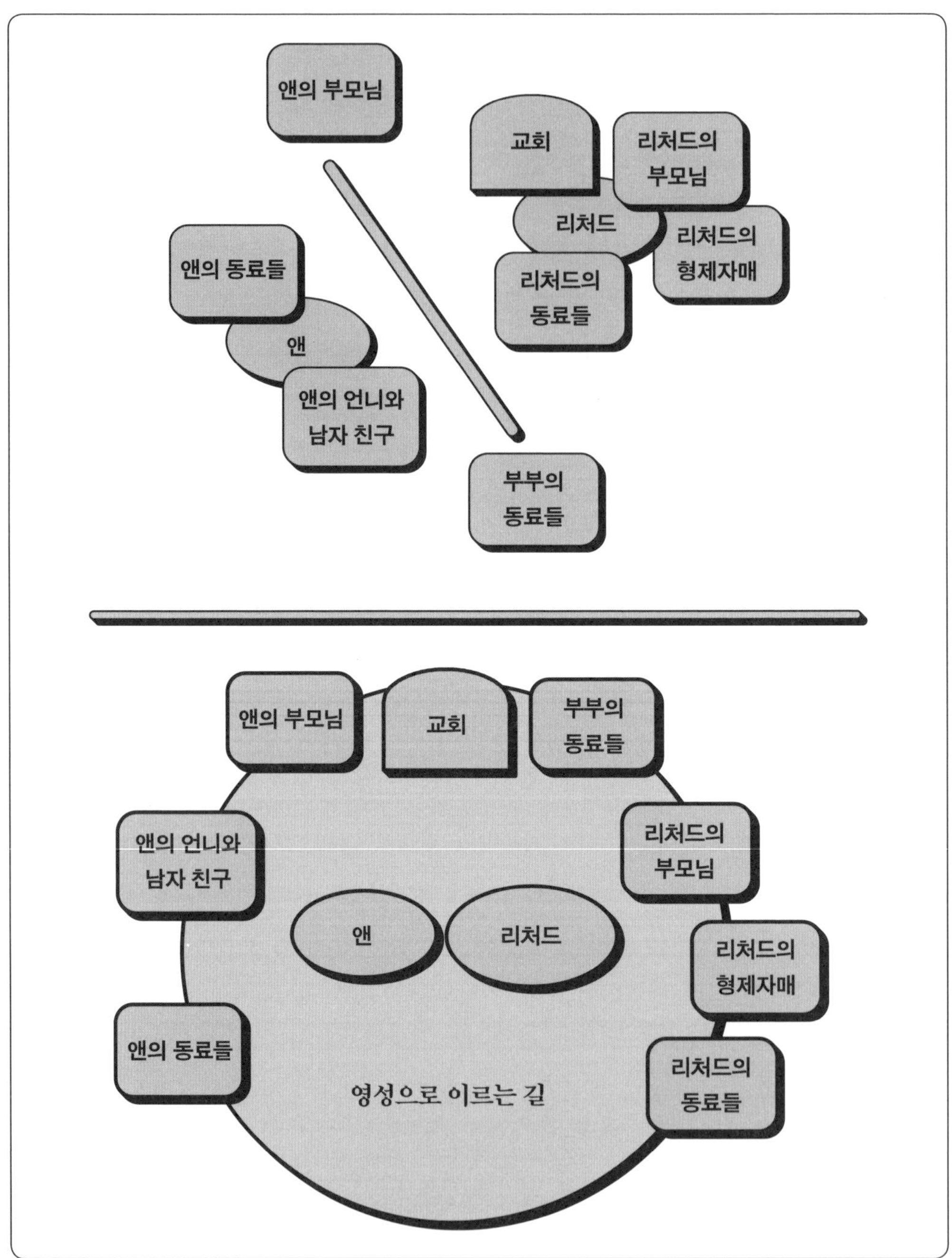

그림 2.5 관계형 공동체 가계도 변형: 리처드 고르단과 앤 고르단

인 · 가족 · 지역사회 내에서 이용 가능한 자산(resources)이 무엇인지 발견하게 된다. 만일 서로 아주 가깝고 상대의 삶을 잘 이해한다면, 공동 삶의 영역에서 이러한 의미를 서로 충분히 공유한다. 그렇지 않을 경우, 관계 단절은 괴로움과 아픔을 동반하기 쉽다. 공동체 가계도는 추상적인 이슈를 치료세션 현장에서 구체적으로 다루는 데 유용하다. 관계형 그림을 그리고 분석하는 방법은 3장과 4장에서 더 깊이 다루도록 하겠다.

리처드(Richard)와 앤(Anne)의 예에서처럼(**그림 2.5**), 어떤 이들은 나무 블록을 사용, 자신들을 기하학적 모형(geometric shapes)으로 표현하기도 한다. 두 사람 모두 뿌리 깊은 근본주의 신자로 종교가 자신들 새로운 삶에 얼마나 많은 역할을 하는지 고민하고 있었다. 첫 번째로 실시한 인터뷰에서, 앤과 리처드는 3D 블록을 이용하여 공동으로 작업, 현재 자신들이 겪고 있는 삶을 묘사하였다. 앤은 새로운 것을 배우는 데 적극적으로 나섰던 반면, 리처드는 기존 교회 활동에 더 열심이었다. 둘 사이 공통분모를 잊어버린 채, 앤과 리처드는 종교 관련 의견 차이에 초점을 맞춰 서로를 헐뜯기 시작했다. 말하자면 이 부부는 삶의 지향점을 공유하고 있었고 종교는 두 사람을 묶어 주는 중요한 요소였지만, 생활에 부대끼면서 부부라는 공동 정체성과 지향점을 점점 잃어가는 중이었다.

3D 블록으로 이를 표현하면서, 리처드와 앤 부부는 서로 각자 다른 삶을 꾸려왔으며 각자의 삶 속에서 무엇을 배우고 느끼는지 나누는 데 인색했다는 사실을 깨달았다. **그림 2.5** 상단에서 볼 수 있듯, 이 부부는 생각을 나누지 않고 서로 단절된 채 살아가면서 부부간 소통에 대한 불안과 두려움이 커졌음을 알아챘다. 부부는 "길을 잃은 기분이었어요."라고 표현했다.

그런 후 이 부부는 블록을 사용해 치료에서 이루고자 하는 목표를 표현하였다. **그림 2.5** 하단에서 볼 수 있듯이 앤과 리처드는 자신들의 이름을 그림 중앙(경험의 중심)에 함께 적었는데, 이는 부부가 함께 지역사회 공동체에서 배우고 도우며 부부로 다시 가까워지기 위한 최선의 방안이었다. 교회와 가족은 둘 사이를 갈라놓기보다는 부부 사이를 더욱 돈독히 해주는 자산으로 거듭났다.

이렇듯 공동체 가계도는 내담자의 고민을 시각화하여 직면하는 데 도움을 주며, 앞선 예에서 볼 수 있듯 다양한 방식으로 유연하게 변형하여 활용할 수 있다. 주요한 주제와 사건이 무엇인지 알아내는 데는 상담사의 기술이 중요하며, 형식에 구애받지 않고 유연하게 공동체 가계도를 사용해야 한다. 이 장의 뒷부분에 있는 연습 활동은 개개인의 창의성을 활용하여 자신만의 독특한 공동체 가계도를 만드는 데 도움이 될 것이다.

강점과 긍정적 자산의 중요성: 제이슨 사례

제이슨(Jason)은 아버지의 사망이 자신에게 미친 영향에 관해 이야기했다. 제이슨이 새로운 곳으로 이사온 지 1년 정도 지났지만, 자신이 자라 온 집과 아버지에 대한 이미지는 여전히 제이슨의 마음 깊숙한 자리에 자리 잡고 있었다. 공동체 가계도를 사용하여(**그림 2.6** 참조) 제이슨은 현재 삶의 공간을 파악하였다. 이 그림은 에코맵(eco-map)이나 구조적 가족 도표(structural family diagram)와 같은 다른 도구를 공동체 가계도에 통합하여 사용하는 방법을 보여 준다. 선의 종류는 내담자가 관계 속에서 자신을 어떻게 인식하는지, 즉 내담자가 인식하고 있는 관계의 질을 나타낸다. 확대 가족과 현재 사는 도심 아파트 주변의 굵은 선은 제이슨이 이들과 단절된 관계를 맺고 있음을 뜻한다. 현재 가족과 학교 주변의 파선(dashed lines)은 제이슨이 이들 시스템에 관여하고 있음을 뜻한다. 아버지 유산(legacy)과 옛 이웃 주변 점선은 아버지 유산과 옛 이웃이 제이슨에게는 무척 가깝고 중요한 요소임을 보여 준다.

제이슨과 제이슨에게 소중한 사람들(significant others) 사이에 어떤 화살표가 있는지 살펴보자. 양방향 화살표는 제이슨이 새로운 코치에게 마음을 열고 있음을 의미하며, 분절된 양방향 화살표(arrow with the crossbars)는 제이슨이 어머니와의 관계에서 긴장과 갈등을 느끼고 있음을 보여 준다. 한 방향 화살표는 제이슨이 고모와 새로운 또래 집단과 어떤 사이인지를 나타내 준다. 제이슨은 자신이 고모에게 다가가려고 노력했지만, 고모가 자기 마음을 잘 받아 주지 않았다고 느꼈다. 새 학급 친구들 몇몇이 제이슨에

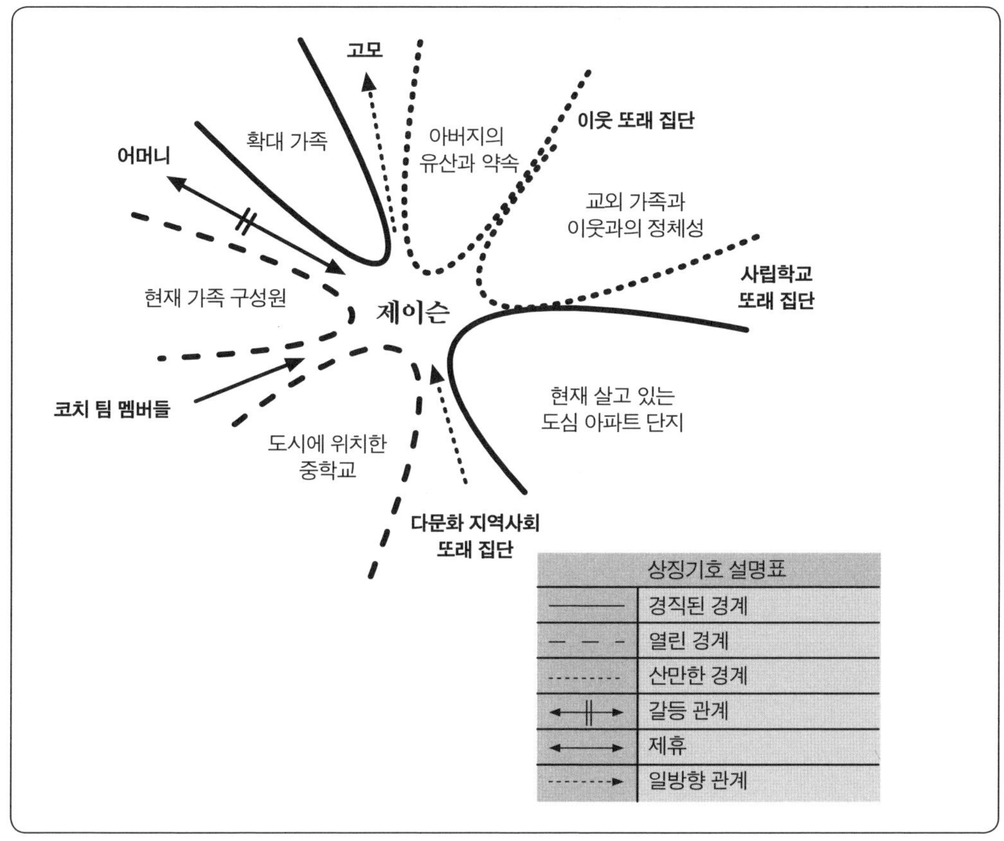

그림 2.6 표준화 그림평가도구를 활용한 공동체 가계도: 제이슨의 사례

게 친근하게 다가왔지만, 제이슨은 자신이 이를 받아 주지 않았다는 것 또한 깨닫게 되었다. 공동체 가계도를 그리면서 제이슨은 어디서 어떻게 필요한 지지를 받을 수 있을지 이해하고, 전입한 새 학교에서의 적응 계획을 세웠다.

❋ 연습 활동: 개인 · 가족 · 지역사회 · 문화에 내재한 강점 찾기

공동체 가계도 연습 활동은 암묵적 · 명시적으로 존재하는 문화 요소가 개인과 가족 발달에 미치는 직접적인 영향력을 이해하게 도와준다. 먼저 여러분 자신의 공동체 가계도를 직접 그려본 후, 나중에 같은 전략을 사용하여 다른 사람들의 공동체 가계도를 그려 보자. 자신의 구체적인 경험과 필요를 잘 반영하는 공동체 가계도를 그리기 위해 여러분이 어떻게 시각 이미지 형식을 바꾸어 나가는지에 주목해 보자. 이 연습은 기껏해야 시작에 불과하다. 공동체 가계도의 잠재력을 체감하려면 여러분이 연습 활동의 과정(process)에 적극적으로 참여해야 한다.

이 연습에는 세 가지 목표가 있다. (1) 지역사회 공동체 맥락 안에서 자기 이야기 만들기, (2) 지역사회 공동체 내 인간 발달 관련 이해 향상시키기, (3) 시각 · 청각 · 운동 감각 이미지를 강점의 보고로 활용하기. 무엇보다 자신의 강점을 잘 인식하는 것이 중요한데, 이는 삶 속에서 필수적으로 마주하는 스트레스를 해소하고 다루는 데 강점을 활용해야 하기 때문이다. 덧붙여 이 연습 활동은 여러분 자신을 둘러싼 문화 환경을 이해하는 데도 도움이 된다. 왜냐하면 이러한 문화 환경은 여러분 가족과 지역사회를 통해 전해지기 때문이다.

제이슨의 사례에서처럼 많은 사람이 부정적인 경험에 먼저 초점을 맞춰 자기의 과거와 현재를 바라보는 경향이 있다. 공동체 가계도를 그리고 분석하는 과정에서 이런 현상이 나타난다면, 여러분이 긍정적인 강점을 먼저 찾아본 후에 부정적인 측면을 살펴보길 바란다.

❁ 1단계: 지역사회 공동체를 시각적으로 표현하기

큰 종이 한 장을 준비하고 이 종이를 여러분 문화와 지역사회 공동체를 대표하는 것으로 생각해 보세요. 여러분이 주로 많은 시간을 보내며 자라온 동네를 선택하세요. 지금 살고 있거나 혹은 과거에 살았던 지역사회 공동체도 선택 가능합니다.

1. 여러분 자신을 그 지역사회 공동체 속에 그려 넣으세요. 종이 한가운데도 좋고, 다른 적당한 위치에 그려 넣어도 됩니다. 여러분 자신을 원이나 별 같은 상징물을 활용해 표현하세요.
2. 여러분 가족을 그려 넣으세요. 여기서도 당신과 가장 밀접한 관련이 있

는 상징물을 활용해 표현해 보세요. 여기서 말하는 가족은 핵가족, 확대 가족, 핵가족과 확대 가족 둘 다, 혹은 여러분이 '가족'이라고 여기는 사람들이 모두 해당합니다.

3. 여러분에게 영향을 미친 중요 모임을 시각적 상징물을 사용해 그려 넣으세요. 사람들은 학교, 가족, 이웃, 종교 모임 등을 선택하곤 합니다. 10대의 경우 또래가 중요한 편이고, 어른의 경우 회사나 특정 모임을 포함하곤 합니다.
4. 각 집단을 여러분과 연결해 보세요. 여러분에게 더 많은 영향을 미친 집단은 더 두꺼운 선으로 나타내 보세요.

❁ 2단계: 강점과 연관된 이미지와 이야기 찾기

사람들이 문제나 어려움을 먼저 인식하는 경향이 꽤 뚜렷하기에, 공동체 가계도는 긍정적인 이미지와 이야기에 먼저 초점을 맞추는 데 역점을 둔다. 이는 아무리 여러 번 강조해도 지나치지 않다. 공동체 가계도는 내담자가 자신과 가족을 맥락 속에서 이해하도록 돕는 준거 틀이다. 내담자는 자신이 자라 온 지역사회 공동체에 관해 이야기한다. 관련이 있으면, 현재 살고 있는 지역사회와 관련된 이야기 또한 중요하게 다뤄진다. 무엇보다 긍정적인 이야기와 이미지를 끌어내는 것이 이 단계에서 가장 중요하다.

긍정적인 이야기와 이미지는 좀 더 어렵고 고질적인 문제를 다룰 토대가 된다. 또한 치료 세팅에서 이러한 긍정성에 바탕을 둔 접근은 내담자의 공동체와 가족, 문화 배경을 이해하는 기반이 된다.

아래 지침은 내담자의 강점과 자산을 찾는데 보탬이 된다.

1. 여러분 가족이나 지역사회 모임 중 하나에 집중해 보세요. 부정적인 이야기나 이미지가 먼저 떠오르기 쉽지만, 긍정적인 강점이 굳건히 마음에 자리 잡기 전까지는 이 부정적 이야기나 이미지를 잠시 접어 두세요.
2. 긍정적인 경험과 연관된 시각 · 청각 · 운동 감각 이미지를 생각해 보세요. 이런 이미지가 마음속에 뿌리내리도록 하고 이미지와 함께 어떤

긍정적인 감정을 느끼는지 잘 살펴보세요. 여러분이 긍정적 이미지를 온전히 경험한다면 여러분은 몸으로 강렬한 감정을 느끼거나 눈물을 흘릴지도 모릅니다. 몸으로 깊숙이 느끼는 이 경험들은 여러분이 현재와 앞날에 직면하는 어려운 문제를 다룰 때 활용 가능한 긍정적인 자원입니다.

3. 여러분의 이미지와 관련된 이야기를 만들어 보세요. 일기를 쓰듯 적어 보는 것도 좋습니다. 새로 떠오르는 이미지를 추가할 수도 있습니다. 여러분에게 편한 방식을 사용해 이 이미지를 자세히 묘사해 보세요.
4. 최소 두 가지 이상의 긍정적인 이미지를 만들어 보세요. 가족 관련 긍정적 이미지 하나, 영성 관련 긍정적 이미지 하나, 문화 관련 긍정적 이미지 하나쯤은 생각해 보는 게 좋습니다. 앞서 언급했듯 많은 사람이 부정적인 문제에 먼저 초점을 맞추는 경향이 있습니다. 먼저 긍정적인 자산을 찾는데 마음을 모으세요.
5. 긍정적인 이미지를 여러분 말로 요약해 보고 각 이미지에 대해 깊이 생각해 보세요. 무엇을 배우고 느낄 수 있나요? 어떤 생각이 떠오르나요? 돌이켜 생각해 보면 어떤 마음이 드나요? 아래 3단계에서 여러분 대답을 살펴보면 여러분의 강점을 발견할 수 있을 것입니다.

❁ 3단계: 배운 내용 요약

아래 질문에 답하며 자신의 강점과 자산에 대해 배운 점을 요약해 보자.

1. 자기 자신에 대해 무엇을 배웠나요?
2. 우리 가족에 대해서는 무엇을 배웠나요?
3. 우리 지역사회에 대해서는 무엇을 배웠나요?
4. 우리 문화에 대해서는 무엇을 배웠나요?
5. 관계 속 나라는 개념에 대해서는 무엇을 배웠나요?

※ 결론: 내담자 스스로 자신감을 느끼게 돕기

공동체 가계도는 내담자 스스로 치료 목표와 초점을 정하는 기회를 제공한다. 내담자는 창의적이고 분석적인 기술을 사용해 자신의 강점을 발견한다. 이렇듯 공동체 가계도는 다양한 형식과 방식으로 만들 수 있으며, 경계선과 권력 배치(power arrangements) 두 가지를 동시에 탐색할 수 있다.

정신보건 전문가들은 공동체 가계도를 치료 도구로 활용, 내담자가 자기 상황을 다양한 수준에서 이해하고 새로운 가능성을 찾는 데 도움을 줄 수 있다. 공동체 가계도는 간단하고 쓰임에 융통성이 있기에 다양한 내담자들에게 사용 가능하며 치료 관계를 촉진한다. 내담자 스스로 그림과 도표를 그리며 깨닫는 과정을 통해 내담자는 자신을 더 깊이 이해하고 문제 해결 능력을 향상한다.

관계 속 나와 관계 속 가족에 대한 개념을 탐구하는 과정에서, 우리는 복잡다단한 삶을 통찰하고 현재 상황과 관련된 문제나 주제를 이해하게 된다. 3장에서는 전형적인 공동체 가계도가 어떤 기본 요소로 구성되어 있는지 살펴보도록 하겠다. 또, 공동체 가계도를 활용하여 지역사회 공동체와 문화 가치를 해방하는 방법도 다루겠다.

제 3 장

상담과 치료에서 문화와 공동체 특성 활용

앤서니 리가지오-디질리오 공저

우리는 일상에서 제도적 인종주의(institutional racism), 체계적 편견(systemic prejudice), 문화 충돌(cultural clash)과 같은 말을 자주 하고 듣는다. 대인관계 관점에서 보면, 사람들이 종종 사회에서 생각 없이 차별하는 행동을 문화 규범(cultural norms) 탓으로 돌리는 일이 많다. "그 문화에서는 여성들을 원래 그렇게 대해요", "인종차별주의자를 비난하지 마세요. 비난하려면 사회에 내재한 인종차별주의를 비난해야지요.", "문화를 바꿀 순 없잖아요."와 같은 구절은 사람들이 우리 문화유산(cultural heritage)이 너무 극복하기 어려운 장애물이라 개인과 지역사회의 압제에 대항하기 어렵다는 인상을 준다. 몬탈보(Montalvo, 1987)는 임상가들이 쓰는 이런 추론 방식을 '정형화된 민족 진공 상태(stereotypic ethnic vacuum)'라고 불렀다. 이 말은 어떤 행동의 존재 이유를 문화로 돌리면 그 행동의 의미를 간과하거나 축소하기 쉽다는 것을 뜻한다. 우리가 문화의 속박력(constraining forces of culture)에만 집중하고 문화유산 속에 있는 많은 가능성과 잠재력을 인식하지 못할 경우, 우리는 우리가 의식하지 못하는 사이 기존 차별을 더 확산하는 데 일조하고 있을지도 모른다.

이 장에서 다룰 몇 가지 중심 내용은 다음과 같다.

- 문화 공감(cultural empathy)이 어떤 개념인지 다루고 지역사회 요소를 치료에 통합하기 위한 기반을 마련한다.
- 치료사로서 자기(self-of-the-therapist)와 연관된 개인 이슈를 다루면서 경계(boundaries)와 권력(power)을 더 깊이 고찰한다.
- 다문화 관점(multicultural perspective) 수용의 발달 과정을 다루는 한 방편으로 문화 정체성 이론(cultural identity theory)을 소개한다.
- 두 가지 기본 공동체 가계도 양식(별 모양 개인 공동체 가계도, 별 모양 관계형 공동체 가계도)을 자세히 묘사한다.

공동체 가계도를 사용하면 우리 문화유산 속 차별과 억압 요소를 규명함과 동시에 우리 문화 속에 내재하는 해방의 힘(liberating forces)을 밝혀낼 수 있다. 문화(culture)는 부정적 · 긍정적 행동 패턴, 상징, 언어 패턴, 가치, 기관과 참조 틀(frames of reference)을 통틀어 이르는 말로, 세대에 걸쳐 전달된다. 우리는 행동, 가치, 생각이 얼마나 많이 우리 문화 전통에 기반을 두고 있는지 제대로 인식하지 못하는 경우가 많다.

우리의 문화유산을 꼼꼼히 살펴본 후에야 우리는 가족 · 지역사회 공동체 · 삶의 경험을 통해 우리에게 전해져온 부정적인 사고, 감정, 행동을 최소화하고 긍정적인 측면을 최대화할 수 있다. 문화와 지역사회 공동체 경험은 초월적 가치를 지니고 있으며, 현세대와 후세대에 거쳐 더 나은 세계를 만드는 데 이바지한다.

※ 문화 영향력 확인: 연습 질문

현대 세계화 사회에서는 문화 감성(cultural sensitivity)이 핵심 역량으로 부상하였다. 산업계에서는 다양한 문화 환경 속에서 서로 조화롭게 협동하여 일하는 인재를 채용하고 싶어 한다. 상담 분야(D'Andrea, 2000; Pederson,

2000; Sue, Ivey, & Pedersen, 1996; Sue & Sue, 1999)나 교육 분야(Banks, 2002; Grant & Sleeter, 2002; Nieto, 2001; Smith, 1998)에서도 높은 다문화 역량(multicultural competencies)을 지니는 것은 필수가 되었다. 문화 감성(cultural sensitivity)이란 세상을 바라볼 때 개인적 관점을 다른 맥락(자라온 환경 또는 경험 등) 혹은 개인이 속한 문화의 가치나 주제와 함께 연결 지어 생각하는 능력을 말한다. 즉 상담과 교육에서 효과적인 서비스를 제공하려면 자기 자신과 다른 사람들을 문화적 존재로 인식해야 한다.

연습 활동 3.1

아래 질문은 개인의 가족, 문화, 지역사회 관련 배경이 세상을 이해하는 방식에 어떤 영향을 미쳤는지를 점검하는 데 도움을 준다. 교육 효과를 높이기 위해서 충분히 생각하고 고민한 후 각 질문에 솔직히 답해 보자.

1. 개인이 추구하는 가치관(values) 가운데 가장 중요한 것 세 가지를 말해 보세요.
2. 1번에서 언급한 주요 가치관과 연관된 어린 시절 기억 두 가지를 말해 보세요. 이 가치는 여러분이 타인에 대한 인식을 형성하는 과정과 관련이 있습니다. 좋았던 기억 하나와 후회하는 기억 하나를 말해 보세요.
3. 가치관이 형성되는 과정을 생각해 보세요. 앞서 언급한 세 가지 가치관 형성에 원가족(family-of-origin)은 어떤 영향을 미쳤나요?
4. 문화 배경이 여러분의 가치관 형성에 미친 영향은 무엇인가요?
5. 공동체 내에서 여러분 자신 · 가족의 지위가 여러분의 가치관에 어떤 영향을 미쳤나요?
6. 여러분의 가치관과 조응하거나 상충하는 경험에 관해 이야기해 보세요. 이러한 삶의 경험들이 여러분이 현재 가지고 있는 가치관에 미치는 영향은 무엇인가요?
7. 여러분의 가치관이 최근 다른 사람과 가졌던 상호작용을 평가하는 데 어떤 영향을 미쳤나요? 자부심을 느꼈던 경험 한 가지와 겸허한 마음이 들었던 경험 한 가지를 이야기해 주세요.

8. 여러분의 성장 배경과 살아온 경험이 여러분의 가치관 형성과 정체성 및 세상을 바라보는 방식에 미친 영향을 다른 사람들에게 어떻게 설명해 주시겠어요?

※ 문화 공감

다른 이들을 문화적 존재(cultural being)로 이해하면 우리는 공감에 대한 정의를 확대할 수 있다. 공감하는 태도(empathetic attitude)는 대부분 상담과 치료 이론의 기초(Rogers, 1959)이자 다양성을 존중하는 치료의 핵심 요소이다(Ivey et al., 2002). 이는 종종 '내담자 눈으로 세상을 바라보기'라고 묘사되며, 공감은 긍정적 관심과 존중, 따뜻함과 진실함과 같은 특성을 모두 아우른다. 이러한 특질은 효과적 치료의 주요 요소이다(Anthony & Carkhuff, 1977; Lambert & Bergin, 1994; Sloane & Staples, 1984).

전통적으로 우리는 공감을 개인주의에 바탕을 두고 생각해 왔다. 하지만 아이비 등(Ivey et al., 2002)은 공감을 가족과 문화를 포함하는 개념으로 확대했다. "사람들은 공감이 개인적 영역이라고 생각하지만 실제 공감은 다른 사람들의 인생과 경험을 얼마나 이해하고 받아들이는지에 달려 있다. 가족과 문화는 내담자의 삶과 깊이 뒤엉켜 있다."(p. 28).

공감을 이러한 방식으로 확대하여 정의하면 개인 · 가족 · 지역사회 공동체 · 문화가 내담자 삶의 질에 미치는 영향을 이해할 수 있을 뿐만 아니라 자기 · 관계 속 나 · 맥락 속 가족을 정의하는 데 미치는 영향도 파악할 수 있다. 예를 들면 성별 · 인종 · 민족성 · 계급 · 장애 유무는 한 개인이 세상을 바라보는 관점에 큰 영향을 미친다. 아프리카계 미국 여성에 대해 치료사가 공감하는 정도와 그리스계 미국 여성에 대한 치료사의 공감 정도는 다를 수 있다. 각각의 내담자가 다른 수준의 억압과 특권을 경험하며, 효과적인 치료를 위해서는 이러한 요소를 충분히 고려해야 한다. 그래서 문화 공감(cultural empathy)이라는 개념은 남을 돕는 직업을 가진 사람들이 꼭 가져야 할 자질 가운데 하나이며, 이들은 자신의 문화 가치관과 신념을 명확히 자각하고 이를 다른 사람들이 경험하는 억압이나 특권의 패턴이나 세계관, 문화를 이해하고 존중하는 데 이용해야 한다.

임상가들은 내담자가 어떤 방식으로 개인 · 가족 · 지역사회 · 문화를 언급하는지 귀를 기울여야 하며, 내담자의 세계관에 알맞은 표현 방식 · 의미 · 행동을 사용해야 한다. 공동체 가계도는 내담자의 복잡다단한 현실을 이해하고 개인의 이야기를 관찰 · 경청하는 데 도움이 된다. 상담사는 내담자의 관점과 언어를 이용, 내담자의 문화를 존중하는 태도를 내담자에게 전달할 수 있다. 그다음 내담자와 상담사는 내담자의 현재 모습—관계 속 나와 맥락 속 가족에 대한 개인 정의와 공동 정의—을 형성한 주요 세력을 탐구할 수 있고, 내담자가 당면한 문제를 해결하는 데 유용한 내담자의 강점과 힘의 원천을 규명할 수 있다.

❋ 문화 공감을 넘어서: 연습 질문

문화 감수성은 치료 관계를 형성하는 핵심 요소이다. 하지만 모든 사람이 문화적인 존재(cultural being)라는 믿음만으로는 내담자들이 자신의 문화유산이 가진 잠재력을 깨닫게 돕는 데 한계가 있다. 또한 임상가들은 내담자의 정체성과 세계관을 형성한 문화 맥락 안에 있는 심층 구조와 관계 양상을 철저히 살펴야 한다. 내담자에게 가장 많은 영향을 미친 사람과 그 관계 안에서 주고받은 영향을 이해해야 하는데, 공동체 가계도는 이런 핵심 관계를 시각적으로 표현해 주는 유용한 도구 가운데 하나이다. 이런 관계를 탐색하기 위해서는 2장에서 다룬 경계선과 권력(boundaries and power)이라는 개념이 중요하며, 여기서 좀 더 깊이 살펴보겠다. 아래 질문은 여러분 삶 속에서 경계선과 권력을 이해하는 데 도움이 될 것이다.

❁ 연습 활동 3.2

1. 여러분이 속해 있는 모임이나 단체 중에서 가장 자랑스럽게 여기는 단체는 무엇인가요? 이유를 설명해 주세요.

2. 이 단체에 속해 있다는 사실이 여러분 자신과 관계 속 나를 바라보는 방식에 어떻게 영향을 미쳤나요?
3. 이 단체 일원으로 여러분은 문화를 이해하고 공감하는 능력을 어떻게 보여줬나요?
4. 구성원이 되고 싶었지만 들어가지 못한 단체가 있다면 무엇인가요? 여러분이 이 경험을 겪으며 무엇을 배웠나요? 권력과 경계선 측면에서 이야기해 주세요.
5. 문화 공감(cultural empathy) 측면에서 이 거절 경험을 통해 배운 것이 무엇인지 이야기해 주세요.
6. 예전에는 여러분이 일원이 되리라 생각지도 못한 단체에 지금 속해 있나요? 권력과 경계선 측면에서 봤을 때, 이 경험을 통해 무엇을 배웠나요?

✼ 경계선 탐색

경계선은 관계를 규정한다. 우리는 때로는 경계선 안에(가족 안에 자녀라는 하위 집단을 구성하는 경우) 때로는 경계선 밖에(특정 단체에 일원이 되지 못하는 경우) 있다. 관계를 규정하는 견고성의 정도(degree of firmness)는 경계선이 가진 특성이다. 여러분이 속하고 싶었지만 속할 수 없었던 특정 단체처럼 어떤 경계선은 무척 견고해서 뚫기 어렵다. 다른 경계선은 덜 견고해서 쌍방향으로 영향을 자연스레 주고받는데, 어른이 된 자녀와 부모 사이의 경계선이 그 일례이다.

더 큰 문화 내에서도 경계선을 규정할 수 있다. 자녀, 형제자매, 학생, 근로자, 배우자, 팀 구성원, 혼자 있기를 좋아하는 사람(loner)은 우리 문화에서 규정하는 경계선 종류의 예이다. 때로는 우리 스스로 경계선을 규정한다: "나는 환경 운동가예요." 혹은 "나는 보수당 지지자예요." 다른 사람들이 경계선을 규정하기도 하는데, 그 예로는 "넌 우리 단체 구성원이 아니야.", "입학 기준을 통과했으니 이제 너는 우리 모임의 일원이야." 들이 있다. 우리 자신과 우리에게 중요한 사람들이 규정하는 경계선은 서로의 유대 관계를 결정하고 우리 자신과 관계 속 나를 지각하는 방식에 지대한 영향을 미친다. 내담자가 중요한 타인들과의 관계에서 지각하는 수용과 거절(acceptance or rejection)은 현재 상황을 이해하는데 통찰력을 제공하며 현재 겪고 있는 고충을 극복하는 길을 알려 준다(Rohner, 1986).

경계선의 예: 엘리자베스 사례

엘리자베스(Elizabeth)는 가족 내에서 소속감을 느끼지 못했다. 엘리자베스는 이런 스트레스를 수레바퀴의 바큇살(그림 1.2 참조)로 묘사하였다. 이 바큇살은 여러 개의 수레바퀴처럼 서로 맞물려 있다(예: 입양 가족, 차별, 과거의 부정, 인종차별, 압제). 엘리자베스는 "우리 가족에게 부족한 부분이 많아 정말 실망했지만, 우리 가족을 있는 그대로 받아들여야 한다는 것을 배웠어요. 이젠 이런 경험을 제 삶에 보탬이 되는 방향으로 쓰고 있고요. 우리 가족은 절 받아들이기 힘들어했어요. 정말 마음이 아팠지만 이 사실을 인정해야만 했어요. 그렇게 하지 않으면 계속 외톨이로 지내거나 제게 부정적인 영향을 주더라고요."

여러 요인, 상황, 가족 내 역동으로 인해 엘리자베스는 자신이 가족에게 인정받지 못한다고 느꼈다. 가족들과 서로 대화를 직접 주고받는 일이 드물었기에—이 문제뿐만 아니라 다른 어린 시절 경험들을 포함하여—엘리자베스는 다른 사람들에게 들은 이야기나 자신의 기억에 의존하였다. 엘리자베스가 가족에게 인정받지 못하다고 느끼는 경험과 관련된 여러 요소의 상호작용을 아래에 요약하였다.

엘리자베스는 삼 남매 중 둘째이자 장녀로 태어났다. 가족들은 대부분 피부가 하얀 편이었지만 엘리자베스만 유독 피부가 까만 편이었는데, 이는 북아메리카 원주민 혈통의 증거였다. 엘리자베스는 고모와 피부색이 비슷했고 고모와 가까웠다. 엘리자베스가 전해 들은 바로는 고조할머니가 순수 델라웨어 족(Delaware) 북아메리카 원주민이었다. 엘리자베스의 직계가족은 이런 가문의 유산을 부인하는 편이었다. 가족들은 고조할머니를 할아버지가 들려주는 이야기의 하나로 치부하곤 했다. 엘리자베스가 커갈 때 엘리자베스의 오빠와 여동생은 엘리자베스의 피부색을 가지고 놀렸고, 엘리자베스의 어머니 또한 피부색 때문에 엘리자베스를 자식으로 받아들이기 힘들어했다. 까무잡잡한 피부색은 엘리자베스가 다른 가족들과 눈에 띄게 다르다는 지표이자 뚜렷한 경계선으로, 엘리자베스가 해결해야 할 심리적 과제였다.

권력 탐색

몇 명과 중요한 관계를 맺고 있느냐, 각 관계 내에서 경계선이 어떤 종류인가는 내담자가 관계 속 자신과 맥락 속 가족을 이해하는 데 도움이 되는 한 부분일 뿐이다. 두 번째 요소는 권력(power)이나 영향력(influence)과 연관이 있다. 모든 종류의 관계는 권력 배치(power arrangement)로 이해할 수 있는데, 종종 두 사람 사이에는 힘 차이가 존재한다. 즉 한 사람이 상대방에게 더 많은 영향력을 행사하는 관계가 종종 형성된다. 이러한 권력 관계(power relations)는 시공간에 따라 변하곤 한다. 예컨대 많은 경우 부모가 아이들보다 큰 힘을 가지지만 때로는 자녀들이 부모에게 영향력을 행사한다.

권력과 영향력은 여러 방식으로 정의할 수 있다. 지금까지는 주로 다양한 시각, 문화유산, 삶의 경험과 연관된 힘에 초점을 맞췄다. 하지만 이러한 개념화를 넘어서 또 다른 쟁점이 존재하는데, 이는 누가 사회적 지위(status)나 합법성(legitimacy) 등을 도구로 삼아 막대한 권력과 영향력을 행사하느냐와 연관되어 있다. 우리는 사회적 현실(social reality)을 고려해 어느 수준에서 개입할지, 진정한 변화를 이루기 위해 어떤 관점과 자원과 대안을 선택할지를 정해야 한다. 정당한 권력 원천은 사회경제 · 교육 · 직업 지위, 지역사회에서의 지위, 정치적 힘, 법적 자원을 포함한다.

개인의 권력 배치 탐색: 연습 질문

임상가는 내담자와 주요 타인 · 체제 사이에 존재하는 권력 차, 내담자와 임상가 사이 권력 차를 탐색할 준비가 되어 있어야 한다. 나아가 임상가는 실제 혹은 추정 지위가 임상가 자신의 인식, 상호작용, 의도에 어떻게 영향을 미치는지 이해해야 한다. 다음 질문들은 우리 삶 속에서 권력 배치와 같은 주제를 다루는 데 유용하다. 다음의 '연습 활동 3.3' 질문은 여러분이 속해 있는 다양한 맥락과 관계 내에서 권력과 자원과 같은 주제를 얼마나 이해하고 있는지 깨닫는 데 도움이 된다.

❀ 연습 활동 3.3

1. 여러분 삶에서 가장 영향력이 컸던 단체나 사람은 누구입니까? 어떻게 그렇지요?
2. 여러분은 누구에게, 어떤 단체에 막대한 힘이나 영향력을 행사했나요? 어떻게 그렇지요?
3. 현재 여러분이 맺고 있는 관계 중에서 권력 차이가 존재하고 여러분을 제약하고 있는 관계가 있다면 설명해 주세요. 이런 관계는 자기 자신과 관계 속 나에 대한 여러분의 인식에 어떤 영향을 미쳤나요?
4. 현재 여러분이 맺고 있는 관계 중에서 여러분이 더 많은 영향력과 권력을 가지고 있어 어떤 식으로든 상대방을 제약하고 있는 때가 있다면 설명해 주세요. 이런 관계가 자기 자신과 관계 속 나에 대한 여러분의 인식에 어떤 영향을 미쳤나요?

예전에는 A가 자기보다 위계가 낮은 B에게 영향을 미치는 것을 권력이라고 보았다. 직장 내에서 상사가 부하 직원에게 업무처리 관련 지시를 내리는 것, 부모가 자녀들에게 특정 가치를 주입하는 것, 정치 단체가 정부 정책과 업무에 관여하는 것 등이 그 예이다. 권력과 영향력을 일방향성으로 보는 방식은 문화(예를 들어 제도적 인종차별, 성 편견, 성적 지향에 따른 차별)와 같은 거대한 양상을 고려할 때 특히 타당하다.

임상가가 개인과 가족 간에 발생하는 대인관계 수준에서의 힘과 위계질서를 탐색할 때에는 힘과 영향력의 역학을 고려해야 한다. 어떤 관계 속에서는 상사와 부하 직원의 경우에서처럼 상의하달식의 일방향 권력 관계가 주요 특질이다. 다른 관계에서는 권력 배치가 좀 더 상호적이어서 쌍방향 권력 관계가 존재하는데, 대표적인 예가 동료 관계이다. 또한 하의상달식으로 힘이 행사되는 위계 관계도 있다.

우리는 내담자와 사회 시스템의 상호작용 수준에서 일어나는 권력과 영향력 또한 고려해야 한다. 다음 질문을 생각해 보자. "사회 · 경제 · 정치 시스템이 특정 내담자나 집단에 어떤 영향을 미치는가?", "역사적으로 가난과 차별 같은 사회적 영향력이 개인과 가족의 심리사회 발달과 삶에 어떤 영향력을 행사해 왔는가? 내담자와 사회 시스템이 치료가 필요한 문제를 정의하고 관리하는 방식에 이바지해 온 권력과 영향력으로는 무엇이 있는가?"

내담자가 살아온 과거 · 현재의 관계와 지역사회 내에서 권력과 영향력의 위치를 이해하는 것도 중요하다. 분명히 사회 · 경제적 권력 차는 개인과 집단의 능력 발달을 저해한다. 사회에서 요구하는 것과 개인과 가족의 신체 · 심리 · 문화 · 도덕 · 영적 정체성 사이에 차이가 존재하거나, 가족 고유의 행동 양식이나 사고방식이 사회의 표준을 벗어났다고 꼬리표를 붙이면 개인과 집단은 자신의 능력을 충분히 발달시키기 어렵다. 공동체 가계도는 권력과 영향력과 같은 쟁점을 규명하는 데 도움을 주며, 내담자가 힘을 타인에게 행사 · 양도하거나 권력을 재배치하는 상황과 관계를 밝힐 때 사용할 수 있다.

다양한 상호작용 상황에서 어떤 방식으로 힘이 작동하는지를 밝히는 것도 중요하다. 다른 이들이 가지고 있는 기대나 행동을 인식하고 변화를 위해 필요한 자원을 파악한 후에야 실질적인 영향력 행사, 저항, 협조, 혹은 변화 추구가 가능하다. 내담자 가운데 일부는 누구에게 자신의 힘을 양도했는지조차 인식하지 못하고 있고, 일부는 인식은 하고 있되 이런 권력 관계를 바꾸는 자원이나 방법을 모른다. 개인 · 가족 · 지역사회 · 기관 · 문화에 존재하는 권력 관계를 이해하도록 돕고, 활용 가능한 자원과 권력 이동을 위한 적절한 개입 시점을 파악해야 효과적인 치료 계획을 세울 수 있다.

❁ 내면의 힘 찾기: 엘리자베스

엘리자베스는 가족 내 자신의 역할을 신데렐라에 비유했다: "엄마, 오빠, 여동생에게 해 주기만 하고 아무것도 돌려받지 못했어요." 엘리자베스는 가족들이 아프거나 힘들 때 가족들을 챙기고 돌봤지만, 그녀에게 돌아오는 것은 거의 없었다. 가족들은 이런 돌봄 역할을 엘리자베스에게 기대했고 엘리자베스를 강한 사람으로 여겼지만 정작 엘리자베스는 이 돌보는 역할에서 가족이라는 소속감을 느끼지 못했다. 즉 엘리자베스의 '역할' 자체는 인정을 받았지만, 엘리자베스가 한 '사람'으로서 가족들에게 수용 받는 느낌은 없었다.

가족 내에서 수용 받고 인정받는 경험의 부재는 엘리자베스 정체성의 한 부분이 되었다. 엘리자베스는 자신을 특별하고 소중한 존재로 가치 있게 여기지 못했고, 자신이 성취하고 이룩한 것이 자신의 가치를 결정한다고 생각했다. 엘리자베스가 자신을 있는 그대로 받아들이고 사랑하고 믿는 법을 배우는 데 오랜 시간이 걸렸다.

스물여덟이 되던 해, 엘리자베스에게 자기 삶을 송두리째 바꾸는 일이 생겼다. 이는 '영혼, 감정, 마음에 스며든 경험'이었고 엘리자베스의 몸 또한 변하였다. 엘리자베스는 재탄생(reborn)이란 말로 이 경험을 명명하였다. 엘리자베스는 자신을 구속하고 묶어 두었던 수많은 신념—그녀 자신, 삶, 신앙, 가족, 세상, 타인과의 관계와 관련된—에서 해방되었다. 영성이 충만해지는 느낌을 몸으로 체험했다. 엘리자베스는 이러한 영성 충만을 물질적 존재로서의 자신을 영적인 힘에 온전히 맡기는 일이라고 묘사하였다. 영성이 엘리자베스를 포근히 감싸 안고 수용하는 느낌이었다.

이런 재탄생 과정에서 엘리자베스는 더 많은 것을 깨닫고, 강하고 크고 더 온전한 사람이 되었다고 느꼈다. 삶의 모든 영역—개인, 직업, 인지, 행동, 정서—이 바뀌었다. 엘리자베스는 "한마디로 이 일로 더 자유로워졌어요. 제 삶을 새롭게 바라보게 되었고, 특히 영성의 관점에서 삶을 되돌아보게 되었지요. 세상을 보는 새로운 시각과 삶의 상대성(relativity)을 배웠고, 세상을 좀 더 유연하고 넓게 바라보게 되었어요."라고 말했다. 이 일이 있고

난 뒤 엘리자베스는 “자신의 신념을 신뢰하고, 예전보다 편안한 마음으로 새로운 정보와 생각을 수용하게 되었다.”고 말했다. 다른 사람들과 맺는 관계에도 변화가 생겼다. 엘리자베스는 자신이 소중히 여기는 사람들과 더욱 가깝게 지내게 되었다.

※ 문화 정체성 이론: 연습 질문

개인, 가족, 지역사회, 사회는 억압을 해결하려는 방안을 찾는 과정에서 유사한 문제에 맞닥뜨린다. 문화 정체성 이론(cultural identity theory)은 내담자들이 관계 속 나와 맥락 속 가족 관련 문화 정체성을 만들어 가는 수많은 과정을 통합하는 데 도움을 준다. 여기서는 문화 정체성 이론(Cross, 1991; Ivey, 1995; Ivey et al., 2002; Jackson, 1990; Sue & Sue, 1999)을 개략적으로 소개, 새로운 정체성을 통합하는 발달 경로를 설명하려 한다(그림 3.1 참조). 이 이론은 치료사가 내담자의 관계 속 의미를 찾는 데 도움이 되는 틀을 제공한다. 상담 이론과 전략은 내담자가 이미 가지고 있는 긍정적 자원—개인 · 가족 · 지역사회 · 문화 자원—을 잘 활용하도록 돕는 데 초점을 맞춰 발전해 왔다(Helms, 1990; Ivey et al., 2002; Jackson, 1975; Ponterotto, Casas, Suzuki, & Alexander, 1995; Sue et al., 1996; White & Parham, 1991).

❁ 문화 정체성 탐구: 연습 질문

아래 질문은 주류 문화(dominant culture)와 동떨어진 집단을 사회에서 어떤 방식으로 억압하는지 깨닫는 데 도움이 된다.

❁ 연습 활동 3.4

1. 여러분 가족의 소속 집단 가운데 문화적으로 억압이나 차별을 받은 집단을 하나 선택하세요. 사회나 다른 사람들이 이 집단을 부정적으로 바라보고 있다는 것을 몇 살 때 깨달았나요? 여러분 가족은 어떤 방식으

단계	다음 단계로 나아가기 위한 행동
1. 직면 전 단계(preencounter). 개인, 가족, 공동체 집단이 자신을 문화적 존재(cultural beings)로 잘 인식하지 못하는 단계. 부정하기(denial) 혹은 비슷한 사람들 사이의 제한된 경험으로 협소하고 단편적인 문화 관점을 지닌다.	내담자가 자신의 삶에 관해 이야기하고 차별이나 억압과 관련된 예를 찾도록 돕는다.
2. 직면 단계(encounter). 개인, 가족, 공동체 집단이 억압과 차별을 알아채는 단계. 억압과 차별 관련 경험은 순진함을 뚫고 들어가 새로운 깨달음을 가져온다.	자신과 관계 속 나를 탐색하도록 돕는다. 자신과 문화를 자랑스럽게 느끼도록 응원한다.
3. 몰입 단계(immersion). 특정 문화 집단에 관한 정체성이 확고해지는 단계. 이 단계에서는 특권과 억압이 작용하는 방식을 탐구하고 기술한다. 이러한 이름 짓기는 종종 큰 변화를 가져온다. 집단 자체, 집단의 역사, 문제, 목표로 인식의 초점이 바뀐다. 이 단계에서 개인, 가족, 지역사회는 그들의 집단 내에 잘 응축되어 있다.	탄압하는 행동과 다른 이에 대한 생각, 세상을 바라보는 관점 사이에 드러난 모순에 주목하고 확인할 수 있도록 돕는다. 비슷하거나 다른 상황에서 억압을 경험한 사람들의 이야기를 통해 배운다. 또한 분노(anger)와 같은 감정을 다룰 수 있도록 돕는다.
4. 내면화 단계(internalization). 자신의 집단에 소속된다는 게 어떤 의미인지를 더 깊이 이해하는 단계. 다양한 참조 틀이 만들어진다. 개인, 가족, 혹은 지역사회 공동체는 지배 문화 내 가치 있는 영역을 인정함과 동시에 억압을 내포한 측면에 대항해 싸운다. 앞선 세 단계의 강점을 모두 이용할 수 있다.	시스템 내에 어떤 모순이 존재하는지 살펴보도록 돕는다. 현실을 계속 탐색하며 현실을 바꾸기 위한 실천을 지지한다.

그림 3.1 문화 정체성 이론

로 이런 부정적 시선이나 차별이 없는 양 행동했나요? 이러한 깨달음이 있기 전과 후, 어떤 감정 변화가 생겼나요?

2. 여러분이 삶에서 경험한 억압이나 차별을 잘 드러내 주는 예나 상황은 무엇인가요? 이때 여러분은 어떤 감정, 이미지, 생각, 행동을 경험했나요?
3. 여러분과 탄압 세력 사이에서 무슨 일이 일어나고 있는지 어떻게 이해

했나요? 여러분이 느낀 감정을 수용하고 두 세력 간 상호작용을 밝히는 데 도움을 준 사람은 누구인가요?

4. 여러분 자신과 소속 집단 밖에 억압이 존재한다는 사실을 어떻게 통합할 수 있었나요? 이런 깨달음이 여러분 자신을 정의하는 방식을 어떻게 바꾸었나요?
5. 이 억압과 차별 경험이 소속 단체 구성원 혹은 억압을 받는 다른 단체의 구성원과 연대하는 데 어떤 역할을 했나요? 문화의 힘을 깨닫는 데 도움을 준 새로운 참조 틀은 무엇인가요?

문화 정체성 이론은 의식이 무지에서 구체적 실천으로, 자신을 관계 속에서 이해하는 것으로, 또 사회에 대한 이해로 확장된다고 가정한다. 각 단계는 잠재성과 한계가 동시에 존재한다. 첫 번째 단계에서의 정보 부족과 현실 부정은 지속해서 억압받는 이들이 현실에 적응하고 살아남는 데 때때로 도움이 되기도 한다. 반대로 네 번째 단계에서는 사람들이 자신의 정체성과 상황에 대해 깊이 자각할 수 있고, 이와 관련해 지나치게 많이 생각하고 느끼고 행동하게 되면서 쉽게 지칠 수 있다. 때로는 이런 부분을 충분히 다루는 것이 치료와 상담의 초점이 된다. "파햄(Parham)은 정체성이 세 가지 방법으로 해결될 수 있다고 보았다: 침체(초기 정체성을 벗어나지 못함), 적절한 선형 진전(차례로 다음 단계로 나아감), 재순환(한 주기가 마무리된 후 기존 방식을 통해 되돌아가는 움직임)"(Ivey et al., 2002, p. 250).

❁ 문화 정체성 이론의 적용

공동체 가계도와 함께 문화 정체성 이론은 개인이 지역사회 및 문화와 맺고 있는 관계를 이해하는데 이바지한다. 두 모델을 함께 적용하면 임상가는 진단 시 두 가지 중요한 성과를 얻는다. 첫째, 내담자의 문화 자각 수준에 맞도록 치료 계획을 조정, 내담자의 현 상황과 이해도를 고려하면서도 내담자의 능력을 최대한 발휘할 수 있도록 돕는다. 둘째, 내담자가 어떤 발달 단계를 거쳐 변하고 나아지는지, 자신의 문화와 출신 배경을 어떻게 이롭게 활용할 수 있는지에 대한 정보를 제공한다.

공동체 가계도는 내담자와 임상가가 문화 정체성과 관련한 이미지를 찾고 만들어 가는 데 도움이 되는 실용적인 도구이다. 공동체 가계도를 활용해 내담자의 문화 의식 수준을 알아갈 때, 각 단계별로 일련의 질문과 과제를 이용하면 좋다. 예를 들어, **직면 전 단계**(preencounter stage)에서는 내담자에게 다음과 같은 질문을 할 수 있다. "그때는 누가 제일 중요했나요? 무엇이 가장 중요했나요? 여러분이 처한 환경에서 무엇이 여러분을 보호해 주고 있었나요? 당시 여러분은 어떤 정체성을 가지고 있었나요? 직계가족과 이웃은 어떤 식으로 행동했나요?"

직면 단계(encounter)에서 공동체 가계도를 활용하면 내담자가 맥락 속에서 자기 경험의 여러 모순을 알아채고 밝히는 과정을 촉진할 수 있다. 즉 공동체 가계도를 사용해 억압받은 이야기를 다루며, 자신이 소속된 집단이 억압을 받거나 특권을 누려온 방식을 이해하며 깨달음의 자유를 얻게 된다. **몰입 단계**(immersion)에서는 공동체 가계도를 활용하여 내담자가 차별을 바로잡고 강점을 살리는 데 쓰는 개인 · 가족 · 지역사회 · 문화 관련 심상이 무엇인지 이야기할 수 있다. 마지막 단계인 **내면화 단계**(internalization stage)에서는 새로운 관점을 통합, 공동체 가계도를 수정하고 개선한다. 또한 지속해서 현실을 조사하고 변증법적 방식으로 변화를 모색하고 실천하는 데 공동체 가계도를 활용할 수 있다.

❀ 문화 정체성 이론의 실례: 마야 안젤루

마야 안젤루(Maya Angelou)는 재능이 많은 여성으로 작가, 시인, 편집자, 무용가, 배우, 가수, 작곡가, 교사이자 인권 운동가였다. 마야 안젤루는 인종차별이 심한 미국 남부에서 흑인 소녀로 살아온 자전 소설로 명성을 얻었다. 안젤루의 작품, 인터뷰, 전기에 소개된 정보로 공동체 가계도와 문화 정체성 이론이 서로 어떻게 연결되는지 살펴보자.

직면 전 단계(preencounter stage)

문화 정체성 이론과 공동체 가계도를 함께 사용, 마야 안젤루의 인생의 행로를 정한 주요 사건들을 묘사하겠다. 마야 안젤루의 책『나는 새장에 갇힌 새가 왜 노래하는지 아네』에서 안젤루는 대공황 시절 남부에서 흑인 소녀로 자란 경험을 묘사했다. 부모의 이혼, 다른 주에 사는 할머니에게 보내진 일, 가난, 인종차별이 심한 남부의 도시에서 살아가기, 직업 훈련소를 졸업하고 청소년 시절부터 일하기, 16살에 아이를 낳은 경험 등이 책에 잘 묘사되어 있다. 안젤루는 책에서 어머니와 할머니를 강한 인물로 그렸다. 두 사람은 열심히 일했고, 독립적이고 슬기로웠으며, 안젤루의 역할 모델로 안젤루를 지원하고 돌보고 도왔다. 교회 사람들 역시 안젤루에게 큰 영향을 미쳤는데, 이들은 안젤루를 따스하게 돌보아 주었고 안젤루는 교회 공동체에 소속감을 느꼈다. 문학 또한 안젤루에게 많은 영향을 끼쳤다. "스탬스에서 지내는 동안 윌리엄 셰익스피어(William Shakespeare)를 만나 사랑에 빠졌어요. 첫사랑이었죠"(Angelou, 1970, p. 11). 그림 3.2는 발달 과정상 직면 전 단계를 반영하는 안젤루의 어린 시절을 시각적으로 묘사한 그림이다.

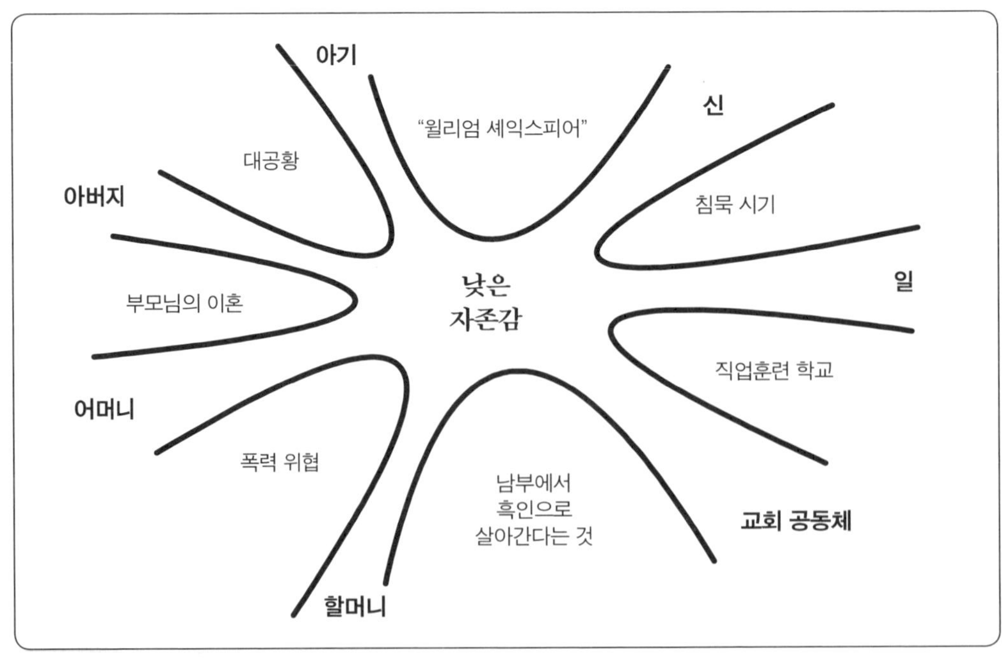

그림 3.2 마야 안젤루: 직면 전 단계

직면 단계(encounter stage)

어머니와 할머니, 교회 공동체가 안젤루를 사랑하고 잘 돌봐 주었지만, 안젤루에게 삶은 만만치 않았다. 안젤루가 여러 모순을 경험했다는 점은 명백하다. 소녀 시절, 안젤루는 자기 생김새가 마음에 들지 않았다: 곱슬머리에 사시. 안젤루는 "어느 날 아침에 일어났을 때, 내 못난 곱슬머리가 긴 금발이 된다면 사람들이 얼마나 놀랄까?"라고 혼잣말하기도 했다. 어머니의 집에 대해서도 모순되는 감정을 느꼈다. 안젤루는 어머니와 함께한 이 공간을 좋아했지만, 여덟 살 때 어머니의 남자 친구에게 성폭행을 당한 곳이기도 했다. 미국 남부 지역에서 자라면서 안젤루는 자부심을 느꼈지만, 동네 저소득층 백인이 표출하는 혐오감을 감내해야 했다. 안젤루는 어린 시절을 다음과 같이 묘사한다: "아마도 누군가는 … 내 삶이 패배자의 삶이라고 할 거예요: 결손가정(broken family)에서 자라 여덟 살 때 성폭행을 당하고, 열여섯에 미혼모가 된 … 이건 사실일 뿐 진실은 아니에요. 남들이 아무리 우리를 나쁘게 보더라도 흑인 공동체에는 사랑과 명예가 넘치지요."(Julianelli, 1972). 이런 모순을 깨닫는 과정은 안젤루가 문화 정체성 발달 단계 중 직면 단계에 진입했음을 암시한다.

몰입 단계(immersion stage)

30대가 된 안젤루는 시민권과 같은 사회적 이유를 찾는데 큰 관심을 보였으며, 이는 몰입 단계의 전형이다. 마틴 루서 킹(Martin Luther King Jr.)의 요청으로 안젤루는 남부 기독교 지도자 회의에서 북부 진행자 직위를 수행했다. 이런 시민 활동 참여 직후 안젤루는 자신의 뿌리를 찾고자 아프리카로 떠났다. 안젤루는 "아프리카는 내게 … 매력 그 이상의 것이었어요. 아프리카는 역사적 진실이지요. 자신이 어디서 왔는지, 어떻게 지금의 장소에 이르렀는지를 모른다면 앞으로 어디로 가야 할지를 알 수 없어요."라고 썼다. 아프리카에서 돌아온 후, 안젤루는 미국에 살면서 아프리카 전통을 탐색하는 10부작 텔레비전 시리즈를 제작, 자신의 지혜를 다른 사람과 나누었다. 안젤루는 글쓰기 프로젝트에서 시민권과 같은 사회 변화를 실천하고자 했다(Goodman, 1972).

내면화 단계(internalization stage)

마야 안젤루는 글쓰기를 통해 계속 자신의 관점을 확장하고 키워갔다. 영성은 마야 안젤루의 삶에 더 깊이 영향을 미쳤다. 영성은 안젤루가 리듬을 유지하며 글쓰기를 할 수 있도록 안젤루를 보살펴 주었다. 안젤루에게 종교란 다양한 관점을 통합하는 것과 관련이 있었다(그림 3.3 참조). 종교가 끼친 영향에 대한 질문에 안젤루는 이렇게 답했다:

> 전 신의 존재에 정말 감사드려요. 신의 존재에 애착과 사랑을 깊이 느껴요. 전 침례교회에 다녀서 침례교 의식에 익숙하지만, 모든 길은 로마로 통한다고 생각해요. 그 사실을 안다면 다른 종교를 비판하지 못해요. 모든 종교에 깃든 지혜를 여러분이 사용할 수 있어요. 우리가 인정하든 인정하지 않든, 우리가 신이라 부르든 창조주

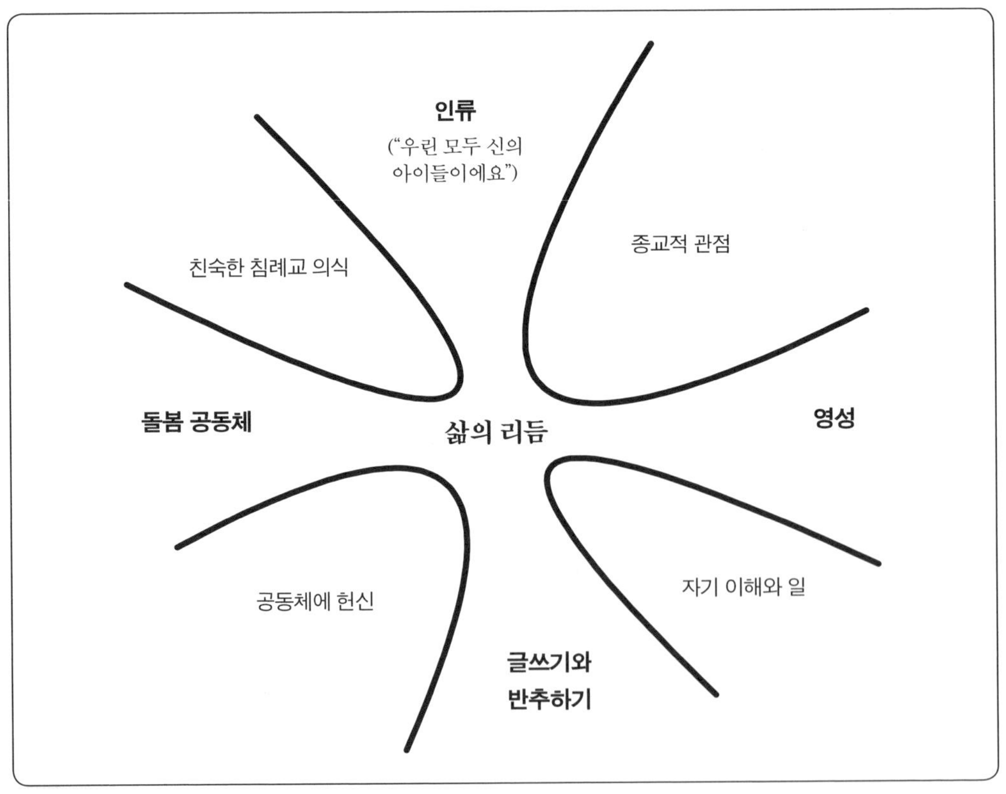

그림 3.3 마야 안젤루: 내면화 단계

라 부르든 자연이라 부르든, 우린 모두 신의 아이들로 이루어진 공동체에요(Toppman, 1983, p. 143).

안젤루는 바로 이 공동체에 관심을 보였고 좀 더 깊이 이해하려 했으며 공동체 구성원들에게 봉사하고자 노력했다. 이는 내면화 과정에서 뚜렷이 나타나는 현상이다.

✲ 공동체 가계도: 문화 해방을 위한 임상 도구

공동체 가계도는 문화 정체성 모델 각 단계에서 관계 속 나(self-in-relation)와 관련된 정보를 끌어내는 데 사용된다. 심상과 감각, 이야기, 반추 등을 이용하여 공동체 가계도의 정보를 탐색, 임상가는 내담자가 자율권과 권능감을 느끼는 데 도움을 주는 표상을 구성하게 돕는다.

이렇듯 공동체 가계도는 내담자의 문화유산과 같은 잠재성을 해방하는 데 사용할 수 있는 치료 방식이자 절차이다. 이를 설명하기 위해 공동체 가계도의 전형적인 그림(graphic)을 소개하겠다. 이 별 모양의 그림 형태는 로이스 그레이디(Lois Grady)가 개발하였고, 개인 혹은 관계형 공동체 가계도를 그릴 때 사용할 수 있다.

❁ 개인형과 관계형 별 모양 그림 기본 요소들

별 모양 그림의 주요 요소들은 **그림 3.4**에 잘 나타나 있다. 이 별 모양 그림은 공동체 가계도에서 필수적인 개인 · 가족 · 관계 · 맥락 관련 정보를 추출하는 데 도움을 주는 본보기 그림이다. 이 그림은 내담자 삶의 특정 시기(time-slice)를 그림으로 표현한 것으로 당시 지배적인 문화와 사회의 맥락을 반영한다. 특정 시기별 공동체 가계도는 필요에 따라 여러 개를 그릴 수 있다. 즉 삶의 단계에 따라, 문화 정체성 단계에 따라, 혹은 현재 내담자가 겪고 있는 어려움 혹은 성장과 적응에 관련된 배경에 따라 여러 개의 공동체 가계도를 그리기도 한다. 4장에서는 생애주기에 따라 별 모양 그림을 쓰

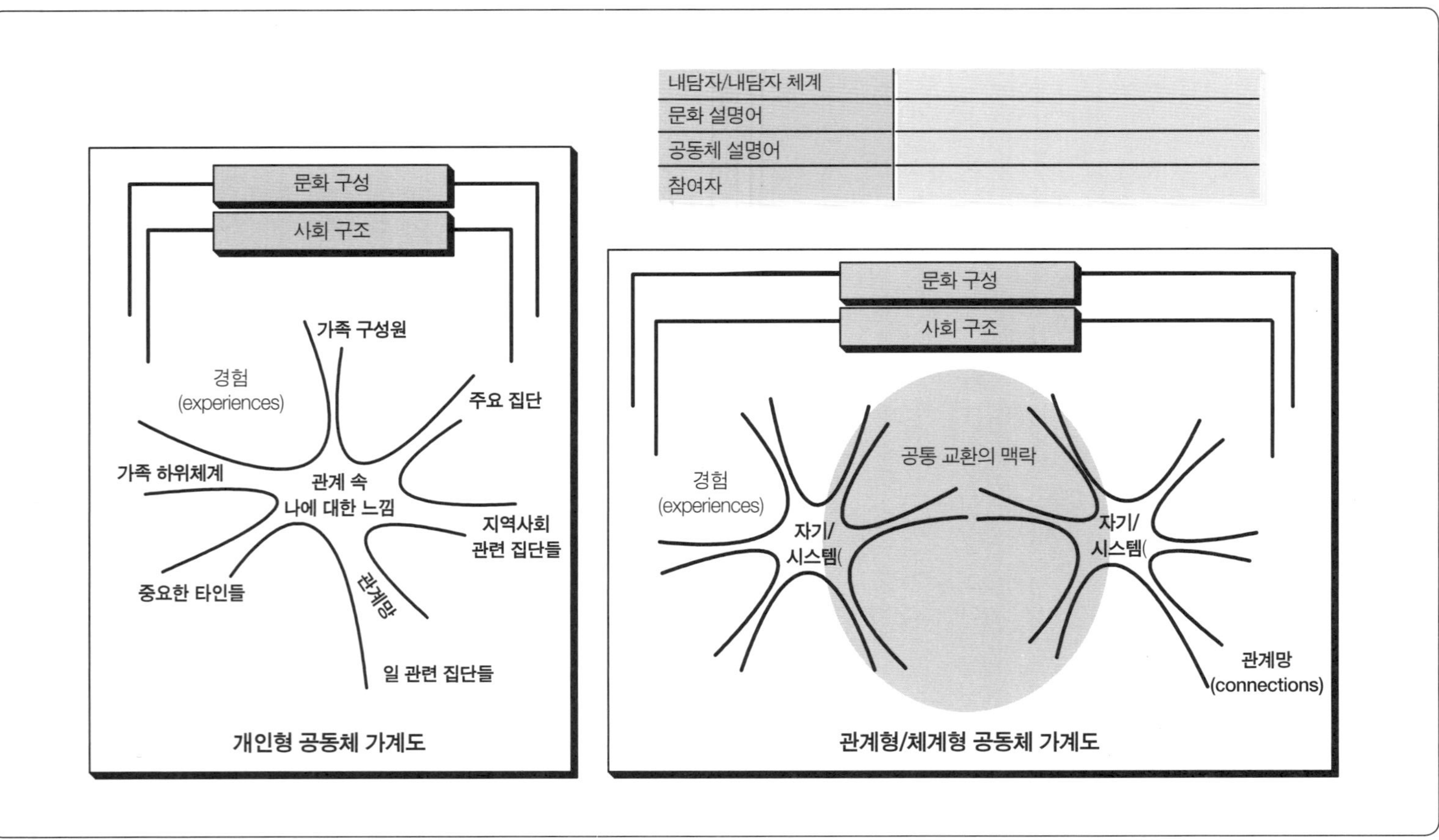

그림 3.4 개인형과 관계형 별 모양 그림의 기본 요소들: 경험(experiences), 관계망(connections), 공통 교환의 맥락(context of collective exchange)

는 방법을 설명하겠다.

별 모양 그림에서 가장 중요한 요소로는 내담자, 내담자에게 영향을 미치는 가족 구성원과 가족 하위체계, 중요한 타인들과 집단들, 주요 문화 · 지역사회 이벤트, 개인과 가족의 경험 등이 있다. 즉 이 공동체 가계도는 현재 겪고 있는 문제에 기인하는 요인을 밝히고 치료의 초점을 잘 보여 준다. 내담자가 '관계 속 나'라는 정체성을 내면화하는 과정에 이바지한 특정 발달 단계 시기나 특정 사회 맥락 속에서의 요소들을 이해하는 것이 공동체 가계도의 목적이다.

우선 개인형 공동체 가계도를 살펴보자. 별 모양의 가운데에 내담자 이름을 적어 넣는다. 그림에 나타나듯 내담자는 사회 구조 및 문화 구성과 독특한 방식으로 상호작용하고 있다. 이름 주변에 사방으로 난 호수 모양의 곡선 속에 내담자의 경험(experiences)[1]을 적어 넣는다. **경험**은 주요한 환경적 영향(예를 들어 문화와 지역 이벤트, 개인과 가족 경험 · 유산 · 패턴)으로 구성되어 있으며, 이는 내담자가 자기와 관계 속 자기를 어떻게 인식하는지에 영향을 준다. 경험의 개수는 임의적이며, 경험의 크기와 깊이는 각 경험이 갖는 영향력의 크기와 관련 있다. 별 모양의 뾰족한 끝부분(points)은 내담자의 가족 구성원 혹은 하위체계, 중요한 타인들과 주요 집단들을 아우르며, 이들은 내담자를 사회와 연결해 준다. 다시 말하지만, 개인 · 하위체계 · 집단의 개수는 따로 정해져 있지 않고 내담자가 중요하다고 생각하는 사람과 집단을 모두 포함하면 된다.

별 모양의 끝부분이 어떤 모양인지를 살펴보자. 이 끝부분이 좁고 길쭉한지 혹은 넓게 열려 있는지로 내담자가 사람들 혹은 집단들과 맺고 있는 관계의 양상을 알 수 있다. 경험 사이의 길게 늘어진 물길(channels) 모양의 통로는 관계망(connections)[2]이라고 부른다. 관계망은 넓거나 좁거나 닫혀 있는 모양일 수 있다. 이는 내담자가 자신에게 중요한 사람들과 어떤 관계

1) 영어 원문에서는 이를 '만(灣, embayments)'이라는 용어로 표현하였다. 더욱 확실한 의미 전달을 위해 한국어판에서는 저자와의 협의하에 '만'이라는 용어를 '경험(experiences)'이라는 용어로 대체한다.

2) 영어 원문에서는 '물길(channels)'이라는 용어를 썼다. 저자와의 협의하에 한국어판에서는 '물길'이라는 용어를 '관계망(connections)'이라는 용어로 대체한다.

를 맺고 있는지 보여 준다. 종합하면 경험과 관계망은 내담자의 권력과 경계선 이슈를 표현하는 데 사용된다.

이 별 모양 그림은 내담자가 환경 및 사람들(주요한 사람들, 하위체계, 집단들)과 어떤 상호작용을 맺고 있는지를 잘 보여 주며, 이러한 상호작용은 변화를 촉진하거나 가로막으며 내담자의 성장에 영향을 미친다. 이 공동체 가계도는 내담자가 지역사회에서 일어나는 일들, 사회적 · 정치적 · 경제적 현실, 대인관계에 얼마나 관여하고 있는지도 보여 준다. 따라서 별 모양 그림은 고정적인 이미지(static image)와 함께 성장과 변화의 가능성과 연관된 이미지를 동시에 나타내는 메타포(metaphor)이다. 치료 과정에서 임상가와 내담자는 이 그림을 이용해 내담자가 관계와 환경 속에서 어떤 변화를 소망하는지, 서로 다른 소망들이 어떻게 영향을 주고받는지 이야기를 나눌 수 있다.

지금부터는 **그림 3.4**의 오른쪽 칸에 묘사된 관계형/체계형 공동체 가계도를 살펴보겠다. 이 그림은 두 사람 사이의 공통된 맥락과 대인관계 상황이 두 사람 모두 혹은 시스템에 어떻게 영향을 미치는지를 잘 보여 준다. 주변부에는 내담자에게 의미 있는 사람과 하위체계, 모임을 표시한다. 회색으로 색칠한 영역은 '공동 교환의 맥락(context of collective exchange)'으로 불리며, 이는 두 내담자 모두에게 공통으로 영향을 미치는 환경적 요소, 경험, 사람들과 연관이 있다. 동시에 내담자는 각자의 고유한 경험, 대인관계, 환경의 영향을 받는다. **경험**은 내담자들의 삶의 공간에 영향을 주는 배경적 요소(주요 사건, 주변 현실)를 나타내기 위해 사용된다. **경험**을 이해함으로써, 우리는 내담자가 겪는 여러 측면의 현실을 보게 되고 이를 치료 과정에 포함하게 된다. 즉 내담자에게 영향을 행사하는 사람들과 환경을 치료 과정에 포함하면서 내담자의 별 모양 그림은 더욱 깊고 풍성해진다.

코딩 상자를 이용해 체계적으로 정보를 기록하는 것도 중요하다. 별 모양 그림을 어떤 식으로, 무엇을 탐구하기 위해 사용했는지를 추적해야 한다. 즉 이 그림이 누구의 견해를 나타낸 것이며 누가 참여했는지를 알아야 상담 과정에서 개별 공동체 가계도를 가지고 토론을 촉진하기 쉽다. 같은 상황을 여러 가족 구성원이 각각 표현하도록 하면 가족들은 사람마다 보는 시각차가 있음을 깨닫기 쉽다. 특정 시점에 대한 정보를 누가 어떻게 인식하고 있었는지 정확히 파악하고 추적하면, 이 그림들은 치료 목표를 설정하고 인식 차와 공통점을 밝히고 상담 진척도를 이해하는 데 매우 유용하다.

개인형 별 모양 그림: 에벌린

공동체 가계도는 자기가 누구인지, 관계 속 나는 어떤 모습인지 알아차리도록 도와준다. 에벌린에 대해 이야기해 보자. 에벌린(Evelyn)은 초등학교 6학년이며 부모는 멕시코계이다. 에벌린은 북동부에 있는 한 대학가 동네에서 엄마와 함께 살고 있다. 에벌린 가족은 펜테코스트파 교회(Pentecostal church)에 열심히 다닌다. 내담자가 들고 오는 어려움의 종류에 상관없이, 문화 배경과 사회 지원 관계망을 이해하면 상담과 치료 계획에 큰 도움이 된다. 뒤따르는 대화에서 치료사는 에벌린이 별 모양 그림(**그림 3.5**)을 이용하여 학교에서 친구들이 따돌릴 때 에벌린이 의지하고 활용할 수 있는 지원 체계와 강점을 찾게 도왔다. 에벌린은 문화 정체성 발달의 초기 직면 단계(early encounter stage)에서 나타나는 전형적인 어려움을 겪고 있다.

치료사: 지난번에는 가족이 우리 에벌린을 어떻게 챙겨 줄지 이야기 나눴지? 오늘은 교회에 관해 이야기해 볼까? 한 번 눈을 감고 생각해 보자. … 마음속에 어떤 그림이 떠오르니? 교회 하면 … 어떻게 표현하고 싶어?

에벌린: 정말 아늑해요.

치료사: 아늑하다고.

에벌린: 제가 아는 사람들이 많고요, 늘 절 위해 주세요.

치료사: 그렇구나. 그럼 교회를 생각하면 아는 사람들이 많이 생각나고, 아늑하고 편안한 느낌이구나.

에벌린: 네.

치료사: 네가 필요할 때 널 챙겨 주고. 행복한 느낌이겠다. 교회 생각하면 특별히 떠오르는 게 있니?

에벌린: 음…네! 한번은요 [작은 웃음] 여동생이랑 싸우고 있었는데요, 교회

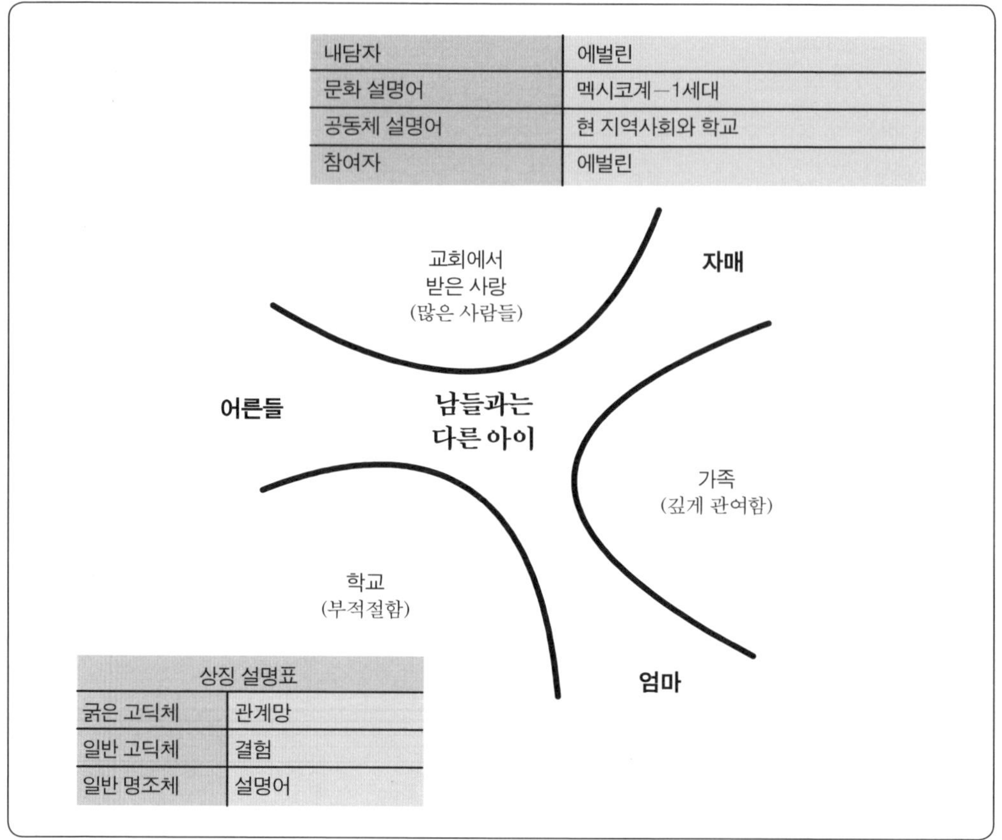

그림 3.5 공동체 가계도 예시: 에벌린 사례

에는 늘 할아버지 할머니가 계시거든요, 늘 절 응원해 주시고 어떻게 해결해야 할지 알려 주세요.

치료사: 아, 그렇구나. 동생이랑 싸우면 가서 이야기할 사람이 있다는 말이지? 가족이 아니더래도? 가족은 아니지만 가족 같은 분들….

에벌린: 네, 맞아요.

치료사: 흠, 꼭 교회에 가면 어른들과 이야기도 나누고 동생이랑 어떻게 잘 지낼지 어른들께 배워서 좋구나.

에벌린: 맞아요. 교회를 떠올리면 북적이는 사람들이 떠오르고요, 어디 가든 사람들이 제게 인사해요. 교회 사람들을 다 알아요. 기분이 좋아져요.

치료사: 교회가 네게 큰 힘이자 자원인 것 같네. 이렇게 생각해 보는 건 어떨

까? "교회는 나와 함께야. 교회 사람들은 내 편이야. 학교에서 문제가 생기거나 누가 날 놀리거나 친구랑 다투면, 교회 식구들이 내 곁에 있다는 점을 기억해야지." 교회와 교회 식구들이 널 푸근하게 사랑으로 감싸 안는 모습을 온몸으로 느끼는 거야.

에벌린: [미소 지으며] 네, 맞아요.

치료사: 이 이야기하니까 어땠어?

에벌린: 기분이 좋아져요.

치료사: 오늘은 교회에 대해 많은 이야기를 나눴네. 교회가 늘 너와 함께한다는. 그렇지?

에벌린: 네, 오늘 제가 이미 가지고 있는 게 뭔지 깨달았어요. 얼마나 소중한지도요. 제 편인 우리 교회. 친구들이 학교에서 절 따돌린다고 해도, 전 든든한 교회 식구들이 있어요.

❀ 가족을 위한 관계형 별 모양 그림: 모리스 가족

모리스(Morris) 가족은 자메이카에서 왔으며 뉴욕의 브롱크스에 산다. 모리스 부부는 자녀 방치와 학대 혐의로 아동보호국의 조사를 받는 중이다. 로즈(Rose)의 팔에서 멍을 발견한 학교 관계자가 아동 학대 가능성을 의심하여 관계 당국에 신고하였고, 이 보고서에는 리언(Leon)이 올해 갑자기 학교를 그만두었다는 내용도 포함되었다. 처음 석 달 간 아동보호국 담당자와 많은 논쟁이 있었고, 모리스 가족은 아동보호국의 생활 침해를 막아달라고 요청하여 법적 권리를 얻었다. 이 사건을 중재하기 위해 상담사가 개입, 아동보호국 담당자와 모리스 가족을 상담하였다.

첫 번째 인터뷰 날, 상담사는 부분이 아닌 전체를 조망하고 더 많은 해결책과 자원을 찾는 데 도움이 되는 도구로 공동체 가계도를 소개하였다(**그림 3.6** 참조). 별 모양 공동체 가계도의 왼편에는 아동보호국 직원이 담당 사례 형성 과정과 관리에 관여한다고 생각하는 사회 · 정치 · 기관의 영향력('경험')과 주요 전문가 및 내담자들('관계망')을 그려 넣었다. 오른편에는 모리스 부부가 중요하다고 생각하는 문화 · 지역사회 · 기관 · 가족의 영향력

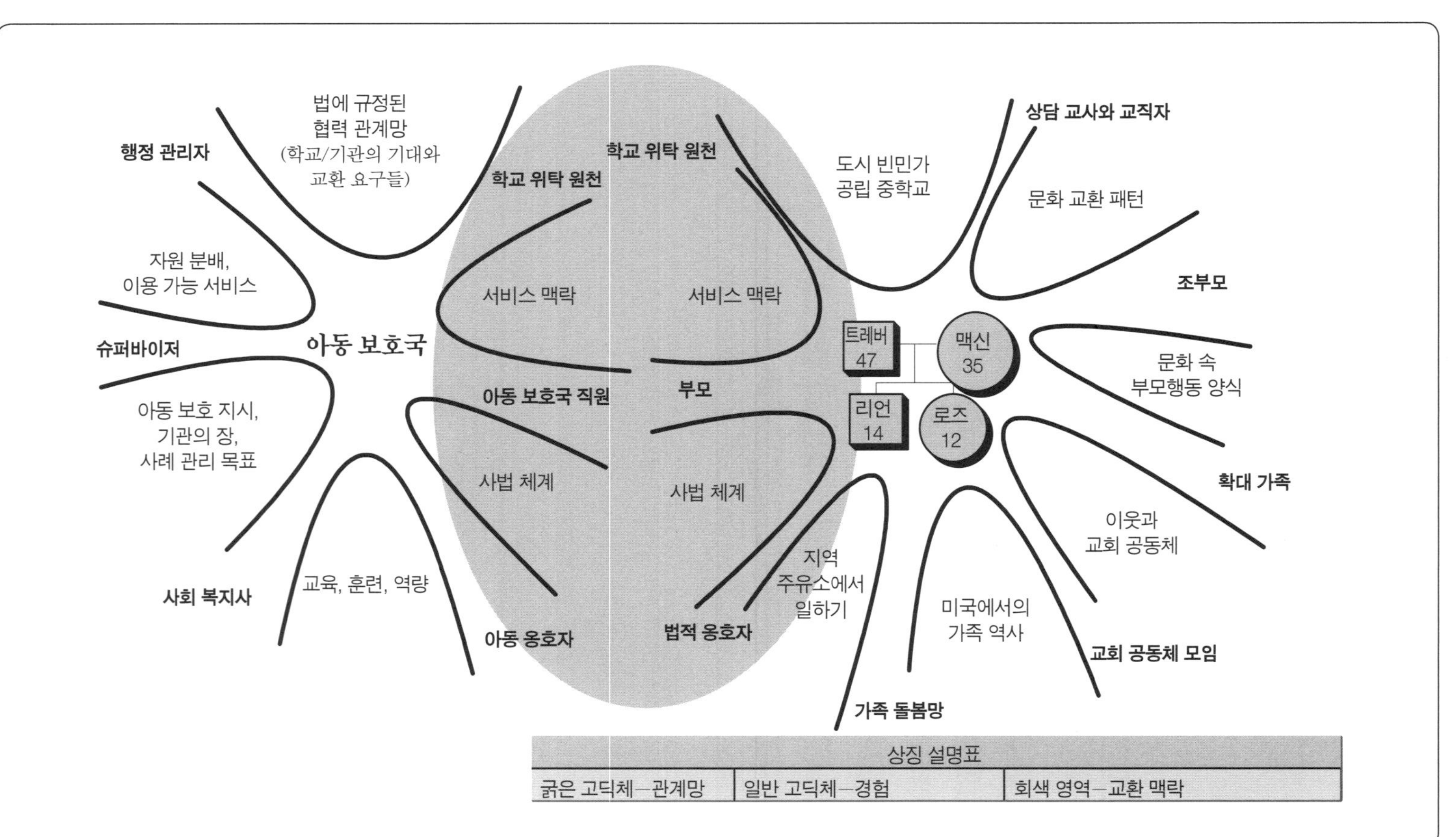

그림 3.6 체계적 공동체 가계도 예시: 모리스 가족 사례

과 이와 관련된 사람들이 그려져 있다. 그 후 두 개의 별 모양 그림을 상호 관계에 따라 배치하였다. 공동 교환 영역에 속하는 경험과 관계망에는 회색으로 배경색을 넣었고, 그림 중앙에 위치시켜 모리스 가족과 아동보호국 직원 모두에게 영향을 행사하는 세력과 자원을 묘사하였다. 아동 보호국 직원과 모리스 가족에게 따로 영향을 미치는 내용은 그림 바깥쪽에 적어 넣었다.

이 그림을 사용하여 모리스 가족의 부모-자녀 관계를 형성하는 문화 배경 및 원가족의 패턴과, 아동보호국 직원이 부모-자녀 관계를 평가하는 기준을 살펴보자. 모리스 가족은 자메이카에서 합당하게 여겨지는 행동 양식을 따랐다. 자메이카에서는 남자아이들이 흔히 10대 초반에 사회생활을 시작하고, 여자아이들은 좀 더 오래 학교 공부를 하는 편이다. 리언은 학교를 빠지고 아버지와 같이 지역 주유소에서 일했다. "자메이카에서는 늘 있는 일이에요. 살아남으려면 그렇게 해야 해요. 전 여덟 살 때부터 농장에서 일한 걸요." 트레버(Trevor)가 말했다. 더욱이 체벌은 자메이카에서 흔한 일이다. 부모가 '지배권을 쥐는 것'은 자녀에 대한 부모의 사랑을 표현하는 한 방식이다.

아동보호국 직원이 모리스 가족을 평가할 때 자메이카계 공동체의 교육 · 경제 현실과 부모 역할의 문화적 측면을 충분히 고려하지 않았음이 드러났다. 맥신(Maxine)과 트레버가 자녀를 기르는 방식과 아동보호국 직원의 평가 기준을 맥락 속에서 살펴보면서 자메이카와 미국 가족의 차이점이 수면 위로 떠올랐다. 양 사회에서 일탈로 치부되지 않으면서도 이런 차이점들을 어떻게 해결해 나갈지에 대한 논의가 활발히 전개되었다. 그림 오른편에는 이번 사건 의뢰와 직접 관련되지 않았지만 모리스 가족이 이용할 수 있는 다양한 자원과 소속 단체를 묘사하였다. 자메이카계 가족이 겪고 있는 전반적인 경제 현실 또한 논의하였다. 그 과정에서 자메이카계 남자아이들이 학교를 졸업하는 경우는 많지 않고 설혹 졸업장을 취득하더라도 좋은 직장을 구하는 경우가 드물다는 사실이 공유되었다. 예를 들어, 미국에 온 지 3년이 지났지만 트레버는 여전히 지역 주유소에서 저임금을 받고 일한다. 학교와 아동보호국은 모리스 가족을 평가할 때 이런 경제적 고충이나 다른 자원들을 고려하지 못했다. 이로써 모리스 가족이나 비슷한 어려움을 겪는 다른 가족들에게 지역사회에 기반을 둔 든든한 지원이 필요하다는 사실이 더욱 뚜렷해졌다.

공동체 가계도는 모리스 부부가 관련 기관과 공무원을 이해하는 데에도 도움이 되었다. 모리스 부부는 아동보호국 직원을 새로운 시각에서 바라보게 되었고, 자신들의 행동 일부가 미국 사회에서 잘 받아들여지지 않는다는 것을 깨달았다. 모리스 부부는 자신들보다 먼저 이민을 온 친척이 유사한 일에 연루되어 힘들게 고생했던 일을 기억했고, 같은 문제를 반복하고 싶지 않았다. 모리스 부부는 미국과 자메이카의 관념의 차이를 이해했다.

모리스 부부는 문화 상황을 이해함과 동시에 가족 패턴과 사회 환경을 변화시키려 노력했는데, 이는 문화 정체성 이론에서 모리스 부부가 내면화 단계(internalization stage)에 이르렀음을 시사한다. 법적 다툼을 지속하는 대신 모리스 부부는 아동보호국 담당자와 협력하였고 자신의 문화유산을 더욱 소중히 여기게 되었으며, 미국 내에서 기대하는 부모-자녀 관계가 무엇인지를 알고 이에 지혜롭게 적응하고 대처하는 방법을 배웠다. 아동보호국은 자메이카 공동체의 교육과 직업 훈련을 위한 보조금을 지원하기로 했다. 교회의 도움을 받아 트레버와 맥신은 경제적으로 어려운 가족들을 돕는 지지 모임을 조직했다. 학교 관계자들은 지역 대학과 연계하여 방과 후 수업 개설을 도왔다. 아들 리언은 학교로 돌아갔고, 모리스 부부는 가족의 가치—존중, 성실, 노력, 예의—를 자녀들에게 전달하는 데 도움이 되는 새로운 훈육 방식을 택할 수 있다.

❁ 연습 활동: 나의 별 모양 가계도 그려 보기

이론에서 실습으로 넘어가기 위해 이번에는 삶의 특정 시기를 선택, 별 모양 공동체 가계도를 그려 보자.

1단계

여러분 성장에 영향력을 행사한 삶의 특정 시기를 선택한 후 당시 여러분이 살던 지역 공동체를 그려 보세요.

1. 큰 종이 한 장을 준비해서 당시의 문화와 공동체를 표현해 보세요. 실제 거주했고, 여러분의 문화 정체성을 넓히는 데 도움이 된 지역 공동체를 선택하세요. 종이 위쪽에 문화 맥락(cultural context)과 공동체 설명어(community descriptors)를 적어 넣으세요.
2. 큰 원을 하나 그려서 지역사회 내에서의 여러분의 구체적 삶의 공간을 나타내 보세요. 이 원을 꼭 종이 중앙에 그릴 필요는 없습니다. 지역사회 내에서 여러분의 관계나 위치에 따라 어느 곳에나 원을 그려 넣어도 좋습니다.
3. 원 중앙에 여러분 이름을 적어 넣으세요. 이 원 중앙은 여러분이 만들 별 모양의 중심이 됩니다.
4. 원 바깥 선을 따라 이 시기 여러분에게 영향을 미친 중요한 사람들 이름을 적어 넣으세요. 사람들 이름을 개별적으로 적어도 좋고(예: 어머니, 목사, 친한 친구, 친척, 이웃), 여러 명을 묶어 적어도 좋습니다(예: 부모님, 형제자매, 친구들, 선생님들, 동네 모임들). 원 주변에 쭉 이름을 적어 넣고 이들과의 관계를 표현해 보세요.
5. 원둘레 바깥에서 원 중앙으로 돌출된 곡선을 그리고 여기에 여러분에게 많은 영향을 끼친 일 · 사건과 경험을 적어 넣으세요. 경험의 크기와 길이는 각 경험이 여러분 삶에 미친 영향력의 정도를 상징합니다. 이 호수 모양의 곡선(경험)을 그릴 때 형성되는 관계망도 살피며 그리세요. 이 관계망들이 여러분과 각 사람 사이의 관계—개방성의 정도—를 잘 나타내 주나요?

2단계

강점에 관련된 이야기와 이미지들을 찾아보세요. 다시 강조하지만 먼저 긍정적인 이야기와 이미지에 초점을 맞춰야 합니다.

1. 여러분의 문화 정체성 형성에 도움을 준 긍정적인 공동체 경험이나 인연을 하나 떠올려 보세요.
2. 이 경험이나 관계를 상징하는 시각이나 청각이나 운동 감각 이미지를

떠올리세요. 마음속에서 이 이미지를 그리며 어떤 긍정적인 느낌이 드는지 관찰하세요.

3. 이 이미지에 관련된 이야기가 있나요? 일기 형식으로 적거나 친구 혹은 가족들과 이야기를 나누세요.
4. 문화 정체성 발달에 영향을 준 다른 모임들로부터 최소 두 가지 이상의 긍정적인 이미지를 발견해 보세요.

3단계

이미지들이 가지는 개인적 의미를 통합하세요.

1. 여러분 고유의 말로 묘사한 긍정적 이미지들을 요약하고 곰곰이 살펴보세요. 새롭게 배운 것, 느낀 것, 생각한 것을 요약해 보세요. 되돌이켜 생각해 보면 어떤가요? 여러 경험을 종합해 볼 때 떠오르는 주제가 있나요?
2. 이 긍정적 이미지들이 현재의 삶 속에서도 한결같나요? 이런 경험을 통해 얻은 강점들이 관계 속 나에 대한 다채로운 관점을 갖는 데 어떤 도움을 주었나요?
3. 대인관계나 사회생활 속에서 이런 강점을 어떻게 활용할지 생각해 보세요. 현재 여러분의 삶 속에서 이런 문화의 힘을 누구에게 나누어 주고 있나요?
4. 여러분의 상담 기술 향상에 이 그림에서 깨달은 정보를 어떻게 활용하고 싶은가요?
5. 상담에서 내담자를 평가하고, 내담자와 관계를 맺고, 내담자가 주인의식을 갖도록 돕는 데 공동체 가계도를 어떤 식으로 활용하고 싶은가요?

결론: 문화유산에 내재한 잠재력 해방

우리는 자라면서 사회와 더 많이 교류하고, 문화유산을 참조하여 다양한 조건과 상황을 이해하려 한다. 또한 권력과 관계성(relatedness)은 우리 자산과 역량을 제한하거나 성장시키며 사회와의 상호작용에 영향을 미친다. 공동체 가계도는 상담과 치료에서 이러한 요소들을 이해하고 설명하는 데 유용하다.

문화 정체성 발달 이론은 내담자가 유산과 맥락이라는 주제를 오롯이 보는 데 도움이 되는 생각 틀이다. 문화 정체성 발달 단계에 관해 이야기를 나누면서, 상담사는 내담자가 문화유산과 대인관계에 내재하는 잠재력을 최대한 발휘하도록 돕는다. 이 분석은 내담자가 속한 문화를 존중하고 반영하는 치료 계획을 세워 내담자의 현재 상황을 개선하는 데도 도움이 된다.

공동체 가계도에서는 관계 속, 개인과 가족과 사회 환경 속, 혹은 이들 간의 상호작용을 고려하여 내담자가 겪고 있는 어려움을 이해하고자 한다. 이 틀을 통해 우리는 개인과 가족 발달, 문화 정체성 발달, 삶의 과제들에 영향을 미친 세력과 현재 내담자의 자원과 역량과 기능 수준에 영향을 미치는 세력이 무엇인지 살펴볼 수 있다. 이렇게 부분이 아닌 전체를 보면서 우리는 내담자가 직면한 어려움의 원인을 깊이 탐색하고, 책임을 나누고 이해를 높이고 문제를 해결하고 내담자의 도구적이고 관계적인 자원을 활용하는 데 도움이 되는 개입 방식과 수준을 정한다.

제 4 장

공동체 가계도로 생애주기 발달 탐구하기

공동체 가계도를 탐구하면서 내담자는 다양한 감정을 느낀다. 공동체 가계도는 상담에서 깊은 통찰력을 제공할 뿐만 아니라 내담자의 특수한 문화 배경을 이해하도록 돕는다. 또한 내담자들이 관계 속에서 자신을 어떻게 인식하는지, 관계 속 가족을 어떻게 바라보는지 알게 된다. 공동체 가계도는 상담사와 내담자가 치료 과정 내내 의지하기 좋은 긍정적 경험의 밑바탕이다. 5장과 6장에서는 개인과 가족 상담에서 공동체 가계도 활용 방법에 관해 다룬다. 이 장에서는 내담자의 생애주기 발달을 이해하는 한 방안으로 공동체 가계도를 사용하는 법을 우선 살펴보겠다. 이 장의 요점은 다음과 같다.

- 시간에 따른 개인과 가족의 변화와 성장을 추적할 때 공동체 가계도를 사용하는 방법
- 공동체 가계도를 핵심 관점으로 하여 문화적으로 세심한 치료 모델을 구성하는 방법

- 상담사가 가진 편견을 돌아보고 내담자의 이슈를 쌍방향으로 평가하는 데 다문화 정육면체(multicultural cube)를 활용하는 방법
- 생애주기 관련 이슈를 깊이 탐구하는 데 공동체 가계도를 활용하는 방법

※ 가치와 특성: 연습 질문

사람마다 유전자 구조와 특성은 다르다. 또한 가족마다 구조, 구성, 상호작용 양식이 다르다. 종합하면, 각 개인과 가족은 사회와 당시의 환경에 따라 힘의 위치가 바뀐다. 서로 다른 개인, 가족, 사회 맥락적 변수들이 영향을 주고받는 방식은 내담자가 삶의 과제와 사건들에 어떻게 반응하고 경험하는지를 보여 준다. 여러 개의 공동체 가계도를 그리면, 이런 발달 과정을 정확히 포착하는 데 도움이 된다. 아래 질문들은 시간의 흐름에 따른 특정한 개인 특성(particular personal qualities)에 초점을 두는 방법을 보여 준다.

1. 여러분 자신이나 가족의 어떤 특징(예: 가치관 혹은 특성)이 특히 자랑스러운가요?

이런 특성이 발달해 온 자취를 주요 시기나 사건을 통해 더듬어 보세요. 가장 최근에 있었던 일부터 떠올리며 시간을 거슬러 올라가 보세요. 최근 이런 특성이 명확히 드러난 상황을 묘사해 보세요.

2. 초기 발달 세 단계(어린 시절, 청소년 초기, 청소년 후기) 중 어느 단계에서 이 특성이 두드러졌나요?
3. 이 특징이 최초로 형성되기 시작한 때(여러분의 어린 시절이나 가족이 처음 형성된 시기 중) 가장 중요했던 경험 하나를 꼽아 본다면 무엇인가요?
4. 마지막으로 여러분이 답변한 내용을 분석하는 과정에서 시간의 흐름에 따른 이 특징의 본질에 대해 무엇을 배우셨나요?

단계별로 여러분의 답변을 곰곰이 되짚어 보자. 사회 환경이 여러분이 규명한 특성과 강점에 어떤 식으로 영향력을 행사했는가? 영향력을 끼치는 정도는 나이에 따라 통상 달라진다. 시간에 따라 이 특징은 어떻게 바뀌었는가? 어떤 사회적 혹은 상황적 요소들이 이 특징을 변화시키고 조절하였는가? 이 특징이 사그라지거나 번창했던 상황이나 스트레스 조건으로는 무엇이 있었는가? 이러한 분석을 통해 우리는 시간의 흐름과 상황의 변화, 사회적 맥락에 따라 특징이 어떻게 발달하고 변하는지 알게 된다.

이야기와 인지-정서 반응

개인과 가족들이 삶과 관련된 이야기를 드러내고 이를 자기 정체성과 집단 정체성에 통합하는 방식은 다양하다. 어떤 이야기는 생생한 심상의 형태로, 어떤 이야기는 특정 사건에 대한 묘사로, 어떤 이야기는 좀 더 추상적인 방식—자기, 관계, 맥락, 상황에 대한 반추—으로 표현된다.

또 사람들이 자기 삶과 관련된 이야기를 나누는 과정에서 다양한 생각과 감정을 경험하기도 한다. 특정 이미지를 떠올리게 하는 이야기는 호흡 변화와 같은 신체 반응을 불러일으키기도 한다. 내가 누구이고 무엇을 믿는지 상세히 생각하는 과정에서 개인과 가족은 이런 감각들을 몸으로 직접 느낀다. 이야기를 서술하며 자기를 바라보는 시각이 어떻게 형성되어 왔는지, 이에 영향을 미친 사람들과 사건은 무엇이었는지 발견한다. 성찰과 분석 과정을 거치면서 시공간을 통합하여 전체적인 그림과 상호 연관성을 볼 기회가 주어진다. 이러한 인지적, 정서적 이야기로 사람들은 자기 정체성 혹은 집단 정체성이 개인, 가족, 사회, 문화의 영향을 받아 형성되었음을 깨닫는다. 여러분이 발견한 자신의 인지 혹은 정서 유형은 무엇인가?

이야기를 경험하고 명명하고 반추하고 분석하면서 관계 속 나와 관계 속 가족에 내재한 연결고리가 점점 더 분명해지고 우리는 이런 얽히고설킨 인연에 더 감사하게 된다. 생애주기에 걸쳐 이런 인연의 발달을 탐구하면 과거와의 연관성이 더욱 명백히 드러난다. 이런 식으로 우리는 자신과 가족을 바라보는 시각이 전 생애에 걸쳐 교류하는 가족, 모임, 지역사회, 문화의 영향을 받는다는 것을 깨닫기 시작한다.

모든 그림에는 이야기가 있다. 여기 여러분의 대답은 삶, 자기와 가족을 바라보는 방식에 대한 여러분의 이야기이다. 여러분의 이야기에는 깊은 의미가 내포되어 있기도 하고, 과거에 경험했던 아이디어나 감정을 회상하는 데 도움이 된다. 이야기는—부정적이건 긍정적이건— 삶을 바라보는 시각, 좌절과 성공을 다루는 방법에 대한 중요한 정보를 제공한다. 우리가 삶과 관련한 이야기를 더 깊이 성찰하여 개인과 집단이 가진 강점을 알아챌 때, 우리는 삶의 어려움과 스트레스를 더 잘 다루게 된다. 공동체 가계도는 내담자가 이야기하는 방식을 규명하고 삶의 주요 특질들이 어떻게 발달해 왔는지 돌아보는 데 도움이 되는 구체적 전략이다. 우선 공동체 가계도를 이용하여 삶을 이야기로 표현한 예시를 살펴보자.

❋ 생애를 관통하는 주요 주제: 엘리자베스

엘리자베스(Elizabeth)는 공동체 가계도 분석 과정에서 핵가족보다는 확대가족에 초점을 맞추었다(그림 4.1).

엘리자베스는 자기 자신을 다음과 같이 묘사하였다. "어릴 때랑 지금의 전 아주 달라요. 특히 고등학교 때와 20대 때요. 30대가 되어서야 나를 있는 그대로 받아들였어요. 그제야 어릴 적에는 어느 곳에도 속하지 못한 느낌이 었다는 걸 이해하게 되었죠."

할머니와 친구들, 교육과 여러 경험을 통해 엘리자베스는 자신을 가치 있는 존재로 느끼게 되었다. "덕분에 전 방어벽을 낮추고 제 가치를 발견하게 됐어요." 엘리자베스는 가족에게 일어나는 일을 오롯이 보았다. "비판적 사고력이 좋은 편이에요. 덕분에 우리 가족이 서로를 비난하고 거부하는 덫(denial games)에 빠져 있다는 걸 알아챘죠." 엘리자베스의 지적 통찰력은 가족 문제를 해결할 방안을 찾는 데 도움이 되었다. 또한 이는 엘리자베스가 상담사이자 교육자로 일하는 데도 도움이 되었다.

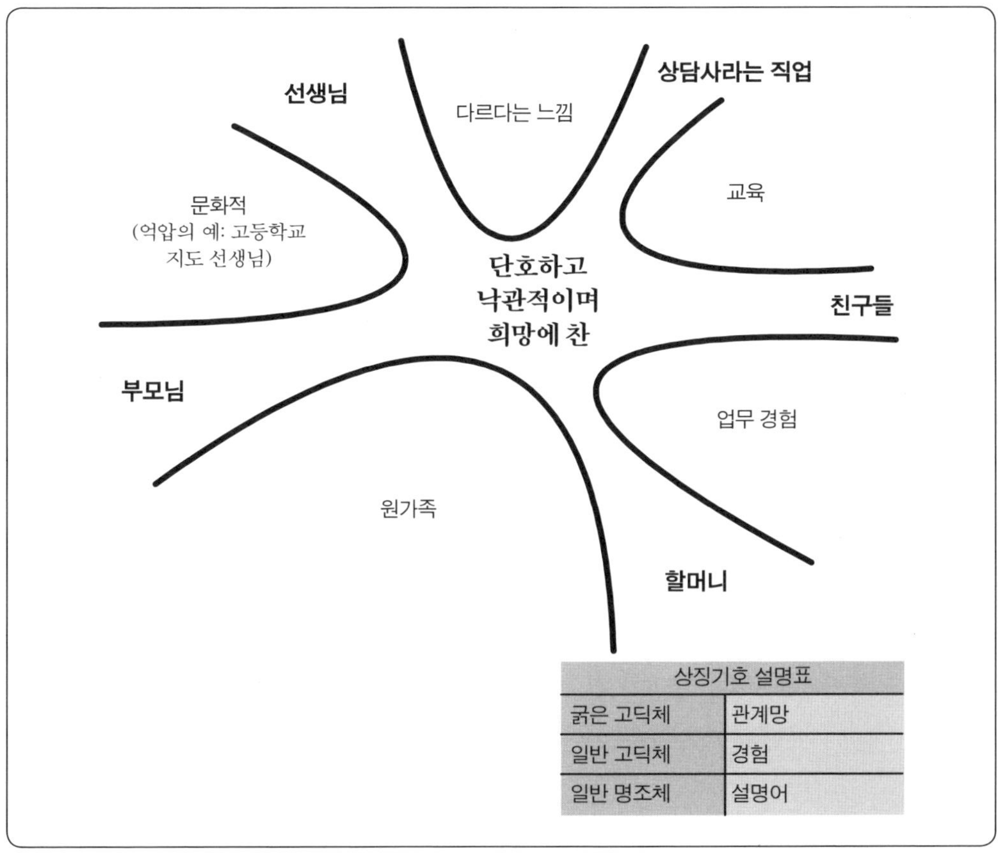

그림 4.1 엘리자베스의 공동체 가계도: 주요 주제 통합

엘리자베스는 늘 삶을 긍정적으로 바라보려 했고 희망을 놓치지 않았다. "어떤 일을 겪든 거기에는 늘 성장과 긍정적 변화의 씨앗이 있다고 생각해요. 제 삶을 통해 똑똑히 느꼈어요. 다른 사람을 돕거나 삶을 변화시키는 데 늦은때란 없어요."

엘리자베스는 의지와 책임감이 강했다. 역경에 처해 있을 때조차 늘 변화를 모색했다. 예를 들어 고등학교 때 받은 지도 상담(guidance counseling)이 그다지 효과가 없었다고 생각한 엘리자베스는 "지도 상담을 개선하는 데 한몫을 하겠다."고 결심하였다. 엘리자베스는 교사가 된 후 지도 상담 분야에서 학위를 받았다. 가족의 도움 없이도 엘리자베스는 꿋꿋이 자신의 길을 걸어왔고, 최근에는 상담사로서 미국 문화 속의 차별과 억압이라는 주제에 관심을 쏟고 있다.

엘리자베스는 강점을 자신뿐만 아니라 다른 사람들을 돕는 데도 사용하였다. 엘리자베스는 핵가족과 겪은 고충을 자양분 삼아 유사한 경험을 지닌 이들을 도왔다. 엘리자베스는 이렇게 말한다. “이런 일로 고통받는 사람들이 많죠. 저도 비슷한 일을 겪었고 제 문제를 해결하려고 부단히 노력했기에 사람들이 겪는 고통을 함께 견디고 지켜보는 법을 알아요. 상처를 들여다보는 게 무섭지 않거든요.”

⁜ 다문화 정육면체 이용

공동체 가계도 같은 상호작용에 기반을 둔 그림평가 전략을 다양한 내담자들에게 사용하려면 내담자의 고유한 해석을 탐구하고 존중해야 한다. 내담자가 자기만의 언어로 자신의 이슈를 선택하고 탐구하도록 돕는 것은 대부분의 상담에서 필수적이다. 아이비(Ivey)와 동료들이 개발한 다문화 상담 정육면체는 상담의 핵심 탐구 주제를 선택하는 데 도움이 된다(Ivey, D'Andrea, Ivey, & Simek-Morgan, 2002; Ivey, Gluckstern, & Ivey, 1992).

❁ 문화를 존중하는 상담

다문화 정육면체(multicultural cube; Ivey, 1991, 1995, 2000; Ivey et al., 2002)는 다문화 상담 이론(Sue et al., 1996)과 발달 상담 및 치료 이론(Ivey, 2000; Rigazio-DiGilio, 1994)에 기반을 두고 개발되었고, 문화를 세심히 고려한 치료를 조직하고 지속하는 데 도움이 된다. 이 정육면체는 세 종류의 주요 영역으로 구성되며, 내담자의 바람을 평가하고 이에 맞춘 치료 계획을 세우는 데 유용하다. 세 가지 영역은 (1) 치료의 초점, (2) 다문화 이슈, (3) 문화 정체성 발달 수준을 포함한다.

정육면체는 세 가지 영역을 나란히 보여 주며 잠재적 치료 이슈를 전체적으로 조망하게 돕는다(**그림 4.2 참조**). 모든 내담자는 다문화 이슈가 결합된 문제를 치료실로 가져오며, 시기별로 두드러지는 주제는 다를 수 있다.

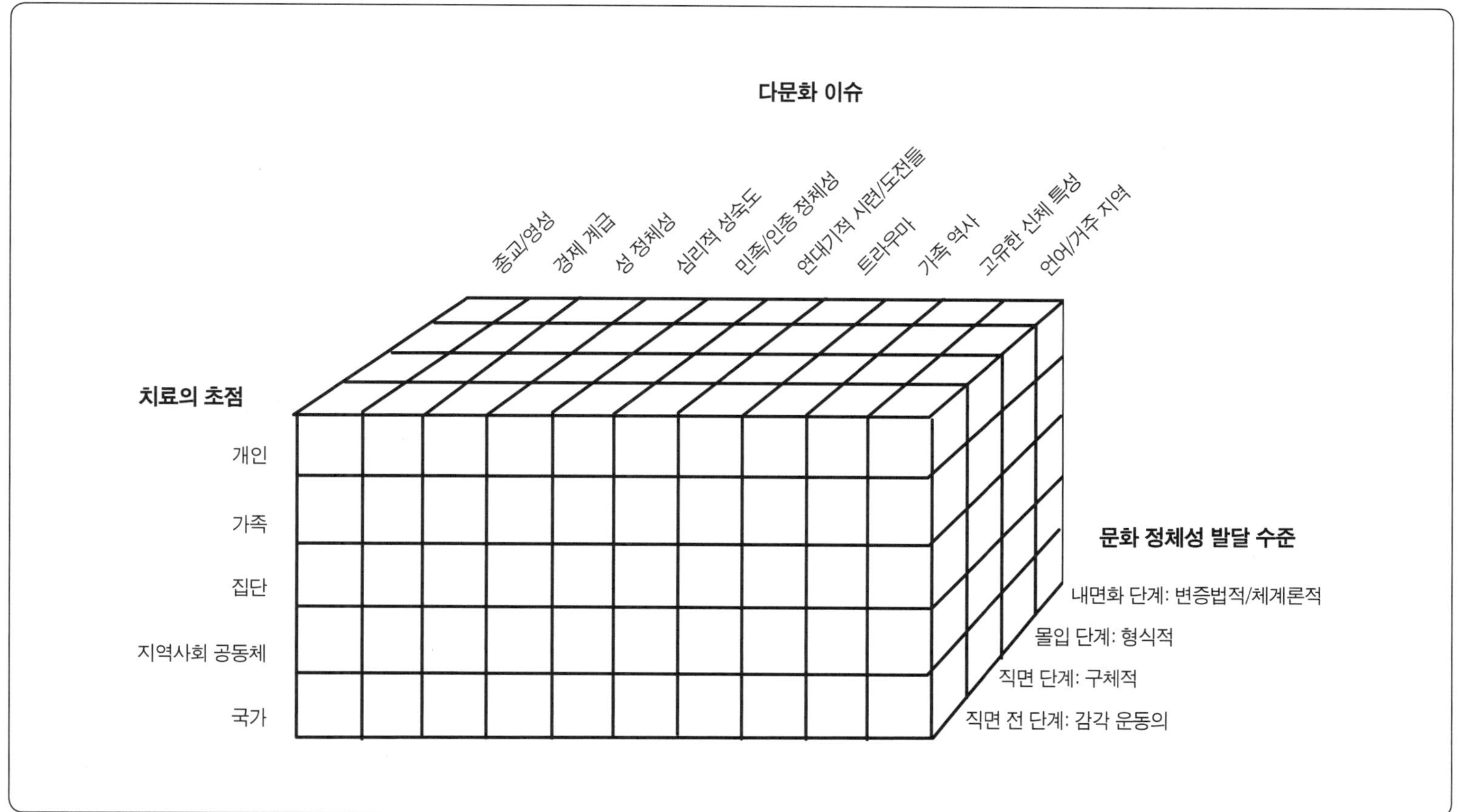

그림 4.2 다문화 정육면체

출처: Ivey, 1995; Ivey, D'Andrea, & Simek-Morgan, 2002; Ivey, Gluckstern, & Ivey, 1992; Ivey, Pedersen, & Ivey, 2001. 사용허가를 받아 저작물 인용.

내담자가 자신의 어려움을 둘러싼 조건과 상황, 환경 등을 볼 수 있게 도와주면, 내담자는 자신과 가족들이 속한 다양한 공동체들을 돌아보게 된다. "다문화는 우리 안에 내재한 다양한 문화에 관해 이야기하는 방식 중 하나이다. 민족이나 인종 만으로 우리를 규정지을 수 없다"(Ivey et al., 2002, p. 245). 우리는 자기에 대한 고유한 관점(own sense of self)을 가지고 있으며, 동시에 관계 속 내가 누구인지 느끼는 사회적 존재이다. 우리는 다양한 문화에 속해 있으며 정육면체 위쪽에 '고유한 개인의 역사와 문화를 합친'(p. 245) 영역들이 표시되어 있다.

이 다문화 정육면체를 보면 '모든 사람이 다양한 문화와 사회 모임에 참여하고 있다'는(Ivey et al., 2002, p. 245) 사실을 알게 된다. 가족은 개인 옆에 자리 잡고 있는데 이는 가족을 매개로 각 가족 구성원과 사회가 연결되어 있음을 반영한다.

내담자의 삶 속에 특정 문화가 깊이 통합되어 있을 때도 있다. 정육면체 오른쪽의 '문화 정체성 발달 수준'은 이런 통합 과정을 이해하는 데 도움이 된다. "민족 · 인종 이슈가 중요할 때도 있고 신체 장애 여부나 경제력이 상담과 치료 과정에서 더 중요할 때도 있다. 우리는 다문화 존재로 다문화 지위(multicultural status)에 깊이 영향을 받는다"(Ivey et al., 2002, p. 245).

상담사는 이 정육면체를 활용하여 현재 상황에 영향을 미치는 개인과 사회의 요소들을 발견하고 돌아보도록 도울 수 있다. 상호 연결고리를 파악하면서, 내담자는 미처 발견하지 못했거나 사용하지 않았던 자원들을 알아차리게 된다. 특정 이슈들은 두 개의 변인이 교차하는 지점에서 이해할 수 있는데 불치병과 싸우고 있는 가족(5살 쌍둥이를 둔 42살 엄마)이 그 예이다.

때로는 수많은 영역이 얽히고설켜 있는 일도 있다. 아들이 감옥에 가 있고 면회가 금지된 아랍계의 미국 가족을 생각해 보자. 이 가족의 이슈는 자녀의 성장과 독립 같은 일반적인 발달 스트레스를 훨씬 넘어섰다. 이 경우 이전에 충분히 잘 이용하지 못한 자원이나 대안을 탐색하고 실생활에 적용하는 데 정육면체를 활용하면 좋다.

영역 1: 치료의 초점

치료의 초점은 정육면체 왼쪽에 표기되어 있다. 치료의 초점은 내담자 체계(client system)를 구성하는 사람들과는 다른 개념이다. 예를 들어 개인 상담이더라도 내담자가 가족 혹은 집단 수준에서의 변화를 원하면 치료의 초점은 가족 혹은 집단이 된다. 반대로 가족 상담 시 개개인의 바람에 초점을 맞추면 치료의 초점은 개인이 된다. 치료의 초점을 알면 내담자 고충을 해결하는 치료 양식을 정하고 개입 계획을 세우는 데 도움이 된다.

전통적인 치료 이론은 물론이고 포스트모더니즘 이야기 치료 모델(postmodern narrative models of counseling and therapy)에서조차 개인과 가족 수준에서 치료하는 경우가 많았다. 내담자가 가지고 있는 고유한 어려움과 바람을 잘 살핀 맞춤형 치료를 제공하려면 치료사는 좀 더 다양한 서비스를 제공해야 한다. 치료실 내에서 내담자를 치료하는 양식을 넘어서 더 큰 사회 집단에 초점을 맞춘 해결 방식과 치료 개입을 고려해야 할 때도 있다. 버겁게 느껴질 수도 있지만 이는 심리치료 분야에 가족역동이라는 논의가 전개되던 1950년대와 1960년대의 사이버네틱스 혁명(cybernetic revolution)처럼 꾸준히 논의되어 온 주제이다. 공동체 가계도는 우리의 치료 관점을 넓히고 생태계 이론을 통합하는 도구이며, 집단 · 공동체 · 사회 수준의 개입을 중시한 아들러(Adler, 1926), 애트니브(Attneave, 1982), 아우에르스발트(Auerswald, 1983), 보웬(Bowen, 1978), 브론펜브레너(Bronfenbrenner, 1979), 융(Jung, 1935), 켈리(Kelly, 1955), 미누친(Minuchin, 1974), 화이트(White, 1989)와 맥락을 같이 한다.

영역 2: 다문화 이슈

정육면체 위쪽에는 내담자가 치료실에 가져오는 다문화 이슈의 종류를 나열하였다. 전통 치료 모델에서는 좁은 관점을 취하고 신체, 정신, 사회경제적 수준에서의 증상 경감을 지나치게 강조하는 경향이 있다. 영성이나 민족성, 성별, 신체적 트라우마나 언어 같은 영역과 연계된 이슈는 관련 분야 전문가에게 의뢰되었고 보험과 같은 혜택에서 배제되는 경우가 많았다. 그 결과 일반 상담 모델에서는 이런 주제를 간과하는 경향이 있다. 하지만 공동체 가계도는 평가와 치료 계획에서 이런 주제를 부각해 의미 있게 다루는 데 도움이 된다.

영역 3: 문화 정체성 발달 수준

3장에서 언급하였듯이 다문화 이슈가 자기 삶에 끼치는 영향에 대해서 내담자마다 인식하는 수준이 다르다. 정육면체 오른쪽에 나열된 문화 정체성 발달 수준을(그림 3.1) 바탕으로 내담자의 4단계 인식 수준을 진단과 치료 과정에 통합할 수 있다. 다문화 이슈와 치료 초점별로 자각 수준이 다르다. 예를 들어 보자. 한 여성 내담자는 최근 몇 년간 집안 어르신들의 죽음을 목격했고 그 영향으로 노화라는 주제에 대해서는 내면화 단계(internalization level)에 이르렀다. 하지만 새 직장에서 겪는 성차별 이슈에 대해서는 직면전 단계(preencounter stage)에 있었다. 다른 예로 어떤 가족은 뇌성마비가 있는 딸과 관련된 이슈에는 학교와 잘 이야기 나누고 대응했지만, 학교 담당자가 아들의 주의력 결핍 치료를 위해 약물 복용을 강력히 권고할 때에는 이런 중심을 잃고 당황하는 반응을 보이기도 한다.

❁ 다문화 정육면체 내 변화 발달 준거

다문화 정육면체에서 발견한 잠재적 자원을 지침 없이 언제 어떻게 활용할지 결정하기란 쉽지 않다. 발달 상담 이론(developmental counseling theory, DCT)(Ivey, 1991, 1995, 2000; Rigazio-DiGilio, 1994)은 내담자의 문화를 존중하며 내담자 중심의 치료 계획을 설계하는 데 도움이 된다.

첫째, 정육면체를 상담의 시야를 넓혀 주는 큰 지도로 생각해 보자. 지도에 그려진 모든 지역을 다 탐색할 필요는 없지만 몇몇 지역은 특별한 관심을 쏟아 제대로 살펴보아야 한다. DCT는 임상가가 내담자를 '섬김으로 인도(lead by following)'하라고 권한다. 즉 내담자가 말하는 관심사와 주제를 바탕으로 치료 방향을 정한다. 치료를 내담자의 언어와 세계관에 맞추는 것은 DCT의 필수 요소이다.

하지만 임상가가 전체 그림을 보며 내담자의 이야기를 이해하지 못하면 내담자의 리드를 따르기가 쉽지 않다. 이 정육면체는 이렇게 부분이 아닌 전체를 보는 데 도움이 된다. 즉 정육면체를 이용하면 내담자가 어느 부분을 가장 염려하고 있는지 어떤 변화를 도모할 수 있을지 알아내기 쉽다. 핵심 치료 소재를 찾기 위해 이쪽저쪽 닥치는 대로 화제를 바꿀 필요 없이 내담자와 임상가가 성공적인 치료를 이끄는 영역에 집중하는 것이 가능하다. 예를 들어 과거의 트라우마를 치료하는 데 개인에게 초점을 둔 접근이 다문화 인식도를 높이는 데 도움이 안 된다고 판단할 경우, 내담자와 임상가는 치료의 초점을 더 큰 단위(예: 가족, 집단, 지역사회, 국가)로 옮기거나 같은 주제를 다른 시점의 기준으로 탐색해 볼 수 있다.

다음에 열거된 네 가지 DCT 가정들은 임상가와 내담자가 정육면체의 다양한 측면을 어떻게 탐색할지에 대한 기준을 마련해 준다.

1. 발달학적, 비병리적 관점 견지

내담자와 내담자 연관 시스템의 강점을 기록할 때에 정육면체를 사용하면 좋다. 이런 방식으로 임상가는 내담자가 현재 이슈와 연결 지어 자신의 강점을 알아내고 조직하도록 돕는다. DCT는 문제나 문제의 원인과 결과에만 초점을 맞추는 대신에, 긍정적 관점을 견지하며 모든 내담자와 해당 시스템에서 현재의 고충을 해결하고 미래를 준비할 때 필요한 자원을 찾을 수 있다고 본다. 특정 시기의 공동체 가계도를 여러 개 그리면서 내담자는 자기 이슈를 병리화하던 관점에서 벗어나 같은 이슈가 강점·회복의 원천이었던 시절이 있었음을 깨닫게 된다.

2. 내담자의 고유한 세계관에 맞춘 치료

임상가는 내담자가 자기 문제를 설명할 때 사용하는 특정 언어를 주의 깊게 들으며 치료를 시작해야 한다. 이 장 초반부에 나온 질문에 답할 때 어떤 종류의 언어를 사용했는가? 사람마다 사용하는 이야기 양식이 다르듯—이미지나 일대기나 추상적 개념이나 분석—내담자들도 세계를 보는 주된 방식이 다 다르다. 어떤 내담자들은 구체적인 방식으로 혹은 감정에 기반을 두고 세상을 묘사하는 반면 어떤 내담자들은 좀 더 추상적인 언어를 사용한다. DCT에서는 네 가지로 내담자의 세계관을 나누는데 여기에는 **감각 운동**(sensorimotor) 지향, **구체적**(concrete) 지향, **형식**(formal) 지향, **변증법적/체계론적**(dialectic/systemic) 지향이 포함된다. 이 용어들은 **그림 4.2**에 삽입해 문화 정체성 이론과 DCT의 관계를 나타내었다. 치료 초기에는 내담자의 세계관을 존중하며 내담자의 이야기 방식과 양립하는 방식으로 치료를 진행하는 것이 좋다. 내담자의 세계관을 충분히 이해하고 상호신뢰가 형성된 이후에야 임상가가 이야기 방식을 조금씩 바꿔 가며 내담자 세계관의 한도를 확장하고 확대하는 것이 가능하다.

3. 내재한 자원 접근성 확장하기

DCT 관련 연구(Rigazio-DiGilio & Ivey, 1995)는 내담자가 개인과 대인관계 자원을 이용하고 다양한 관점에서 이슈를 보고 변화를 위한 다양한 대안을 발견할 때 치료적 성장이 일어남을 보여 주었다. 때때로 내담자들은 자신의 문제에 대해 무척 편협하고 완고한 관점을 보이는 경향이 있다. 내담자가 자기와 주변 환경에 내재한 자원을 볼 수 있도록 돕는 것이 DCT의 핵심 목표이다. 그간 미처 발견하지 못했거나 덜 사용했던 자원에 대한 접근성을 높이는 데 도움이 되는 잠재적 영역을 의논할 때 공동체 가계도를 지도처럼 사용할 수 있다.

4. 권력 관계를 인식하고 적절히 대응하기

내담자의 사회적 · 정치적 · 경제적 지위에 따라 접근 가능한 자원이 다르다. 치료 계획을 함께 만들어갈 때 내담자와 지배 문화의 관계를 꼭 고려해야 한다. 우리는 얼핏 특권을 누리고 있는 사람들을 포함하여 전 구성원을 다양한 방식으로 억압하는 문화에서 살고 있다. 내담자와 이들을 둘러싼 문화와의 관계는 권력 차이를 낳고, 이는 내담자가 환경 내에서 이용 가능한 자원의 종류에 영향을 끼친다. 공동체 가계도에서 다루는 넓은 범위의 맥락들 속에 있는 권력 이슈를 규명하는 데 다문화 정육면체가 유용하다. 여기서 얻은 정보를 바탕으로 내담자와 내담자의 문화를 존중하는 치료 계획을 세우고 적절한 개입 지점(예: 개인, 가족, 기관, 지역사회 공동체)을 결정할 수 있다.

종합해서 살펴보면, 다문화 정육면체와 DCT의 구성 개념은 치료에서 공동체 가계도를 더 포괄적으로 이용하는 데 도움을 준다. 타인 및 주변 환경과 연관 지어 문제 발달과 변천 과정을 탐색하고, 강점과 자원을 알아내며 현재 상황을 새롭게 이해하면서, 임상가는 내담자가 다양한 관점을 이해하고 대안을 모색하게 돕는다. 생애주기에 걸쳐 다양한 발달 단계를 묘사하는 공동체 가계도를 여러 개 만드는 과정에서 내담자는 역사적이며 상호 연결된 요소들을 가장 정확히 포착한다.

❋ 생애주기 공동체 가계도

생애주기 공동체 가계도는 개인 · 가족 · 맥락이 시간에 따라 어떻게 변하는지를 보여 준다. 만약 치료적으로 신중하게 생애주기 공동체 가계도를 만든다면, 가계(lineage)를 잇는 그림을 사용하여 발달 과정을 개념화하는 데 도움을 주는 것도 가능하다(**그림 4.3~그림 4.7**). 즉 삶의 단계별로 별 모양 그림을 만든 후 함께 모으면 자기(self)와 관계 속 나(self-in-relation)의 변천사를 한눈에 보기 쉽다. 별 모양 그림은 개인뿐만 아니라 부부나 가족과도 사용 가능한데, 우선 이 장에서는 개인 내담자와 별 모양 그림을 사용하는 방법에 초점을 맞추고 부부와 가족을 위한 사용법은 6장에서 깊이 다루도록 한다.

❀ 개인형 별 모양 그림

다섯 가지 시기를 나타내는 다섯 개의 별 모양 그림이 가장 기본이다. 내담자의 나이에 따라 각 망(web)의 기본 구성 요소가 다른데 유아(young child), 후기 아동(older child), 청년(young adult), 성인(adult), 노인(senior adult)이 여기 포함된다. 이 다섯 단계가 공동체 가계도의 기본이지만 내담자 스스로 가장 중요한 삶의 단계를 선택하는 것도 가능하다.

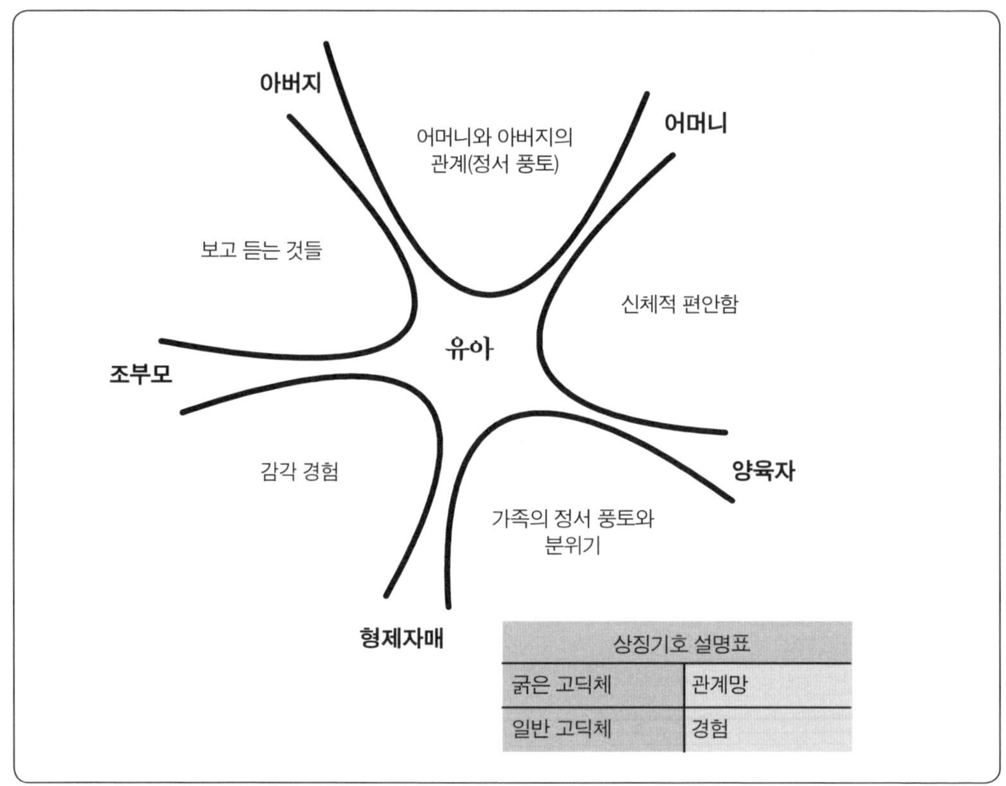

상징기호 설명표	
굵은 고딕체	관계망
일반 고딕체	경험

그림 4.3 유아기 별 모양 그림

유아

유아(young child)와 미취학 아동들은 상대적으로 관계망(connections)의 수가 적은 편이며 부모나 양육자들이 이들 삶에 중요한 역할을 한다(**그림 4.3**). 경험(experiences) 또한 몇 가지 환경에 제한적인데 주로 신체나 심리의 안녕과 편안함을 제공하는 환경—신체의 안락함, 심리적 욕구, 귀와 눈을 자극하는 환경 등—이 여기 해당한다. 이 시기 개개인이 어떤 경험을 했는가는 앞으로 발달 과정에 지대한 영향을 미친다. 유아기의 경험을 탐색하면 어린 시절과 관련된 치료 이슈를 성공적으로 해결하는 방안을 모색하는 데 큰 도움이 된다.

아동

후기 아동기(child) 별 모양 그림에서는 중요한 타인들과 연관된 관계망 수

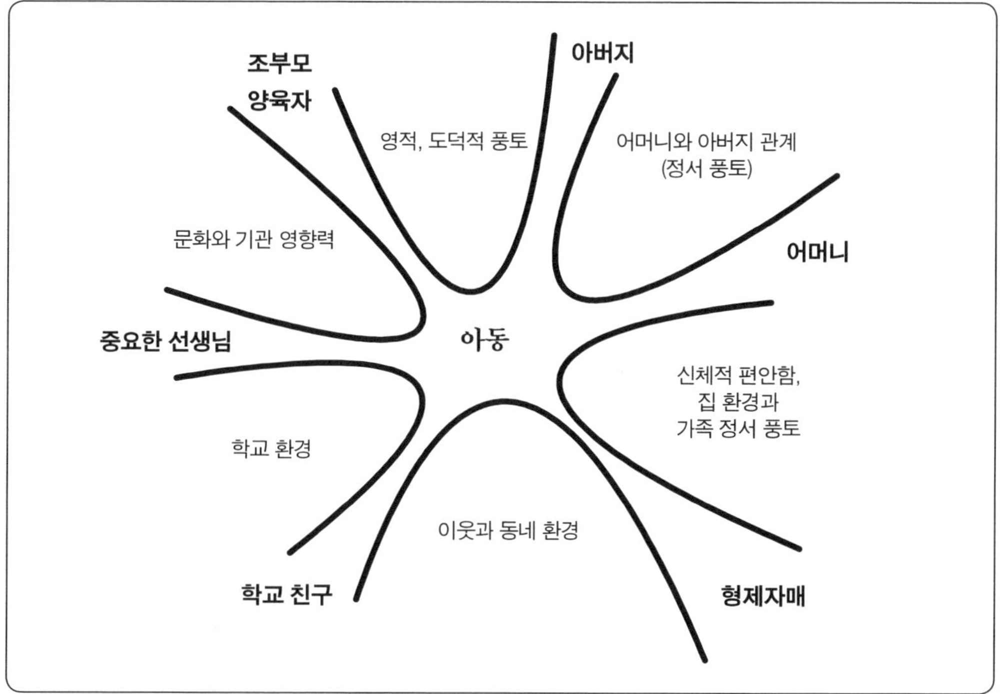

그림 4.4 아동기 별 모양 그림

(형제자매, 학교 친구, 선생님, 팀 동료들)가 증가하고, 환경이 더욱 확장되고 복잡해짐에 따라 경험의 수(학교, 이웃, 물리적 환경, 언어, 종교, 문화의 영향, 부모와 다른 가족 구성원과의 관계) 역시 증가한다(그림 4.4). 이 시기 기억에 남는 경험이 무엇인지 탐색하는 과정에서 내담자는 삶의 여러 단계에서 반복되는 양식을 발견하거나 유용한 통찰을 얻게 된다.

청년

청년기(young adult) 별 모양 그림은 더 확장되는 양상을 보인다. 중요한 타인의 수와 구성이 크게 변한다. 더욱 다양한 문화와 환경을 접하면서—폭 넓은 문화와 하위문화를 접하고, 새로운 장소/사람들/직업/교육 등을 경험하고, 홀로 독립해서 살아가면서(그림 4.5)—경험(experiences)의 수도 증가한다. 공동체 가계도를 활용해 이 시기를 탐색하는 과정은 내담자의 관계 양상(relational patterns)에 관한 통찰력을 제공해 주기도 한다.

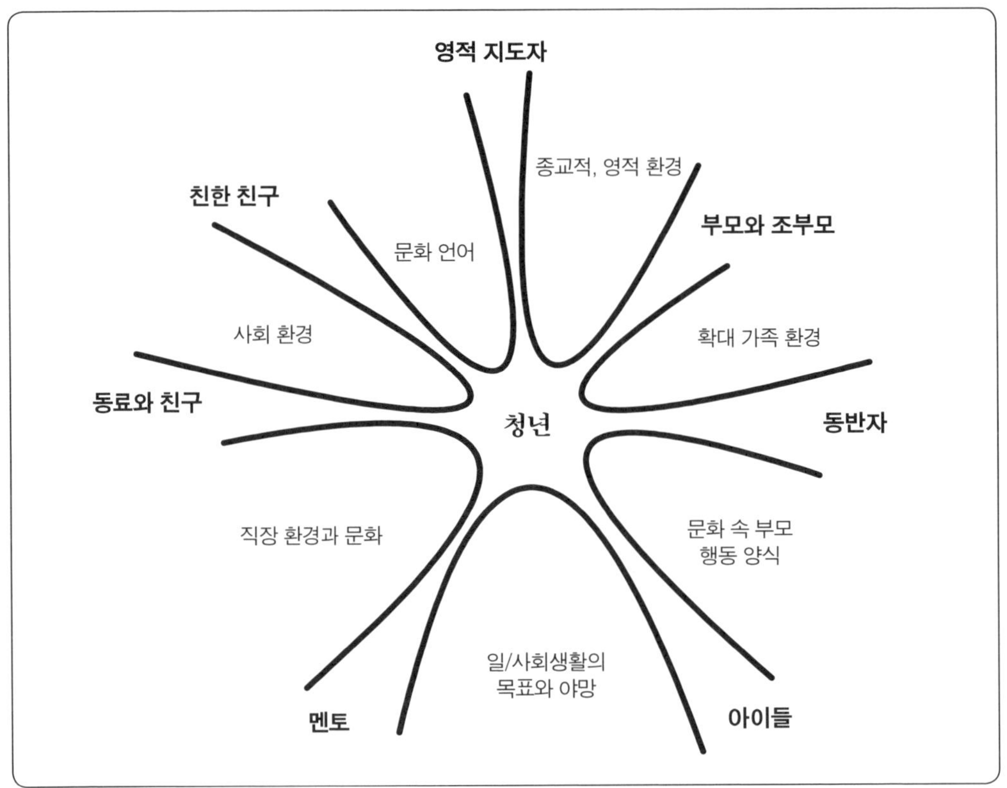

그림 4.5 청년기 별 모양 그림

성인

성인(adult)의 공동체 가계도에는 복잡한 삶을 반영하듯 경험과 관계망의 수가 많다(그림 4.6). 위로는 부모와 때때로 조부모가, 아래로는 자식과 손자 손녀가 있다. 다양한 수준에서 다양한 사람 및 집단과 일 · 시민 · 사회 관계를 맺는다. 발달과 성장을 저해하거나 촉진하는 다층 환경 속에서 살고 있으며 이 안에서 균형을 잡기 위해 고군분투하는 경우가 많다. 공동체 가계도는 내담자의 삶에 영향을 미치는 맥락적이고 개인적인 힘을 이해하게 도와준다.

노인

경험과 관계망의 숫자에서 성인기와 노년기(senior adult)는 별다른 차이가

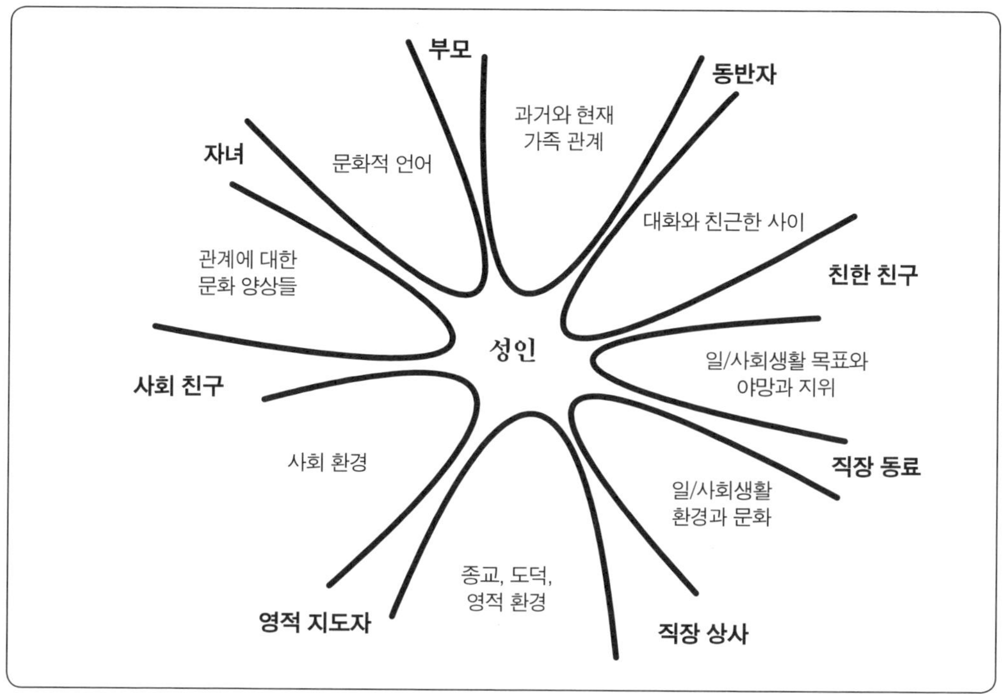

그림 4.6 성인기 별 모양 그림

없지만, 이를 구성하는 사람들과 특성은 다른 양상을 보인다(그림 4.7). 가까운 친구와 가족이 이 시기에는 더욱 중요해진다. 지원과 건강관리(assistance and medical care) 영역에서는 타인에 대한 의존도가 높아진다. 상담사는 내담자가 이 시기 삶을 어떻게 문화적, 맥락적으로 해석하는지 이해해야 한다. 죽음과 영성이 중요한 주제이며 과거 특정 측면이 중요하게 드러나기도 한다.

생애주기 관점

개인형 혹은 관계형 생애주기 공동체 가계도를 만들면 몇 가지 중요 주제를 발견하게 된다. 한 예로 내담자 삶에 영향을 끼치는 주요 환경적 요소들의 숫자(예: 경험의 수)는 초기 발달 단계부터 중기 발달 단계까지 대체로 증가하는 경향을 보인다. 경험의 숫자가 증가하면서 환경적 요소 하나의 개별 영향력은 줄어드는 편이다. 또 후기 발달 단계에서는 환경적 요소의 숫자가 전반적으로 줄어드는데 이는 나이가 들면서 사회와 직업상에서의 교류가

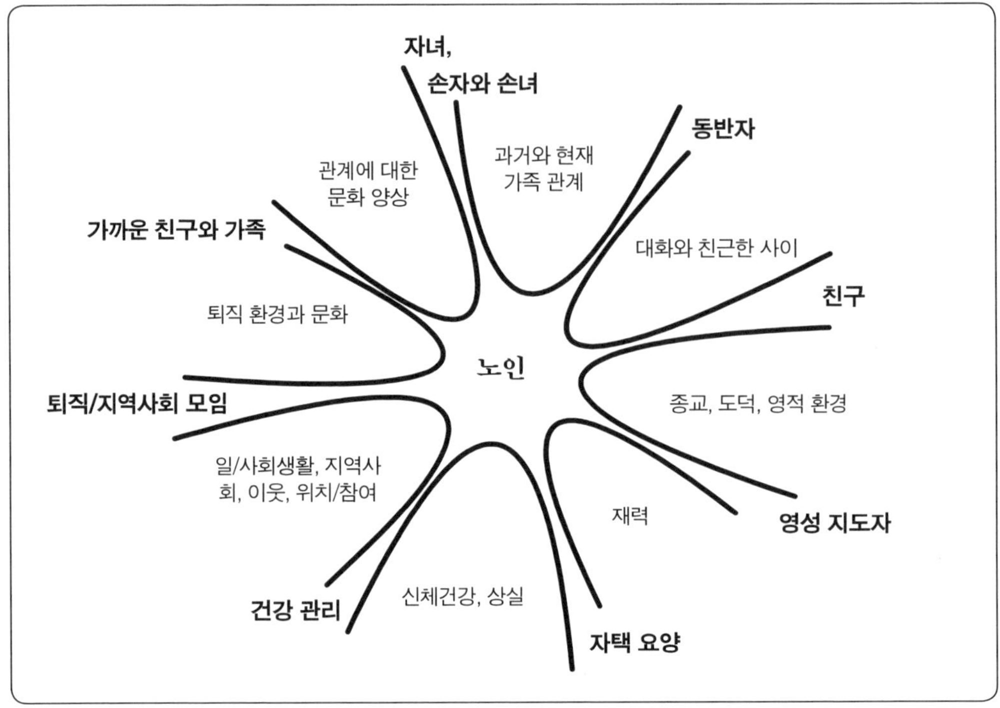

그림 4.7 노년기 별 모양 그림

줄어들기 때문이다. 중기 발달 단계 이후부터의 이러한 감소는 사람들이 이 시기에 이르면 사회와 다른 사람들로부터 영향력을 덜 받고 좀 더 안정과 온전함을 느끼는 것과도 연관이 있다.

물론 예외도 많이 존재한다. 예를 들어, 차별과 억압이 만연한 사회에서는 환경적 요소가 나이와 상관없이 지속해서 큰 영향을 미친다. 다른 예로, 신체 장애나 경제 문제로 어려움을 겪는 노인들은 환경적 요소에서 벗어나기 힘들다.

❁ 청년 내담자: 라지

라지(Raj)는 인도에서 유학을 와 영국의 한 명문 대학에서 박사 과정 중인 심리학과 대학원생이다. 라지는 새로운 장소, 친구, 멘토, 업무 등 유학 생활에 매우 만족하고 있다. 이 공동체 가계도(그림 4.8)는 라지의 삶을 잘 보여

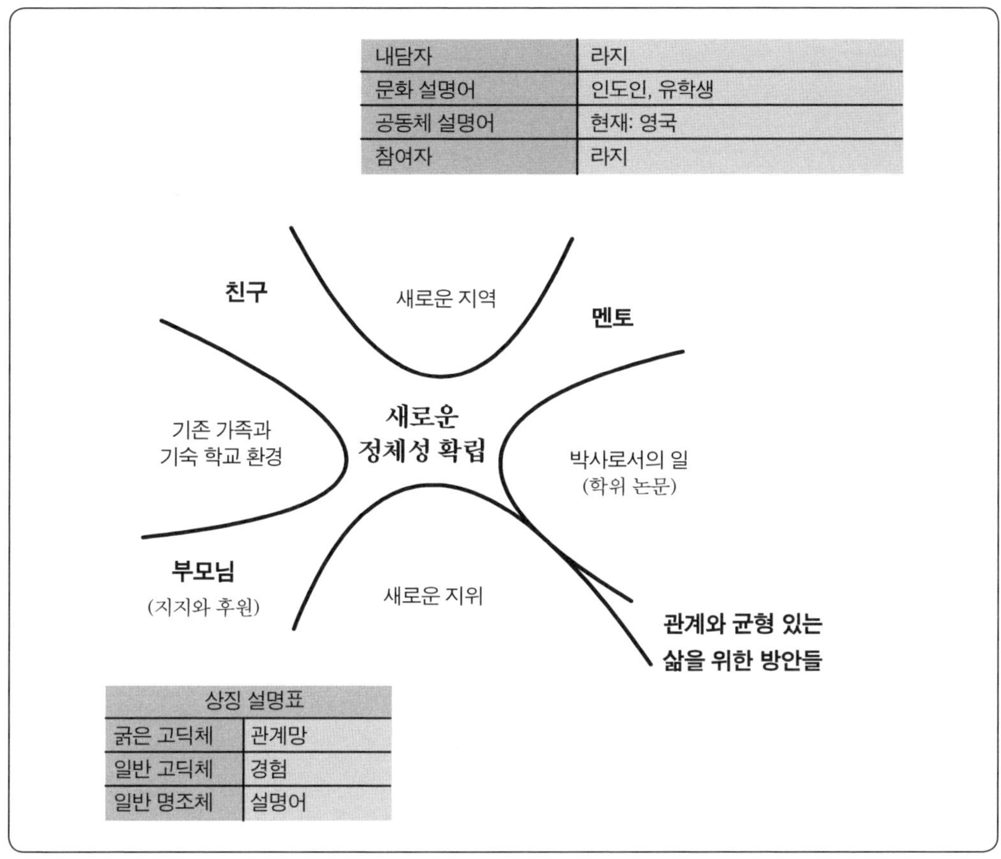

내담자	라지
문화 설명어	인도인, 유학생
공동체 설명어	현재: 영국
참여자	라지

상징 설명표	
굵은 고딕체	관계망
일반 고딕체	경험
일반 명조체	설명어

그림 4.8 공동체 가계도 실례: 라지의 사례

준다. 현재 라지는 많은 변화를 겪고 있으며, 논문을 쓰는 바쁜 와중에 새로운 위치에서 새로운 정체성을 확립해야 하는 상황이다.

라지는 공동체 가계도를 기반으로 대화를 나누는 과정에서 삶 전반에 걸쳐 반복적으로 나타나는 유사한 주제를 발견하고 통합하였다. 라지는 다른 두 환경[원가족(family-of-origin)과 사립 기숙학교] 속에서 정체성을 확립하려 했던 때를 기억해 냈다(**그림 4.9**). 그림 가운데 별은 라지의 새로운 정체성을 나타내며, 별 중앙의 점선으로 된 평행선은 라지의 정체성이 발달해 온 두 가지 환경을 구별한다.

라지 가족은 서로를 사랑하고 지지하고 응원했으며 교육에 관심이 많았다. 라지는 따뜻하고 사랑이 넘치는 환경에서 지적인 자극을 충분히 받으

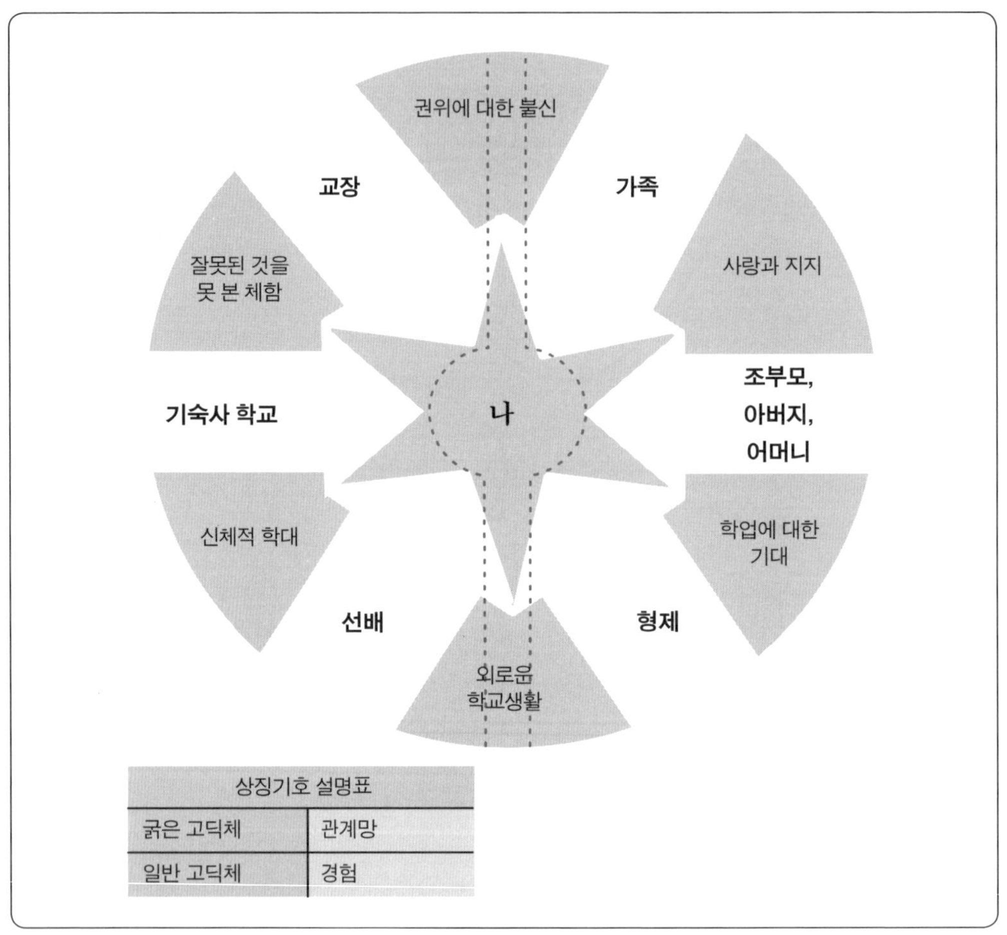

상징기호 설명표	
굵은 고딕체	관계망
일반 고딕체	경험

그림 4.9 공동체 가계도 실례: 어린 시절의 라지

며 자랐다고 기억한다. 누나와는 경쟁 관계이기도 했다.

라지 부모님은 라지에게 더 좋은 교육 기회를 주려는 마음으로 라지를 기독교계 기숙학교에 보냈다. 라지 가족은 의학이나 공학 분야에서 고등 교육을 받아야 성공한다고 믿었다. 출세와 안락한 미래를 위해서는 어릴 때부터 공부를 잘해야 한다는 부담감도 컸다.

기숙학교는 라지 삶을 뒤바꿨다. 라지는 이렇게 말했다. "행복했던 순간은 가고, 삶이 달라졌어요." 기숙학교에서 보낸 7년 동안 라지는 엄격한 시간표에 맞춰 생활해야 했고 해마다 단 몇 주간만 가족과 휴가를 보낼 수 있었다. 라지는 아침에 일찍 일어나야 한다거나 빡빡한 일정이 있을 때 저

항심이 커지고 규칙과 압박감에 부정적인 감정을 느끼는데 이런 현재의 감정들이 과거 경험과 관련되어 있음을 깨달았다.

라지는 기숙학교에서 신체 학대를 당했다는 사실도 털어놓았다. 라지는 집에서는 맞아 본 기억이 없었다. 기숙학교에서는 상급생들이 라지를 성적으로 학대하기도 했다. 특히 선배 한 명이 라지를 교묘하게 조정하여 힘든 시기를 보내기도 했다. 처음에는 부모님께 걱정을 끼치기 싫어 이 사실을 부모님께 알리지 않았다. 부모님을 보호해야 하고 혼자서 해결할 수 있으리라 생각했다. 한동안은 그럭저럭 혼자서 감당을 했지만, 끝내 라지는 너무 화가 나서 자신을 괴롭힌 선배에게 소리를 질렀다. 교장이 이 사실을 알게 되었지만, 아무런 조처를 하지 않았다. 선배가 공부를 잘하는 학생이었기에 교장은 선배의 잘못을 눈감아 주었던 것이다.

이 부분에 대해 더 깊이 이야기를 나누면서 라지는 선후배 관계에서 긍정적인 측면도 발견하였다. 남자 선배들은 형제와도 같았는데 선배는 라지를 똑똑한 학생으로 인정하며 챙겨 주었고, 라지가 또래 친구들과 잘 어울리지 못할 때는 친구가 되어 주었다.

라지는 이 기숙학교를 나와 다른 학교로 전학을 갔는데, 이때부터 라지는 술을 많이 마시고 약물에 손을 댔다(그림 4.10). 하지만 학교생활은 계속 열심히 했고 수능 성적도 좋아 공대에 입학했다. 라지는 공학도가 되고 싶은 적이 한 번도 없었지만 다른 선택의 여지가 없다고 생각했다. 라지가 가업을 잇는 대신 자신만의 사업을 따로 시작했을 때 라지의 아버지는 무척 괴로워했다. 이런 방식으로 라지는 공학 관련 일을 하기보다는 다른 일을 시도했다.

이후 진정으로 하고 싶은 공부—심리학과 같은 인문학이나 사회과학 분야—를 하고 싶어 영국의 한 대학에 지원했다. 인도에서는 이런 전공 분야를 잘 인정해 주지 않아 이 분야를 공부할 경우 기존에 누렸던 특권이나 지위를 잃어버릴 가능성이 컸고, 누구와 결혼하느냐에도 영향을 미쳤다. 다행히 라지 부모님은 라지를 응원해 주었고 라지는 영국으로 건너와 실험심리학 분야에서 연구를 시작했다.

별 모양 세 개를 나란히 대조해서 보면서 라지는 치료에서 집중하여 다

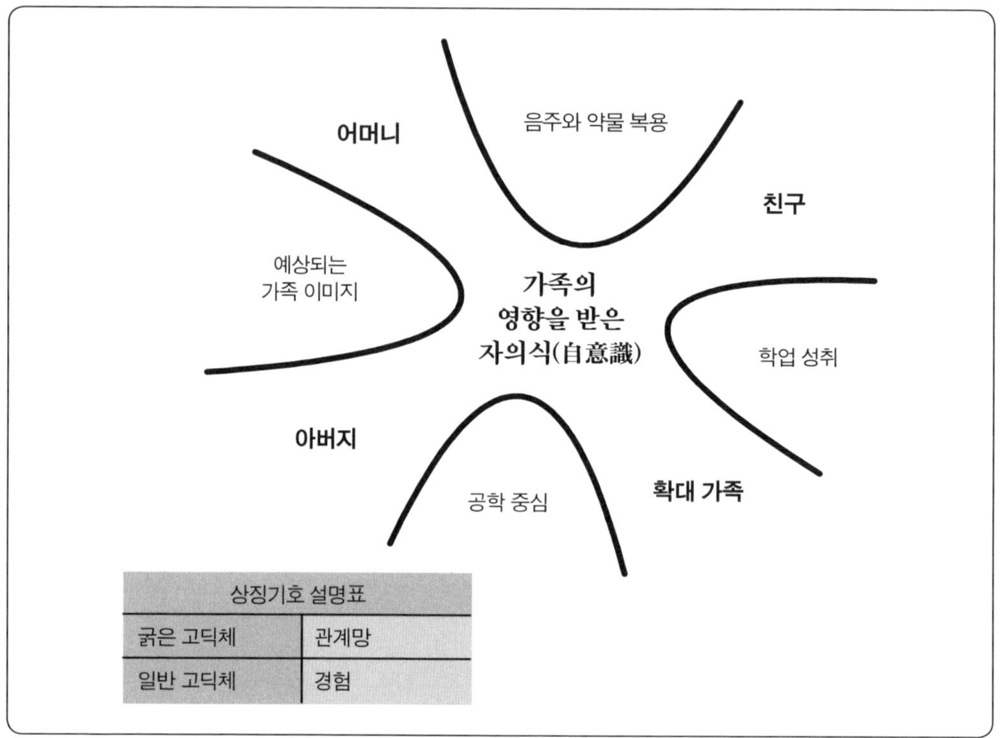

그림 4.10 공동체 가계도 실례: 청년기 라지

루고 싶은 주요 주제를 찾아냈다. 첫째, 라지는 가족 관계가 정말 소중하다는 점을 깨달았다. 부모님을 못 뵌 지 몇 년이 되었지만, 외아들이 다른 길을 걷도록 놓아 주기가 부모님에게는(특히 어머니에게) 얼마나 힘든 일이었을지 라지는 더 깊이 이해하게 되었다.

둘째, 직업의 전망과 현실에 직면하면서 학계(특히 영국의 학계)에 남겠다는 생각을 다시 한번 고민 중이다. 라지는 좀 더 일과 삶의 조화를 누리고 싶다. 프로젝트를 끝내기 위해 밤새우고 저녁을 초코바로 때우며 학술지 게재나 자료 수집에만 연연하는 삶에 지쳤다. 라지는 이제 사람들을 만나고 집을 장만하고 일뿐만 아니라 취미 활동을 즐기며 좀 더 여유로운 삶을 누리고 싶어 한다.

가족 간의 유대감과 조화로운 업무 일정과 관련된 이슈는 외로움과 독립이라는 주제를 생각하게 했다. 모든 공동체 가계도 그림에서 라지는 늘 외로웠고, 지금도 여전히 혼자이다. 라지는 앞으로 삶에서 외로움을 다루는 데 초점을 맞추고 싶어 한다. 라지는 과거를 돌아보며 옛 경험들이 어떤 식으로 자신의 선택에 영향을 미쳤는지 더 깊이 이해하게 되었다. 이런 이해를 바탕으로 라지는 이제부터는 조금 더 신중한 선택을 하고 싶다고 말한다.

※ 내담자의 필요에 맞춘 공동체 가계도

공동체 가계도는 자유롭고 다양한 방식으로 사용 가능하며, 내담자가 중요하다고 여기는 모든 요소를 찾고 밝히는 데 도움이 된다. 가족 · 문화 · 직장 · 학교처럼 몇 가지 제한된 영역만을 탐색하기보다는 내담자 삶에 영향을 끼친 모든 사건이나 사람들을 확인하고 돌아보는 데 도움이 되는 열린 장이다. 치료에서 내담자와 임상가는 공동체 가계도의 도움을 받아 어느 영역을 집중하여 상담을 진행할지 결정하기 쉽다.

❀ 다양한 공동체 가계도 활용

공동체 가계도는 내담자의 바람과 치료의 초점에 따라 다양한 방식으로 변형하고 확장해서 사용 가능하며 이 책 전반에 걸쳐 여러 서식을 소개하였다. 그 예로 개인 내담자는 서너 가지의 연령대별 별 모양 그림(미래 상황 포함 가능)을 그려 삶의 여러 단계를 표현할 수 있다. 별 모양 그림 여러 개를 함께 놓고 보면, 반복 양상이나 핵심 주제를 알기 쉽다.

또 다른 예로는 내담자의 '현재'를 포착하는 별 모양 그림을 그리는 것이다. 내담자에게 가장 큰 영향을 끼치는 것이 무엇인지를 내담자의 과거와 현재에서 찾아내고, 이러한 이벤트와 사람 관계가 내담자의 현재 삶에 어떠한 영향을 미쳤는지 이해하도록 돕는다. 어떤 내담자들은 일시적으로 위기가 찾아왔을 때 중요한 사람들(significant others)과 함께 어린 시절의 공동체 가계도를 그리면서 도움을 받기도 한다. 미래 시점의 관계형 별 모양 그림은 노후에 대한 내담자의 기대사항과 예측되는 어려움을 확인하는 데 도움이 된다. 즉 공동체 가계도는 쓰임이 다양하여 내담자의 과거, 현재, 미래를 탐색하는 데 유용하다.

❁ 내담자의 바람에 맞춰 그림 도표를 수정하기

어떤 모양으로 공동체 가계도를 그릴지는 내담자에게 달려 있다. 내담자 경험을 진실하게 반영하는 공동체 가계도를 그리는 것이 핵심이며, 이 개념은 이미 여러 번 강조하였다. 따라서 다양한 변형과 창의성은 공동체 가계도를 그리고 해석하는 과정에서 매우 중요하다. 예를 들어 어떤 내담자들은 명확한 지침과 정해진 양식을 선호하는 반면, 다른 사람들은 자신만의 고유한 방식으로 공동체 가계도를 그리고 싶어 한다. 어떤 이들은 지역사회의 지리적 정보를 중시하고 다른 이들은 집안 내 패턴과 동네에서의 집 위치를 나타내는 가족 평면도(Coopersmith, 1980)와 같은 비유적 심상을 선호한다. 특히나 내담자가 언어 장벽이 있으면 내담자의 세계관을 그림으로 더욱 깊이 이해하기 쉽다. 그림 4.11은 2장에 나온 지셀리(Gesili) 가족의 가족 평면도이다. 딸은 컴퓨터를 사용하여 가족 평면도를 다시 그렸다. 점선은 딸이 혼날 상황에서 매를 피하고자 도망 다녔던 동선을 표현한 것이다. 딸은 벌 받았던 일, 모든 친인척이 다 보는 앞에서 체중계 위에 올라가야 했던 일들을 기억했다. '플라스틱' 방(가구를 플라스틱으로 덮어 놓은 방)이 집 앞쪽에 있었는데, 이 방은 특별한 일이 있을 때만 사용하였다. 부엌은 집 뒤쪽에 있었고 거기서 동네 주민 잔치(block party)가 열렸다. 그림 속의 이미지들은 때때로 매우 사실적이고 때로는 추상적이거나 기하학적이다. 내담자가 치료에 들고 온 이슈와 미래에 활용 가능한 잠재적인 강점과 지원 원천을 밝힐 수만 있다면 형식에 구애받을 필요 없이 다양한 매체를 활용하면 좋다.

✲ 결론: 상호 평가 방법과 치료 계획

공동체 가계도는 내담자가 창의성을 충분히 발휘하여 이웃 공동체가 내담자의 삶에 미치는 영향을 제대로 포착하는 데 초점을 둔다는 점에서 표준화된 평가도구(예: 가족 가계도)의 분석 방식과 다르다. 맨 처음 내담자는 공

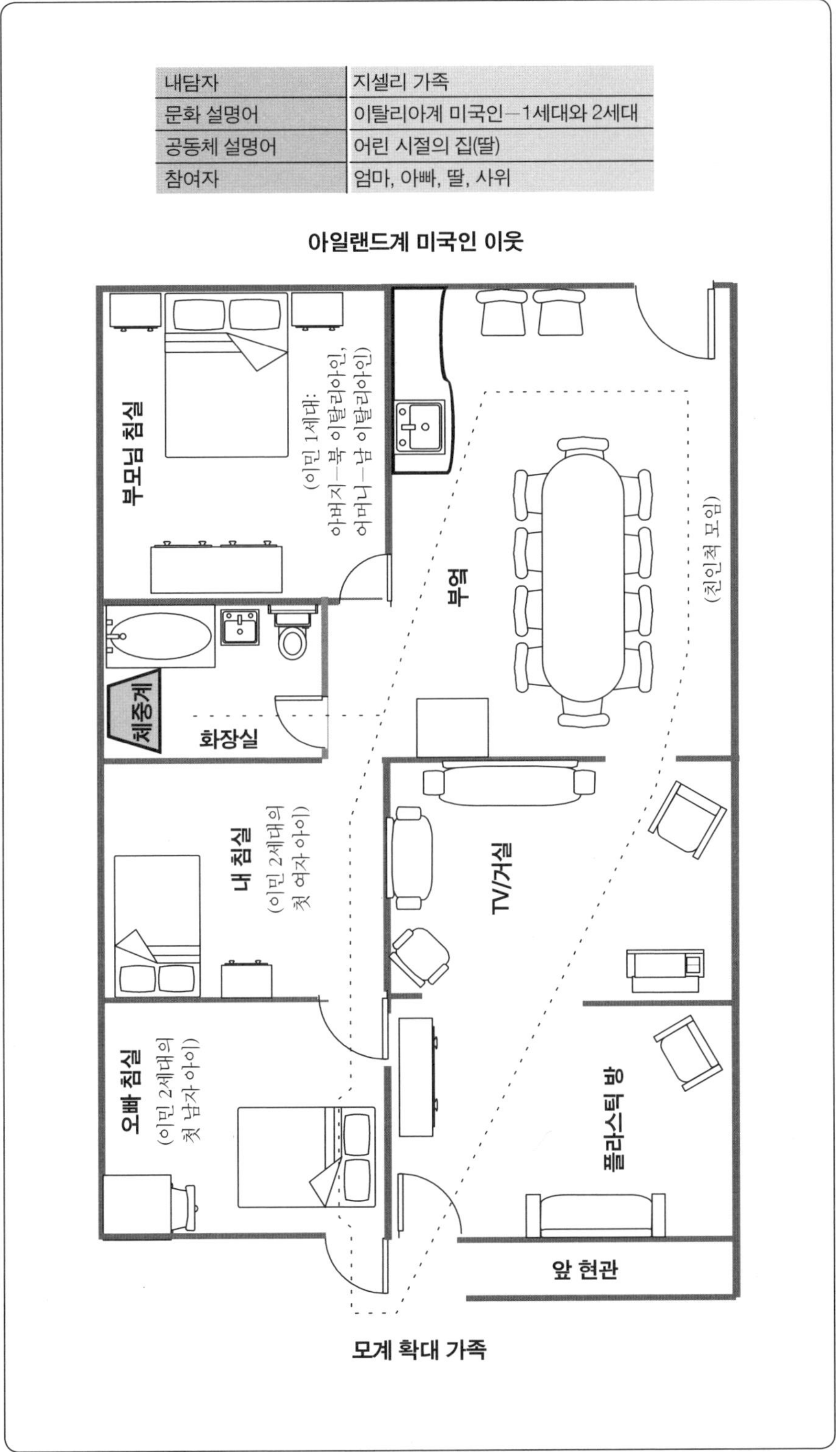

내담자	지셀리 가족
문화 설명어	이탈리아계 미국인—1세대와 2세대
공동체 설명어	어린 시절의 집(딸)
참여자	엄마, 아빠, 딸, 사위

그림 4.11 컴퓨터를 사용한 가족 평면도 변형: 지셀리 가족

동체 가계도에 어떤 이야기를 넣고 싶은지, 관련 이미지나 상징으로는 무엇이 있는지 이야기해 달라는 부탁을 받는다. 열린 마음으로 내담자의 고유한 시각으로 공동체 가계도를 분석하게 돕는 과정에서 우리는 내담자의 이야기에 숨겨진 다양한 의미를 발견하게 된다.

그다음 상담사는 내담자 경험에서 이로운 측면과 긍정적인 자산을 알아차리고 발견하도록 돕는다. 부정적인 경험을 탐색하기에 앞서 긍정적인 자산을 탐색하는 것은 매우 중요하다. 자신이 가진 강점을 바탕으로 삶의 어려움을 극복한 경험을 돌아보며 내담자는 현재 이슈를 해결하는 데 도움이 되는 개인 자산과 강점의 원천을 발견하게 된다. 각 장의 연습란과 사례 소개란에 이러한 대화를 촉진하는 질문 전략과 다양한 공동체 가계도 양식을 선보였다.

내담자는 삶의 어떤 시점을 표현할지, 어떤 그림양식을 활용할지, 어떤 내용을 포함하고 무엇을 목표로 삼을지에 관한 결정권을 갖는다. 사회에서 흔히 중요하다고 여기는 부분이 내담자에게는 덜 중요할 수 있다. 어떤 내담자는 종교와 영성 관련 환경, 직장 생활, 가족 관계가 가장 중요하지만 다른 내담자에게는 사회 환경이나 가까운 사람들과 대화가 통하는 정도나 확대 가족이 큰 비중을 차지한다. 다시 말해 공동체 가계도는 미리 정해 둔 틀에 내담자를 맞추기보다는 내담자 스스로 자기 삶에 지대한 영향을 미친 개인적이고 관계적이며 환경적인 요소들을 그림으로 표현하게 돕는다.

내담자는 자유롭게 어디에 초점을 맞출지, 어떤 방법을 사용할지, 무엇을 탐색할지 정하며, 그 과정에서 자기 주도적으로 치료에 참여한다. 이렇듯 공동체 가계도는 쌍방향 의사소통을 촉진하며 다문화 정육면체의 여러 영역 가운데 내담자에게 의미 있는 부분을 깊이 다루고 이해하는 데 도움이 된다. 공동체 가계도를 그리고 분석하면서 임상가는 내담자에게 적합한 맞춤형 치료를 제공할 수 있다. 바로 이것이 DCT에서 말하는 '섬김으로 인도하기(leading by following)'이다. 또한 상담사는 기존에 미처 인지하지 못했으나 현재의 딜레마에 영향을 행사하고 있는 영역이 무엇일지 내담자와 함께 탐색하고 의논할 수도 있다.

임상가는 내담자의 공동체 가계도에 표현된 관계의 질과 의미에 관해

묻거나 그림에는 없는 관계에 대해서도 자유롭게 질문하는 것이 가능하다. 내담자와 상담사가 함께 공동체 가계도를 그리지만, 결국 관계의 의미와 중요성을 부여하는 주체는 내담자이다. 상담사가 내담자의 이슈에 대한 통찰력을 주지는 못한다. 다만 우리는 내담자의 삶에 잠시 동행하며 우리가 어떤 패턴을 봤는지 나누고 적절한 질문을 던지는 역할을 한다. 하지만 내담자가 이러한 정보를 자기 것으로 내면화할 때에만 삶에 변화가 생긴다. 공동체 가계도는 중요한 인간관계에 대한 내담자 고유 신념을 인정하고 탐색하고 바꾸는 시초가 된다. 다음 장에서는 한 내담자의 공동체 가계도를 심층적으로 분석하며 내담자에게 뿌리 깊은 신념을 표면화하고 탐색하는 방법을 살펴볼 것이다.

제 5 장

상담과 치료에서 맥락 속 자기 이해

이 장에서는 상담 사례 하나를 중심으로 공동체 가계도를 집중적으로 탐색한다. 상담 한 회기만을 다루기에 다소 제한적인 면도 있다. 이 장 대부분은 상담 사례를 다루고 있으며, 상담사가 내담자의 가치관과 세계관의 확장을 돕기 위해 어떤 전략을 갖고 질문을 해야 하는지 보여 준다. 공동체 가계도와 적절한 질문 전략을 잘 활용하면 내담자가 삶의 이야기를 발견, 이해, 강화, 확장, 해체, 재구성하는 데 도움이 된다. 이 과정을 거치면서 우리는 상담과 치료 효과를 극대화할 수 있다.

이 장에서 다루는 치료의 여러 요소는 다음과 같다.

- 개인 상담에서 공동체 가계도를 어떻게 소개하고 활용하는가
- 치료 과정을 어떻게 함께 만들고 구성해 나갈 수 있는가(내담자와 관계확립 후, 내담자의 이야기를 따라가면서도 안내하기)
- 내담자가 어떻게 관계 속 자신을 발견하는가(see themselves-in-relation)

- 내담자가 가진 문제의 본질을 이해하기 위하여 문화 정체성 이론을 어떻게 사용하는가
- 공동체 가계도에서 경계선(boundary)과 권력(power) 문제를 어떻게 탐색하는가
- 내담자의 이야기를 이끌어 내기 위해 어떤 전략을 갖고 질문해야 하는가

사회 구성주의(social constructivism)는 상호작용을 다루는 모든 평가 도구의 바탕을 이루는 개념이다. 내담자의 인생 이야기를 상담사 멋대로 해석하는 것과는 반대로, 내담자가 인생의 의미를 스스로 깨닫게 하는 것이 치료의 핵심이 된다. 내담자와 상담사는 대화를 나누는 과정에서 새로운 의미를 찾고 깨닫는다. 상담으로 발견하는 개인적인 의미와 관계 맥락은 매우 중요하며, 상담 관계가 이런 변화를 가져오는 데 핵심 역할을 한다(Gergen, 1999; Mahoney, 2003; Sexton & Whiston, 1994).

공동 구성주의(coconstructivist) 상담은 세상에 진리가 하나라는 개념을 거부하는 포스트모더니즘 신념과 비슷한 면이 있다. 따라서 병리적 장애를 평가하거나 분별하는 과정은 절대적인 외부 기준보다는 내담자가 사용하는 개인적이고 상대적인 기준에 더 의존한다(Neimeyer & Raskin, 2000). 헤이스(Hayes, 1994)에 따르면, 내담자는 역사가(歷史家)가 되어 자기 인생 이야기를 재구성한다. 즉 과거에 현재 맥락을 합성한다는 것이다. 따라서 내담자가 하는 이야기는 재창조라기보다는 재구성이라는 표현이 더 어울린다(Howard, 1991).

적절한 질문은 삶의 의미를 재구성하고 발견하는 데 큰 도움이 된다. 이러한 질문들을 하면서 구성주의 상담사들은 과거 행동보다는 미래의 변화를 꾀하기 위한 전략으로 '현재'를 이해하는 데 더 초점을 맞추는 경향이 있다. 아래 상담 사례는 공동체 가계도를 활용하여 어떻게 내담자가 지닌 강점을 강화하고 내담자가 이용할 수 있는 자원을 발견하고 내담자가 살아온 이야기를 재구성하는지 보여 준다.

※ 안전한 환경 조성과 맥락 고려

내담자가 공동체 가계도에 관심을 두고 참여하도록 준비하게 돕는 것이 제일 먼저 할 일이다. 내담자 대부분은 공동체 가계도를 낯설어 하며 구체적인 방법과 방향성에 대한 설명과 예시를 원한다. 2장의 뒷부분에 이 부분이 자세히 설명되어 있다. 상담사가 자신의 공동체 가계도를 직접 예시로 보여주는 것도 한 방법이다. 이 경우 공동체 가계도를 어떻게 그려 나가는지 알려 줄 수 있을 뿐만 아니라, 상담사와 내담자의 관계도 돈독히 할 수 있다. 이렇게 공동체 가계도의 예시를 직접 보면서 내담자는 고민을 꺼내 놓거나 더 깊이 다루고 싶은 주제를 찾아내기도 한다.

상담에서 공동 구성주의 접근 방식은 내담자와 상담사 사이 권력 관계를 재정비하도록 도와준다. 평등한 관계를 기반으로 한 이 접근 방식은 공동체 가계도를 탐색하기 위한 구체적인 질문들을 함께 디자인하고 선택하게끔 도와준다. 이렇듯 내담자를 불편하게 만드는 깜짝 질문은 사용하지 않고 내담자와 상담사가 함께 탐색의 단계로 들어가게 된다. 물론 탐색 과정에서 생각지도 못한 부분을 자연스레 물어볼 수는 있다. 우리가 강조하는 것은 이러한 탐색 단계에 들어가기 전에 내담자가 준비되어 있는지 확인을 해야 한다는 점이다. 논의되는 질문들을 미리 공유하고 내담자가 질문을 선택하게 함으로써, 내담자와 상담사는 좀 더 유연하게 대화를 풀어간다. 포스트모더니즘 관점에서 상담 개입은 내담자의 왜곡된 생각이나 감정을 고쳐 주는 것이 아니라, 내담자가 더 적합한 환경을 스스로 만들어나가게끔 도와주는 것이라는 점을 기억해야 한다(Neimeyer & Harter, 1988).

※ 치료 과정에서 공동체 가계도 사용하기: 대화 예시

이 장에 나오는 대화에서 공동 구성주의적 접근의 중요 요소가 제시된다. 공동체 가계도가 어떻게 상담에 반영되는지 보여 주기 위해서 대화 예시에 주석을 포함했다. 주석은 [ ](꺾쇠괄호) 안에 기재되어 있다.

아래 예시에 나온 질문과 활동은 상담 회기에서 흔히 사용된다. 우리 목적은 공동체 가계도를 활용하여 촉진된 대화 흐름이 공동 구성주의적 상담 개념의 본질과 어떻게 연관이 되는지를 보여 주는 데 있다. 아래 사례는 매그덜리나(Magdalena)와의 세 번째 개인 상담 회기 내용이다. 매그덜리나는 마흔 살이며, 차모로(Chamorro)족 출신 여성이다.

❁ 핵심 문제 파악하기

치료사: 질문 몇 개 드려도 될까요? 전에 함께 이야기 나눴던 그 질문들이요. 어떻게 생각하세요?

[치료사는 내담자가 온전하게 탐색하고 대답할 수 있도록 어떤 질문을 할지 미리 공유한다.]

내담자: 왜 공동체 가계도를 그리는지 아는 게 도움이 됐어요. 어떤 과정일지 예상할 수 있어서 마음이 놓여요. 깜짝 놀랄 일이 없는 것 같아서 그게 좋아요.

[내담자는 안전함과 통제감을 느끼고 있다.]

치료사: 먼저 선생님이 나누고 싶은 고민 혹은 주제들로 이야기를 시작했으면 해요. 처음부터 너무 깊이 들어가진 않을 거예요. 먼저 전반적인 이슈가 무엇인지 파악하고 나서 공동체 가계도를 그리는 작업으로 넘어갈게요. 문제 자체를 다루기 전에 주변 환경의 지지나 가족의 지지에 대해서 먼저 이야기 나눌 거고요.

[치료사는 문제 접근 방식에 대한 개요를 제공한다—전반적인 내용을 먼저 다룬 후 구체적으로 접근한다. 탐색 과정에 대한 설명을 덧붙여 내담자가 안도하게 돕는다.]

질문하기

내담자가 공동체 가계도를 그릴 때 자기 문제에 대한 아이디어를 직접 표현하게 하는 것은 공동 구성주의적 이야기 치료에서 중요한 첫걸음이다. 가능한 열린 질문을 하는 것이 좋다. 내담자에게 특정 관점을 강요하는 질문은 삼가야 한다. 예를 들어 "문제를 어떻게 정의하시나요?"와 같은 질문에는 이미 부정적인 의미('문제')가 내포되어 있으며 이는 내담자와 임상가의 시야를 제한하기도 한다.

특정한 대답을 요구하는 질문 역시 치료 초기에서는 생산적이지 못하다. 예를 들어 "현재 **감정**을 이야기해 보세요.", "이번엔 어떤 **생각**이 드시나요?", "가장 바꾸고 싶은 **행동**은 무엇인가요?"와 같은 질문은 내담자의 대답을 감정, 생각, 행동의 수준에 국한할 수 있으므로, 내담자가 핵심 이슈를 표현하고 집중하는 데 방해가 되기도 한다.

세상을 경험하고 해석하는 특정 방식에 초점을 맞춘 구체적 질문은 상담과 치료 과정 후반기에 더 적합하다. 상담과 치료 초기에 너무 구체적인 표현을 사용하면 내담자가 자신만의 언어를 찾아 표현하는 데에 어려움을 겪기 쉽고, 이는 '**섬김으로 인도하는**' 공동체 가계도의 정신과도 맞지 않는다.

따라서 상담과 치료 초기에는 다음과 같은 표현이 유용하다.

- "오늘 어떤 이야기를 나누고 싶으세요?"
- "공동체 가계도를 보면서 무얼 알아채셨나요?"
- "공동체 가계도를 직접 그릴 때 어떤 마음이셨어요?"

이와 같은 질문들은 내담자가 직접 공동체 가계도를 완성해 가는 데 도움을 주며, 보다 큰 안목으로 자신의 반응을 성찰하는 기회를 제공한다. 그 과정에서 얻어지는 반응과 통찰력으로 4장 **그림 4.2**에서 나온 '다문화 정육면체(multicultural cube)' 중 어떤 부분에 내담자가 관심이 있는지 알 수 있다.

치료사: 오늘 어떤 이야기를 하고 싶으세요?

내담자: 사람들이 차모로족 출신을 무시하는 것 같아서 좀 화가 나요. 우리

가 미국의 한 부분이 된 지도 꽤 됐는데 말이죠. 그렇게 우리를 무시하는 풍토가 뿌리 깊어서 차모로족의 특별함이라든지 인간으로서 설 자리를 부정당하는 것 같아요.

[내담자는 치료에서 공동체 수준의 이야기를 하고 있으며 동시에 인종과 민족 관련 다문화 이슈를 꺼냈다. 내담자는 형식적인 지향성(formal orientation)에서 자신의 이야기를 시작했고 마지막 문장에서 개념적 언어(conceptual language)를 사용한 것이 눈에 띈다.]

치료사: 사람들이 차모로족 출신 사람들을 무시하고 함부로 대한다고 느끼신 듯하네요.

[치료사는 내담자의 핵심 감정을 다른 말로 바꾸어 표현하고, 차모로족 사람들이 집단으로 겪는 경험을 내담자의 개인 경험과 연결해 그 의미를 돌아보게 돕는 질문을 한다.]

내담자: 네.

치료사: 이런 시선이 선생님께는 어떤 영향을 미쳤나요?

내담자: 자라 오면서 여기에 대한 생각과 감정이 계속 변했던 것 같아요. 지금은 좀 더 주인의식을 가지고 상황을 이해하는 편인데요, 사람들이 무책임하다기보다는 사회가 소수 민족이나 소수 그룹에 관해 관심 자체가 없는 것 같아요. 작은 공동체 하나하나를 보기보다는 상위 큰 집단으로 묶어버리죠.

[내담자는 계속해서 형식적이고 반추하는('자라 오면서'라는 표현을 썼으므로) 관점을 유지하고, '무시'에 대한 이슈를 사회 배경과 연결한다.]

치료사: 제가 듣기로는 선생님은 벌써 자신을 문화의 맥락 속에서 보기 시작한 것 같은데요, 맞나요? 차모로족 출신이라는 사실이 선생님께 어떤 의미를 가지는지 오랫동안 생각해오신 것 같아요. 제가 잘 이해했나요?

[치료사는 내담자가 반추 단계에 있음을 알아챘고, 이를 내담자에게 확인한다.]

내담자: 맞아요. 그런 편이에요. 특히 요즘에는요.

❁ 공동체 가계도 소개하기

이 짧은 대화에는 공동체 가계도의 큰 밑그림 지도를 만들어 내기에 충분한 정보가 담겨 있다. 억압과 관련된 이슈, 출신 민족에 대한 강한 애착, 형식적인 세계관(formal worldview)은 앞으로 더 구체적으로 탐색되어야 할 부분이다. 이로써 내담자는 상담가가 따라가야 할 지도를 이미 구성해 놓은 것이다. 그림 5.1은 매그덜리나(Magdalena)의 공동체 가계도이다.

치료사: 문화의 맥락을 같이 탐색하기 시작할 건데요, 공동체 가계도에 그리셨던 걸 저에게 이야기해 줄 수 있어요? 이 그림을 통해 무슨 이야기가 하고 싶으셨어요?

내담자: 현재 제 모습을 기준으로요?

치료사: 네, 현재 모습이요.

[치료사는 내담자가 열린 형식으로 공동체 가계도에 관해 설명하도록 돕는다. 이로써 내담자는 자신이 그린 공동체 가계도에서 핵심 이미지와 이야기를 발견한다.]

내담자: 왼쪽 윗부분으로 시작해서, 뾰족한 부분들을 먼저 보시면, 그게 저에게 제일 중요한 부분이에요. 여기 부모님과 형제들이 있고요. 남편 필릭스(Felix)와 제 아이들 앨리슨(Alison), 에런(Aaron)이에요. 그리고 친한 친구들도요.

치료사: 음….

["현재"에 머무르면서 내담자는 자신에게 중요한 지지 기반부터 설명하기 시작한다.]

내담자: 이쪽에는 친척들이요. 제 친척들과 남편 친척들 다요. 그 옆에는 사

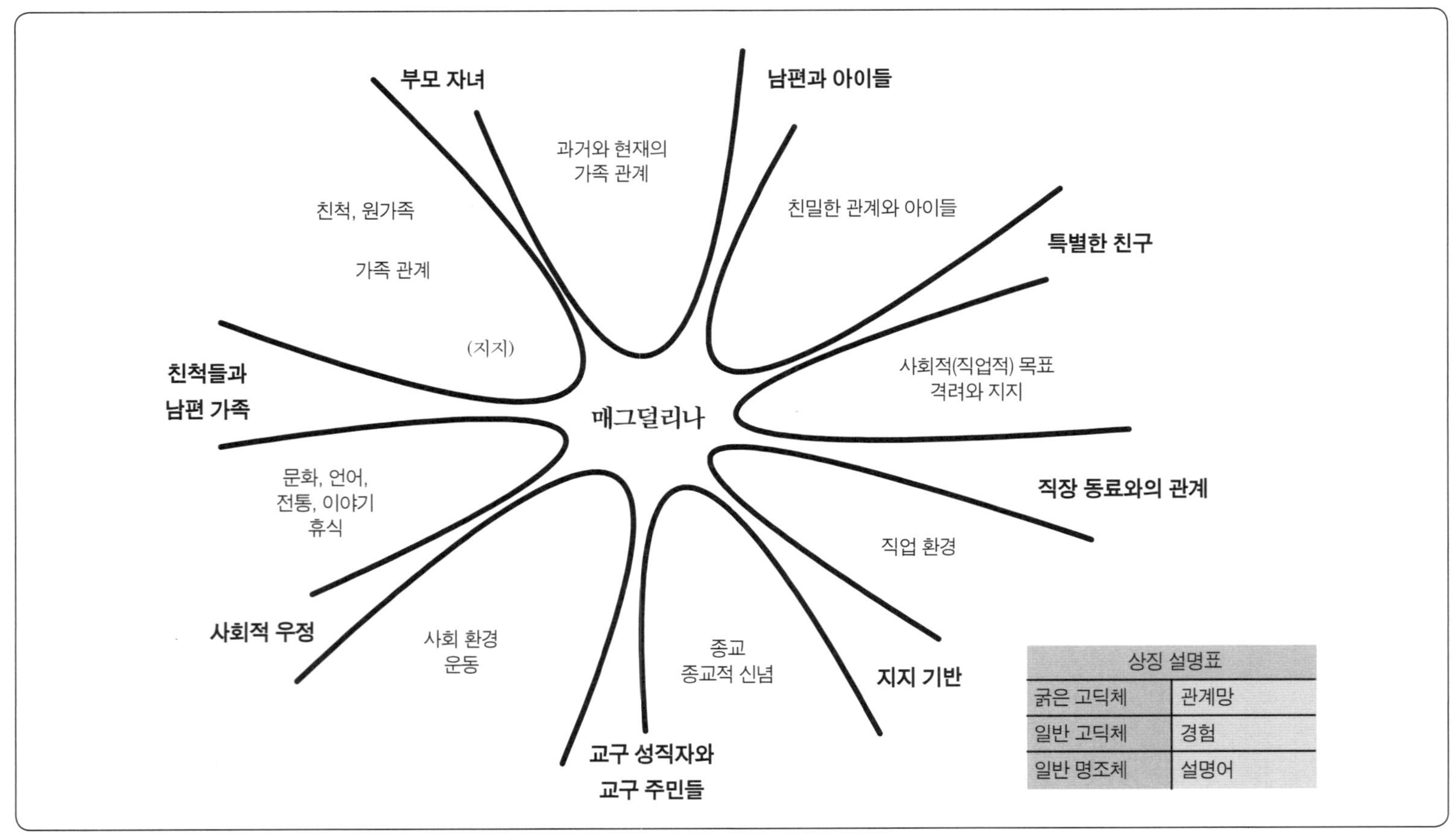

그림 5.1 공동체 가계도 예시: 매그덜리나 사례

회에서 만난 친구들, 여기에는 제 종교와 관계된 사람들이요. 직장 사람들은 여기 표시했어요. 사람마다 다른 방식으로 제게 힘을 줘요. 제 모습도 누구와 있느냐에 따라 다르죠. 그래도 이 모든 관계가 제가 누구인지를 말해 주는 것 같아요. 가족 관계, 일상 관계, 지지해 주는 관계, 과거와 현재의 친밀한 관계, 직장 동료 관계 등등에서요. 친척들이나 친구들 관계는 문화, 언어, 전통, 이야기, 휴식 이런 것들과 관련이 있는 것 같고, 그리고 종교는 제 전통, 신념과 연관된 것 같아요.

[내담자는 주요 핵심 지지 기반을 설명하면서 관계 중심의 연결성을 강조한다("이 모든 관계가 제가 누구인지 말해 주는 것 같아요"). 내담자는 문화, 공동체, 가족, 자신이 긴밀히 연결되어 있다고 느낀다. 매그덜리나가 지각하는 관계 속 나(self-in-relation)는 현재 공동체 가계도의 개요를 설명하면서 두드러지게 나타났다.]

❁ 문화와 나를 연결하기

공동체 가계도를 분석하는 주요 목적은 내담자가 자기 상황을 문화·민족의 유산과 배경에 적절하게 연결하도록 도와주는 데 있다. 내담자들은 그들이 문화적 존재라는 사실을 깨달으면서 매우 안도감을 느낀다. 이는 현재의 자기 인생 이야기를 재구성하고 다시 써 내려갈 수 있는 배경 정보를 제공할 뿐만 아니라, 평소에 모르고 지나쳤던 숨어 있는 자원을 발견하는 길을 열어 주기도 한다. 내담자가 문화의 전통과 상징에 초점을 맞출 때, 그들 자신과 문화 사이에 있는 연결성을 발견하기 쉽다.

치료사: 차모로족에 관해서 이야기하셨는데 그 이야기를 좀 더 했으면 좋겠어요. 문화, 언어, 문화 전통에 초점을 맞춰 이야기해도 될까요? 차모로족 문화가 선생님의 성장 과정에 어떻게 영향을 미쳤나요?

[이는 조금 더 넓게 그물을 치는 단계로, 치료사는 내담자가 문화유산과 개인의 발달 과정 사이 연결성을 깨닫게 돕는다.]

내담자: 차모로족 문화를 생각하면 큰 가족, 친척들이 떠올라요. [매그덜리나는 공동체 가계도 왼쪽 부분을 가리킨다.] 그리고 떠오르는 이미지는 삼촌의 목장에서 시간을 보내는 거요. 저랑 형제들뿐만 아니라, 사촌, 숙모, 삼촌들 모두요. 항상 함께였어요. 애들은 언덕 위에서 뛰어놀고, 구아바 열매를 따 먹었고요. 정말 즐겁고 따뜻하고 안전한 환경이었어요. 모두가 모두의 부모였어요. 그렇게 서로서로 챙겨 주며 살았어요.

[친척과의 유대감과 지지는 내담자의 이야기에서 반복되는 핵심 주제이다.]

치료사: 아이들이 언덕 위에서 뛰어놀고 구아바 열매를 따 먹는 그런 이미지. 어른이 모든 아이에게 엄마 아빠가 되어주고, 주변에 사람이 많고, 서로 돕고 챙겨 주는 게 선생님껜 정말 중요하겠네요.

[이미지는 사람의 인생 이야기에 매우 구체적이고 상징적인 예시이다. 이런 이미지는 내담자가 회상하는 인생 사건의 세부사항을 정확하게 말해 준다. 이런 이미지와 관련된 정서나 감정은 상담에서 다루어져야 하는 중요한 핵심 쟁점이다. 즉 치료사는 내담자가 가지고 있는 사건에 대한 이미지가 중요하다는 것을 알아야 하며, 다른 말로 바꾸어 표현하기(paraphrasing) 등을 통해 치료 과정에서 이미지를 구성하거나 재구성하도록 돕는다.]

내담자: 음….

치료사: 차모로족 문화에 대해서 좀 더 이야기해 주실래요?

[이 질문은 내담자가 본인의 문화를 어떻게 지각하는지 더 구체적으로 묘사하게 도와준다.]

내담자: 네. 차모로족은 괌 섬(Guam)사람들이에요. 마리아나 제도(Marianas Islands) 사람들이기도 하구요. 괌은 마리아나 섬 중에 가장 큰 섬이지요. 괌 출신이 아닌 다른 차모로족도 있어요. 사이판(Saipan), 로타 혹은 루타(Rota or Luta), 티니안(Tinian), 다른 작은 섬 출신이요. 그래도 역사, 언어, 전통, 신앙은 같아요. 오랜 시간 저희를 하나

로 묶어 왔죠. 정치적인 이유로 차모로족을 섬 출신별로 갈라놓았지만, 그래도 우리는 모두 차모로족이에요.

[내담자는 종종 자신이 속한 인종 그룹에 관한 구체적인 지리적 정보와 역사적 이야기로 설명을 시작한다. 이러한 정보는 중요한 문화적 사건들에 대한 이해를 돕는다.]

치료사: "우리는 차모로족이에요."라는 말에서 뭔가 자부심이랄까, 강점 같은 게 느껴져요.

내담자: 음….

치료사: 차모로족이라고 하면 어떤 이미지가 떠오르나요?

[치료사는 더 구체적인 이미지에 관한 대화가 오가기 전에 가족의 강점을 강조하려고 한다.]

내담자: 대가족과 함께 둘러앉아 있는 이미지요. 동네 어른들, 할아버지, 할머니, 삼촌, 숙모들이 계세요. 차모로족은 어른을 존중하고 공경해요. 음식으로 따뜻함을 나누고, 서로 나눠 쓰고, 너그럽고, 챙겨 주고, 지지해 주는 그런 이미지가 있어요. 차모로족 출신이라는 게 어떤 의미가 있는지 생각하면 그런 이미지가 떠올라요.

[명백한 문화·맥락적 주제가 생성되었다. 이는 내담자가 이미 가지고 있었던 대가족의 이미지와 일치하기도 한다. 이런 이미지들은 내담자의 문화와 가족을 더 강하게 연결해 준다. 내담자는 차모로족의 특징으로 따뜻함, 지지, 서로 챙겨 주는 모습을 묘사하고, 이러한 면은 대가족을 통해서 소통된다.]

치료사: 선생님께 차모로족이란 대가족의 이미지와 연결이 되어 있군요.

내담자: 네.

[치료사는 내담자가 자신의 문화 강점을 발견할 수 있도록 돕기 시작했고, 이는 후에 가용할 수 있는 잠재적 자원이다.]

❀ 긍정적인 자원 발견하기

문화, 가족의 맥락이 내담자가 긍정적인 자원을 발견하는 데 중요한 일을 하지만(Ivey et al., 2002), 이는 내담자가 변화를 만들어 나가는 초기에 필요한 직접적인 자원일 뿐이다. 내담자에게 현재 문제를 해결하기 위해서 민족의 강점, 가족력의 강점을 사용하라고 하는 것은 너무 추상적으로 들린다. 내담자 스스로 현재 문제를 해결해 나아갈 힘과 자원을 내면에 가지고 있다는 것을 알아야 한다. 맥락 정보는 내담자가 개인의 강점을 확인하게 해 준다는 면에서 내담자에게 중요하다. 이 공동체 가계도 분석 단계에서는 내담자가 매우 구체적인 강점을 발견하고 강화해 나가게 돕는다.

치료사: 가족과 친척들에 대한 선생님의 관점에 대해서 다시 이야기하고 싶어요. 가족과 친척들의 관계를 생각할 때 떠오르는 핵심 이미지는 무엇인가요?

[이 질문은 내담자가 개인 경험과 관련된 핵심 이미지를 떠오르게 돕는다.]

내담자: 이미지 한 가지만 생각하기는 힘들어요. 상호 지지, 서로 챙겨 주기와 같이 떠오르는 이미지가 아주 많아요. 가장 먼저 떠오르는 건 '많은 사람'이요. 여러 가족들이 서로 연결된 이미지예요. 부엌에 모두 모여 함께 먹고, 이야기를 나누고, 사람들이 오며 가며 들러요. 서로에게 항상 열려 있는데, 이게 저에게 정말 중요한 것 같아요.

[사람들이 서로를 지지하고 챙겨 주는 것에 대한 좋은 이미지가 반복되고 있다. 서로에게 마음을 열고 친밀하고 가깝게 지내는 것이 내담자에게 핵심 이미지이다.]

치료사: 가깝게 지내기, 마음 열기. 그 이미지를 잠시 생각해 보고, 이를 느꼈던 순간을 하나 떠올려 보세요. 그리고 마음의 눈으로 그 이미지를 한 번 그려 보세요. 무엇이 보이나요?

[치료사는 내담자가 이런 이미지를 내면화하도록 돕는다. 분명하고 구체적인

이미지는 강점과 관련된 감정들을 강화한다.]

내담자: 많은 사람이 서로 안아 주고, 웃고, 이야기하고, 같이 음식을 먹어요. 서로 감싸 안아 주고요. 저에게는 그게 서로를 지지하고 따뜻하게 대하는 그런 이미지예요.

치료사: 이런 이미지를 떠올리면 어떤 느낌이세요?

[답변에서 내담자가 이미지를 감각 운동과 연관 지어 이해하는 과정이 드러났다. 치료사는 이런 이미지들이 정서적인 면과는 어떤 관련이 있는지 물어본다.]

내담자: 따뜻함과 안전함이요. 그게 지금 저에게 올라오는 감정이에요.

치료사: 그 따뜻하고 안전한 감정을 몸 어디에서 느끼시나요?

내담자: 바로 여기요. (상체 가슴 부위에 손을 얹는다)

치료사: 그렇군요. 차모로족의 따뜻함과 안전함은 항상 선생님과 함께 있는 거군요. 그리고 그 이미지를 언제든지 떠올릴 수 있겠군요.

[이렇게 신체 부위를 이용해 감각적인 강점을 느끼게 도와야 한다. 내담자와 인터뷰를 하면서, 공동체 가계도 분석의 초기 단계에서 처음으로 내담자가 경험하고 있는 감정과 감각이 문화 환경의 강점과 직접 연결된 순간이었다. 이런 이미지들을 떠올리며 강점이 신체 부위와 더욱 밀착되는 경험을 할 수 있다.]

부정적 이야기 표현하기

문화, 공동체, 가족, 개인의 강점을 충분히 탐색하고 확립한 이후에 내담자를 치료 과정에 들어오게끔 만든 문제로 초점을 옮겨야 한다. 많은 내담자가 공동체 가계도 구성에서 부정적이고 힘든 이야기를 먼저 하고 싶어 하지만, 아프고 고통스러운 이야기를 꺼내기 전에 내담자의 개인적, 문화 환경의 강점을 먼저 확립해야 한다. 내담자는 강점을 바탕으로 한 긍정적인 기초가 있어야 문제나 고민에 직면하여 이를 새롭게 조명하고, 잠재적인 해결책을 발견하는 힘을 얻기 쉽다.

이 사례에서 내담자가 문화 환경의 경험으로부터 얻는 또 하나의 자산은 '회복 탄력성(resiliency)'이다. 다음 대화는 내담자 삶을 제한하고 제약하는 부분을 공동체 가계도에 어떻게 나타내는지를 보여 준다.

치료사: 지금까지 선생님이 왜 상담을 받으러 오셨는지에 대해서는 아주 간단하게만 말하고 넘어갔는데요, 이제 그 부분에 대해서 본격적으로 이야기했으면 좋겠어요. 회복성, 따뜻함, 서로 지지하기, 챙겨 주기 등 좋은 강점들이 선생님께 많이 있다는 것을 확인했으니 이제는 핵심 문제로 넘어가도 좋을 듯해요. 차모로족이 사회에서 인정받지 못하는 이슈에 관해서 이야기했죠. 따라서 선생님도 인정받지 못한다고 지각하고요. 좀 더 자세한 이야기를 듣고 싶네요. 어떤 상황이었는지, 뭘 보고 듣고 느꼈는지요. 떠오르는 이야기가 있으면 해 주실래요?

[치료사는 지금까지 확인한 강점들을 요약하고 부정적인 이야기에 대한 분석을 시작하는 단계로 진입한다. 구체적인 이야기는 실제 경험에 초점을 맞춰 자기를 성찰하게끔 돕는다.]

내담자: 제가 중학교 2학년 때 사회 선생님이 계셨어요. 그 선생님은 우리 문화를 무시했어요. 음. … 그 선생님은 우리에게 차모로족이 무식하다고 이야기했어요. 우리가 게으르고, 아무 데도 가지 않고… 이런 표현을 많이 했어요. 그런 표현이 결국에는 우리에 대한 증오로까지 번졌어요.

[내담자는 학교에서 있었던 경험을 묘사하기 시작한다. 이는 문화 환경적 정체성 확립 시기를 반추하는 것이고, 이 경험은 그녀의 삶에 깊은 영향을 준다. 차별의 뿌리는 종종 매우 구체적인 사건으로 귀결되기도 한다.]

본토에서 괌으로 온 계약직 선생님이셨는데, 그분이 한 말씀에 화가 많이 났어요. 우리는 권위에 도전하지 말아야 한다고 배웠기 때문에 반박하지 않고 그냥 다 듣고 있었거든요. 그럴수록 그 선생님은 자꾸 안 좋은 이야기를 하셨고, 저는 점점 더 화가 났어요. 우리를 존중하지 않는 태도에 더 이상 참지 못해 연필을 부러뜨리고, 바닥에 집어 던졌어요. 그리고 욕을 몇 마디 하고 교실을 나가버렸죠.

[그 선생님은 학생들이 배워 온 문화 환경의 기대에 반하는 행동을 하도록 요구했다.]

치료사: 그 결과는 어땠나요?

내담자: 정말 화가 나고 속상했어요. 그 이후에 그 선생님이 저한테 오셨고, 제가 A를 받았다고 하시는 거예요. 저는 의아해서 왜냐고 물었죠. 그때도 몹시 화가 난 상황이었거든요. 그 선생님은 제가 반응하고 화를 냈기 때문이라고 했어요. 전 어이가 없었어요. 다른 학생들은 규칙을 따랐을 뿐, 침묵 속에서 화를 내고 있었거든요.

[선생님은 내담자를 이러지도 저러지도 못하는 진퇴양난에 빠뜨렸다. 내담자는 차모로족의 문화 환경 규범을 깨뜨림으로써 선생님께 인정받았지만, 침묵을 지킴으로써 차모로족의 규범을 깨지 않고 A를 받지 못했던 다른 학생들을 생각하면 마음이 불편했다. 이런 모순되는 상황은 매그덜리나의 인생에 매우 큰 자국을 남겼다.]

그 선생님께 우리 문화는 안중에도 없었어요. 제가 한 행동이 우리 문화에서는 매우 잘못된 일이라는 걸 모르셨죠. 그 선생님이 저에게 바라는 게, 사실상 제 안에서 두 문화가 충돌하는 일이었다는 걸 모르셨어요. 제가 한 행동은 우리 문화에서는 용납이 안 되거든요.

그 결과는 이래요. 저는 그 선생님이 왜 그랬는지 이해할 수 있었지만 그 방식은 절 모욕하는 것이었어요. 그 선생님은 우리가 자극에 반응하기를 바랐고, 학교생활을 즐기기를 바랐어요. 하지만 그런 자극적인 방법 때문에 오히려 사람들은 교육과 학교와 하와이 토박이가 아닌 사람들(외국인)을 적대시하게 되었죠. 우리 문화를 부정하고, 선생님이 옳다고 생각하는 주류 문화를 강요했어요. 무력하다는 느낌. 그런 점 때문에 저는 정말 화가 났고요.

[내담자는 선생님의 논리를 이해는 했지만, 배우는 사람에 대해 무지하고 민감하지 못한 방식이었다는 것 또한 깨달았다. 선생님과 학생 사이의 권력 차이가 매우 분명히 드러난 상황이었다.]

[이제 내담자는 문화 환경의 정체성을 이름 짓는 단계로 접어들었다. 외부인에게 이름을 붙여준 것, '무력감(disempower)'이라는 표현을 쓴 것, 이 상황과 관련된 심한 분노 등이 내담자가 이름 짓기 단계에 있다는 것을 의미한다.]

치료사: 지금까지 영향을 미치는, 아주 중요한 인생 사건 가운데 하나였군요.

내담자: 음. 여전히 저 자신을 돌아보게 해요. 물론 선생님이 다른 방식으로 처신하셨으면 어땠을까 생각도 해 보지만, 결국에는 마찬가지예요. 약자나 자기와 다른 사람에게 수모를 주고 비하 발언을 하면서 그 선생님은 오히려 우월감을 느꼈겠죠. 아마도 다른 애들도 같은 걸 느끼고 있었을 테고, 제가 거기에 반응을 한 거죠.

[내담자는 다른 학생들의 경험과 자신의 경험을 동일시했으며, 그 무력감이 아직도 미국 학교 시스템에 팽배해 있다고 본다.]

치료사: 정말 속상하고 억울했을 것 같아요. 몸의 어느 부분에서 그 화를 느끼시나요?

내담자: [떨리는 목소리로] 여기요. 여기 이 부분 전체에서 화가 느껴져요.

[부정적인 기억과 관련이 있는 감정들은 신체 반응으로 나타나기도 한다. 따라서 내담자가 그 감정을 발견하고 표현하게 하면 치료 효과가 있다.]

치료사: 너무나 무례한 일이었죠. 잠시 그 화난 마음을 내려 놓고 전에 이야기한 가족과의 연결성, 서로 챙겨 주는 문화, 회복성 등에 대한 이미지로 돌아가 볼까요?

내담자: [한숨]

치료사: 지금 이 순간 내면에서 어떤 일이 일어나고 있나요?

내담자: 갑작스럽게 감정을 바꾸기가 힘드네요. 그래도 기분이 훨씬 나아져

요. 부모님과 이모 생각을 하려고 노력하는데요, 그래도 화나는 감정이 아직 남아 있어요.

[부정적인 인생 이야기를 이야기한 후 공동체 가계도 분석 초기 단계에서 발견했던 긍정적인 강점을 다루면 내담자가 약간의 안도를 느끼는 데 도움이 된다.]

❀ 의식적으로 반추하는 단계로 넘어가기

공동체 가계도를 포괄적, 종합적으로 분석함으로써 내담자는 살면서 경험했던 삶의 주요 이슈들을 발견한다. 이런 주요 이슈들을 더욱 깊이 성찰하고, 삶의 특정 상황에서 문제가 어떻게 펼쳐졌는지도 탐색하게 된다. 그때 겪었던 감정들, 세부사항, 패턴들을 깨달음으로써 내담자가 삶의 이야기를 재구성하는 단계에 이른다. 내담자가 과거 삶에 대해서 생각하고 그 과거에 있었던 경험을 현재 상황에 연결하게 도움으로써, 앞으로 어떻게 다른 삶을 살아가고 싶어 하는지를 논의할 수 있다. 변화를 이끄는 진정한 힘은 과거 이야기를 현재의 관점에서 탐색하고 미래에 어떻게 더 잘 대응할 수 있는지를 고민할 때 생긴다. 다음 대화에서 치료사는 내담자가 현재 관점에서 과거 이야기를 하며 내면의 힘을 다시 얻게 돕는다.

치료사: 사건을 다시 곰곰이 생각해 보면, 전반적으로 무엇이 가장 기억에 남나요? 어떤 생각이 떠오르세요?

[치료사는 패턴과 주요 이슈를 찾기 위해 과거를 회상하도록 돕는다. 관심의 초점은 과거 자체가 아니라 과거를 회상하는 '현재'이다.]

내담자: 지금 가장 떠오르는 건… 현재에도 지속되는 무지와 무례예요. 제가 죽는 날까지 지속될 거고, 그 뒤에도 마찬가지일 거예요. 왜냐하면 그런 게 인간 속성이잖아요. 의도하는 건 아니라고 해도, 의도치 않은 일이라도 타인에게 영향을 미치는 건 똑같아요. 이런 게 저에게 다시금 떠올라요. 사람들의 무지와 의도치 않은 인종차별이나 억압 이런거요. 잘 모르겠네요.

[내담자는 종종 과거에 자신을 억압했던 사람들에게 '변명'할 여지를 준다. 이는 심리적 거리감(psychological distancing), 부인(denial), 혹은 합리화(rationalization)의 일종이다. 이러한 방어 기제는 억압적인 환경에서 긍정적인 방향으로 현실을 이해하고 통합하는 삶을 사는 데 방해 요인이 되기도 한다.]

치료사: 때때로 의도적으로 차별하는 사람도 있죠.
내담자: 때로는 그렇죠. 그래도 결과는 같아요.
치료사: 인종차별과 억압은 그래도 일어날 거라는 거죠.

[치료사는 의도적인 억압과 의도치 않은 억압을 둘 다 다룬다.]

내담자: 맞아요.
치료사: [한숨] 이제 그런 현실을 고려했을 때, 그 선생님에 대해서 잠깐 생각해 볼까요? 그 선생님은 어떤 분이셨어요? 그 선생님은 어떤 마음으로 그러셨을까요?

[이 질문은 내담자가 일반 회상에 그치지 않고 그 선생님과 상황을 더욱 깊이 연구해 봄으로써 새로운 시야가 트이게 돕는다. 초점 이동하기는 내담자가 상황에 대한 다양한 관점을 갖고, 이 중요한 사건을 내면화하도록 돕는다.]

내담자: 음… 선생님이 어떤 상황이었는지, 어떤 일을 겪고 있었는지 직접 물어본 적은 없어요. 그때 그 사람은 어떤 생각이었을까 지금 생각해 보면… 선생님은 집에서 멀리 떨어져 지내고 있었어요. 엄청 멀리요. 그리고 자신이 자라 온 문화와 완전히 다른 문화로 왔던 상황이었죠. 어쩌면 우리를 도와야 한다는 사명감으로 뭉쳐 있었는지도 몰라요. 그리고 이런저런 다양한 방법들을 시도했을 거예요. 그런데 뜻과는 달리 이야기가 잘 통하지 않아 힘들었을 것 같기도 하고요. 모르죠.

나중에 학기 말 즈음에 선생님과 하이킹을 했어요. 학생들을 불러서 섬 여기저기를 같이 다녔어요. 이게 좀 다른 면이었던 것 같아요. 교실 밖 모습이었죠. 뭔가 좋은 걸 발견하면 이야기해 줬고, 저희랑 같이 놀러 다니기도 했어요. 그 선생님도 역시 적응하려고 노력하고 있구나, 우리랑 친해지려고 노력하고 있구나 싶었죠. 교실 밖에서 함께 시간을 보내는 게 훨씬 좋았어요. 지금 되돌아보면, 선생님은 어떻게 하면 학생들과 친하게 지낼 수 있을까 고민을 많이 하셨던 분이셨어요. 저희가 어른과 대화하는 게 익숙하지 않아서 참 어려우셨겠다 싶기도 하네요.

[내담자는 교사라는 직업 경험을 토대로 옛이야기를 새로이 썼다. 내담자는 교사라는 직업이 이루어야 할 목표가 있다는 관점에서 자신이 경험했던 상황을 재평가할 수 있었다. 이 기억은 이제 그 상황의 문화 환경 맥락으로 확장된다. 내담자는 선생님이 학생들과 친해지려고 노력했다는 사실을 깨달았다.]

치료사: 그 당시 어린 학생으로서 이야기했던 걸 반추해 보니 어떠신가요? 현재의 관점에서 그때 그 일을 돌이켜 보면 어떤 마음이 드세요?

[이 질문은 이야기 재구성 과정을 돕는다. 현재에 비추어 과거를 보게 되면 우리는 당시 상황과 맥락을 재평가하기 쉽다. 개인의 강점과 문화 맥락의 이해가 재구성된 이야기에 포함된다.]

내담자: 제 생각엔…

치료사: 지금 어른으로서 그 당시 어린 당신을 보는 거예요.

내담자: 음… 그때 당시를 회상해 보면… 중 1이었는데, 기억이 가물가물해요. [웃음] 하지만 중 2가 되어서는 제 환경에 대해서 지각하기 시작했고, 학급 친구들, 사회 환경, 또 제가 학교에서 얼마나 잘하는지에 대해서 관심을 가지기 시작했어요. 나와 다른 것들에 눈을 뜨기 시작한 것 같아요. 자기중심적인 면에서 탈피한 것 같고요. 외향적으로 변했고요. 선생님은 존경의 대상이어야 했는데, 그분께 이런 이야기를 들은 거죠.

[이 대화에서 내담자는 자신의 발달 과정에 대한 정보를 더욱 구체적으로 제공

한다. 이 개인 정보들은 상황을 더욱 포괄적으로 이해하는 데 중요하다. 하지만 이런 문화 맥락의 이해가 그 선생님의 부적절한 발언에 대한 면죄부를 주는 것은 아니다.]

치료사: 그래요?

내담자: 정말 놀랐어요. 제가 겪은 변화를 발달적인 관점에서 보자면, 저는 달리 푸는 방법이 없었기 때문에 그렇게밖에 할 수 없었어요. 예를 들어 상담에 가서 "이 선생님 때문에 정말 힘들어요."라거나 "그 선생님이 어떤 말을 하는지 아셔야 해요" 같은 이야기를 풀어놓을 수 없었던 거죠. 왜냐하면 그렇게 하면 안 된다고 생각했으니까요. 생각해 보세요. 학교에서 선생님은 곧 지식이자 권력이에요.

[내담자는 여전히 상처와 실망감을 느끼고 있다. 또한 내담자는 그때 당시 자기를 도와줄 다른 자원이 없었다고 말한다.]

치료사: 음… 여전히 그렇게 대답하면 안 된다고 생각하시는 건가요?

[치료사는 내담자가 다른 예시나 사건을 생각할 수 있도록 돕는다.]

내담자: 지금 기억나는 건요, 대학교 때 프랑스어 선생님이 학생들한테 심하게 화낸 적이 있었어요. 선생님이 질문했는데 아무도 대답을 안 했거든요. 대답하면 주목을 받게 되는데 그렇게 주목을 받는 게 부적절하다고 생각하거든요. 또 "제가 그 답을 알아요."라고 이야기하는 것도 부적절한 언행이에요. 이목을 끌면 안 된다는 생각이 있어요. 하지만 긴 세월이 지나 지금은 달라졌어요. 지금은 수업 때 대답도 잘해요. 대답하지 않고 수동적으로 앉아 있기만 하면 많이 못 배우는 것 같거든요.

[여기에서 내담자는 배움의 기회를 최대한으로 이용하고자 자신이 이해하고 있는 교사-학생 관계를 어떻게 바꿨는지 이야기한다.]

❁ 의식적으로 반추하는 단계에서 내면화 단계로 넘어가기

내담자는 삶의 주요 사건들을 재추적하면서 문화 정체성 이론 틀 안에서 구체적인 이슈를 보게 된다. 공동체 가계도를 활용해 문화 환경의 맥락을 이해하면서 내담자는 억압과 트라우마에 관해서 이야기할 수 있게 된다. 전 단계(의식적으로 반추하기)에서 내담자는 과거의 기억을 현재 관점에서 재평가했다. 이 과정은 그 중요했던 인생 사건을 새로운 관점으로 볼 수 있도록 과거와 현재 사이 시간적 거리감을 제공한다. 이야기를 재구성하는 마지막 단계는 내담자가 다양한 관점을 통합하는 단계이다. 그 경험에 영향을 끼쳤던 문화 환경, 개인, 상황 요인들을 모두 통합하는 것이다. 이 내면화 작업은 과거 경험을 긍정적으로 통합할 수 있게 돕고 미래 행동의 길잡이가 된다. 내담자가 과거 상황을 자기 경험으로 인정하고 받아들일 때, 미래를 가볍게 마주하는 힘이 생긴다. 다음 대화는 내담자가 차모로족 문화에서 점점 벗어나면서 느꼈던 내면의 딜레마, 즉 이중 관점(double bind)에 관한 이야기이다.

치료사: 그래도 반론을 제기하거나 의견을 표현하는 게 개인적으로나 문화적으로나 쉽지 않으셨을 것 같은데, 맞나요?

내담자: 맞아요.

치료사: 그러면 선생님께 반항한다는 게 문화적 통념에 어긋난 일이었던 거 같은데요, 제가 정확히 이해했나요?

내담자: 맞아요.

치료사: 이러지도 저러지도 못하고 … 정말 곤란했을 것 같아요.

[많은 경우 내담자의 주요 이슈는 '이렇게 해야 한다'라는 문화 환경의 맥락과 연관이 있다. 경험을 재구성하는 과정에서 내담자가 문화 환경적 의미와 자신 · 타인의 행동을 재검토하게 돕는 것이 상담사의 역할이다.]

내담자: 음… 공동체 가계도로 다시 돌아가 보면, 문화 이해의 변화에 대해서 이야기했었죠. 어찌 보면, 저도 모르게 두 문화 환경에서 자란 것 같아요. 왜냐하면 학교에서 우리 차모로족 말을 하는 게 금지되었

을 때부터 문화 이해의 변화는 이미 시작되었다고 볼 수 있어요. 정말 안 좋은 일이죠. 학교에서 영어뿐만 아니라 미국 문화를 배우면서 미국 가치관도 같이 배운 거죠. 두 문화를 동시에 배우면서 겪게 되는 이분법적 사고나 행동은 대부분 차모로족 사람들이 다 느꼈을 거예요. 그리고 정체성의 혼란이 왔죠. 도대체 우리는 누구인지. 그리고 우리 민족은 어디로 가고 있는지. 우리가 대세가 아닌 비주류인 사회에서 과연 성공할 수 있는지? 이런 혼란이요. 예를 들어, 수업 중에 대답하거나 발표하는 걸 이상하게 여겨요. 쟤 뭐야? 자기만 잘났다고 생각해? 이렇게 친구들이 나를 보며 손가락질하는 거 같거든요. 하지만 여기에서는 안 그렇죠. 그런 압박감은 없어요.

[이 대화에서 내담자는 역사의 관점을 재조명하고, 정체성 혼란에 관해 이야기하면서 차모로족이 겪고 있는 주요 고민에 관해 이야기한다.]

치료사: 그러면 이런 상황을 어떻게 이해해야 할까요?

내담자: 내가 두 문화, 두 가치관 속에서 살아왔다는 걸 기억해야 해요. 서로 많이 다르죠. 그리고 두 문화에서 다 성공할 수 있는 길은 유연성이라고 생각해요. 두 문화, 두 사회 모두 강점이 있거든요. 사람들이 두 문화를 오가며 유연하게 적응하지 못할 때 어려움을 겪는 것 같아요. 덫에 걸린 기분이랄까. … 그리고 한 문화를 포기하고 다른 한 문화에서만 성공하려고 하죠.

[여기에서 내담자는 자기가 경험한 딜레마를 정확히 포착하여 담아낸다. 이런 깨달음은 새로운 성찰로 이어진다. 내담자는 두 문화를 통합하고 다양한 관점을 조화롭게 받아들이고 있다. 즉 내담자는 두 문화에서 다 성공할 다양한 기회가 있다는 걸 깨달았다. 공동체 가계도 분석 초기에 통합할 수 없어 보이던 두 문화 사이의 벽이 점점 허물어졌고, 긍정적인 내면화 작업이 일어났다.]

치료사: 깨달은 바가 많으신 것 같은데. … 이 깨달음을 바탕으로 무얼 실천해 보고 싶으세요? 어쩌면 차모로족 젊은 세대를 위해서 할 수 있는 일이 있지 않을까요?

[이 질문은 깨달음을 행동으로 옮기는 작업을 강조한다. 치료사는 이 과정을 촉진하고 응원하는 조력자로 도움을 줄 수 있음을 암시적으로 표현한다.]

내담자: 우선 나부터 수동적으로 있기보다 더욱 적극적으로 변해야 할 것 같아요. 두 문화를 통합하려면 다른 사람들과 협력해야 하고요. 제 의견을 잘 표현하고, 적극적으로 행동하고 실천하면 도움이 될 것 같아요. 차모로족임을 자랑스러워 하고 미국인이라는 것 또한 자랑스러워 하는 태도가 다음 세대들에게 도움이 될 것 같아요. 굳이 두 문화 중 하나를 택할 필요는 없는 것 같아요. 두 문화 속에서 내가 개인적으로 가치 있다고 생각하는 것을 취해 왔고 그렇게 긴 시간을 거쳐 지금의 제가 된 거거든요.

[이 발언은 추상적이고 일반적으로 들리겠지만, 내담자 내면에서 두 문화가 조화롭게 통합되어 있고 행동으로 실천하는 단계에 이르렀음을 보여 준다. 내담자가 두 문화에 동시에 속한 사람이라는 새로운 이해는 비슷한 상황에 놓인 다른 사람들에 게 설득력 있게 들리는 고무적인 개념이다. 이제 내담자는 구체적으로 취할 행동에 관해 이야기한다.]

치료사: 그러면 선생님 공동체 가계도 이면에는 차모로족 관련 역사만 있는 게 아니라, 미국인이라는 정체성도 녹아 있네요.
내담자: 맞아요!

[공동체 가계도의 중요성이 강조된다.]

※ 결론: 의미 부여하기와 공동체 가계도

매그덜리나의 사례는 공동체 가계도를 활용하여 내담자가 과거, 현재, 미래를 의미 있게 연결하는 과정을 잘 보여 준다. 내담자는 자신이 직접 자기 인생 이야기를 공동체 가계도 그림으로 표현하고 그리면서, 자기의 내부에 삶을 구성하고 재구성하는 힘이 있다는 것을 배우게 된다. 또한 내담자가 자기 인생의 주인공임을 인식하고 인생에서 겪었던 경험들에 대한 의미와 연결성을 찾을 수 있다. 공동체 가계도를 통하여 삶의 내용, 해석, 연결성에 대한 통찰력을 키우며 삶의 의미를 더욱 강화할 수 있다. 자기 삶에서 중요한 주제를 깨닫고, 이를 다른 상황 및 발달 과정 이슈와 연결지어 이해하게 된다. 공동체 가계도 분석은 기존의 제한된 관점(친숙하고 익숙하지만 도움이 되지 않는)을 탈피해 새로운 시각을 지니게 돕는다. 과거나 현 상황에 대한 새로운 이해와 관점은 다양한 대안과 해결책을 제공해 주기도 한다.

공동체 가계도는 삶에 대한 기록이다. 그리고 그 기록은 여러 가지 다양한 방법으로 탐색, 해석할 수 있다. 이 사례에서 사용된 치료사의 질문 전략은 내담자가 더욱 포괄적으로 자신을 둘러싼 문화와 환경을 이해하는 데 이바지했다. 여기서는 문화 제국주의라는 주제가 다뤄졌는데, 트라우마나 억압 같은 주제도 비슷한 방식으로 점검하면 된다. 과거 경험을 이야기하면서 내담자는 새로운 의미를 쉽게 찾는다. 특정 패턴이나 주제를 탐색한 후에 구체적인 예시를 회상하면, 새로운 통찰과 행동을 낳는 데 도움이 된다. 이런 치료 양식은 내담자의 개인 자원과 문화 자원을 확장하고 해방하는 치료에서 흔히 쓰인다. 공동체 가계도는 이런 치료 형식에 관계의 연결성, 패턴, 주요 이슈를 한눈에 볼 수 있게 돕는다. 이렇듯 공동체 가계도는 상담의 분석 과정에 깊이를 더하고 시각 효과를 높여 주는 구체적이고 실질적인 도구이다.

제 6 장

가족 사례에 공동체 가계도 사용하기: 공동 구성주의 관점

이 장에서는 체계론적(systemic) 상담과 치료에서 공동체 가계도를 사용하는 방법을 다룬다. 상담 관계에서 주요 단계들을 다루며, 통상적인 접수 면접(intake) 및 평가 방법으로 얻는 정보와 공동체 가계도 분석으로 획득하는 지식이 얼마나 다른지 보여 준다. 공동체 가계도의 체계론적, 맥락적 측면은 가족 내부 관계 및 가족이 외부 환경과 맺는 관계를 탐색하고 이해하는 데 도움이 된다. 공동체 가계도의 시각적 효과는 체계론 접근 방식의 치료에 유용하다. 이 장에서는 공동 구성주의 관점에 기초하여 커플 치료에서 공동체 가계도가 어떻게 활용되는지 살펴본다.

이 장의 다섯 가지 주요 요점은 다음과 같다.

- 공동 구성주의 정의
- 관계 치료에서 공동체 가계도를 어떻게 소개하고 사용하는가
- 가족치료에서 공동 구성주의적 과정을 어떻게 사용하는가
- 내담자가 핵가족(nuclear family)과 확대 가족(extended family)과 공

동체 관계망 내에서 관계 속 자기(themselves-in-relationship)를 어떻게 보는가

- 가족의 공동체 가계도 내에서 화합과 위계질서를 어떻게 탐색하는가

※ 공동 구성주의 정의

공동 구성주의(coconstructivism)란 포스트모더니즘(postmodernism)의 여러 접근 방식 가운데 하나로, 상담사와 내담자 사이에 맺는 관계 양식, 즉 사회 구성의 역할을 중시한다. 포스트모더니즘에서 파생된 상담 방법은 전통적인 상담 기법의 대안이다. 전통적인 상담 방법과 포스트모더니즘 상담 방법의 주요 차이점은 다음과 같다. 전통적인 상담 방법에서는 내담자와는 독립된 하나의 현실(혹은 정답)만이 있다고 지각하는 반면, 포스트모더니즘의 상담 방법은 다양한 현실을 인정한다. 즉 개인 · 가족 · 사회 · 문화 · 시간 요인에 따라 내담자와 환경이 상호작용하며 그로 인해 다양한 현실이 창출된다고 본다(그림 1.1 참조). 이는 내담자나 상담사 모두에게 해당한다. 따라서 현실은 상대적이고 변화할 수 있으며, 개인적이고 사회적인 인식에 따라 현실에 대한 정의는 달라질 수 있다(Mahoney, 2003).

따라서 전통적인 접근 방식이 내담자와 내담자의 체계(가족)를 주어진 환경에 적응하지 못하는 부적응자(nonadaptive reactors)로 지각하고 이들이 환경에 적응할 수 있도록 도와주는 것을 목표로 한다면 포스트모더니즘 접근 방식에서는 내담자를 환경 내에서 적극적으로 행동하는 주체로 보고 개인 · 관계 · 사회의 속박과 한계를 뛰어넘어 내담자의 역량과 잠재력을 발휘하도록 돕는다. 포스트모더니즘 접근 방식은 개인의 특성을 무시한 채 내담자를 병리화하는 경향을 거부한다. 내담자의 부적응적인 증상을 개선하기 위해서 치료 계획을 세울 때 내담자 개개인의 특징들은 병리적 증상에 묻혀 드러나지 않는 경향이 있는데, 포스트모더니즘 접근 방식은 이런 경향을 거부한다. 대신에 다양한 접근 방식을 인정하고 병리 중심의 치료를 지양하며 문화 맥락에 기초한 치료를 추구한다. 이로써 개인의 장애와 성장이

라는 개념에 영향을 미치는 여러 요소를 치료에 아우른다(Rigazio-DiGilio, Ivey, & Locke, 1997). 사회 맥락을 이해하는 것은 포스트모더니즘 치료의 핵심 요소이기 때문에 공동체 가계도는 내담자가 처한 복잡한 사회 상황을 여러모로 이해하는 데 특히 유용하다.

✲ 포스트모더니즘 상담 이론의 세 갈래

모든 포스트모더니즘 상담 기법이 공동 구성주의에 기초한 것은 아니다. 사실 포스트모더니즘 접근 방식은 세 가지의 뚜렷한 갈래—구성주의, 사회 구성주의, 공동 구성주의 포스트모더니즘—로 나뉜다. 이 세 갈래는 서로 영향을 주고받으며 발전했지만, 각 접근 방식은 독특한 특징을—내면 심리 위주, 상호작용 위주, 맥락 이해 위주—보인다. 공동체 가계도는 이 세 가지 모두와 연관이 있지만, 맥락적 이해를 바탕으로 한 공동 구성주의의 틀과 제일 맞닿아 있다. 공동 구성주의 가치가 무엇인지 더욱 정확하게 이해하기 위하여 세 가지 접근 방식의 차이를 간단히 설명하고자 한다. 그 후 공동체 가계도에서 공동 구성주의 가족 상담이 어떻게 활용되는지를 사례를 통하여 확인해 보자.

❀ 구성주의 관점

구성주의 관점(constructivist perspectives)의 이론가들은 내면의 심리, 즉 자아 발견을 기초로 하여 자아를 형성하는 내면의 과정에 집중한다. 개인의 생리학적 특징, 인지 기능, 제도적 의미 형성에 영향을 미치는 사회 맥락의 요소보다는 개인 내면에 더 초점을 맞추는 것이다. 존재론적 현실주의(ontological realism)를 바탕으로 한 급진적 양식에서는 현실을 개체(knower: 사람을 '아는 존재'로 가정)의 존재와 그 확장으로 일어나는 지극히 주관적인 현상으로 정의한다(Maturana & Varela, 1987; Von Foerster, 1984; Von Glaserfeld, 1991; Watzlawick, 1984). 온건한 구성주의 양식에서는 가상적 현실주의(hypothetical realism)에 바탕을 두는데, 이는 우리가 이해하기 어렵지만 회피할 수 없는 세상에 살고 있고, 이런 현실은 인간이 경험에 의미를 부여하는 능력을 강화하거나 한정한다고 본다(Guidano, 1995; Howard, 1991; Kelly, 1955; Mahoney, 2003; Polkinghorne, 1994). 구성주의는 개인이 자기, 관계 속 나(self-in-relation), 환경과 자산을 어떻게 정의하는가에 집중한다. 이 정의에서는 다양한 예외 조항이 있을 수 있고 개인을 한정하고 억압하는 요소를 뛰어넘어 다양한 관점과 가능성을 열어 놓는다.

❁ 사회 구성주의 관점

사회 구성주의 관점(social constructivist perspectives)의 이론가들은 사회 의미 형성 과정을 강조하고 인간 상호작용에 초점을 맞춘다(Berger & Luckmann, 1966; Burr, 1995; Hayes, 1994). 사회 구성주의 이론가들은 우리가 언어를 통해 자아와 세상에 대한 개념을 형성하며 이는 사람 사이 대화로써 유지, 지속된다고 주장한다(Guterman, 1994). 또한 사회에서 구성된 개념들은 사회-문화-역사의 맥락에 따라서 변화한다고 주장한다(D'Andrea, 2000). 따라서 가장 중요한 것은 내담자가 자기와 관계 속의 나를 정의하는 데에 사용하는 언어 체계를 이해하고 그 체계를 담고 있는 문화와 맥락의 환경을 이해하는 것이다.

사회 구성주의자들은 내담자가 개인 · 관계 · 맥락의 가능성을 제한하는 지배 문화 중심의 해석을 뛰어넘도록 도와야 한다고 주장한다(Anderson & Goolishian, 1988; Brown, 2000; Daniels & White, 1994; Dell, 1982; Gergen, 1999; Hoffman, 1990; Keeney, 1983; White, 1995). 예를 들어, 우리 자신을 정의할 때 사용하는 용어들은 주로 사회의 지배 문화로부터 온다. 이러한 특정 용어나 이미지는 우리의 가능성을 제한한다. 차별을 내포하는 용어나, 배척, 편견, 열등의식을 내포하는 용어는 특정 그룹의 힘을 최소화하고 동시에 다른 특정 그룹의 이익을 최대화하는 데 사용된다. 예를 들어 동성 결혼에 대한 논쟁에서 사용하는 언어들은 개인을 특정 범주에 넣어 분리하고 원하는 결과를 도출하기 위한 논의에 영향을 미친다. 사회 구성주의는 지배 문화의 변화를 촉구한다. 하지만 개인과 가족, 특정 집단의 삶을 제한하고 억압하는 지배 사회와 지배 문화에 어떻게 대응하고 유연하게 변화시켜 나갈지에 대한 상담 전략은 많이 부족한 편이다.

공동 구성주의 관점

공동 구성주의 관점(coconstructivist perspectives) 이론가들(Becvar & Becvar, 1994; Ivey, 2000; Neimeyer & Neimeyer, 1994)은 인간 내면 심리에 초점을 맞추는 구성주의와 사람 사이의 상호작용에 집중하는 사회 구성주의 관점 모두를 기반으로 한다. 공동 구성주의 관점은 "환경적 참조점과 유기적 참조점(environmental and organismic reference points) 모두를 유연하게 오갈 수 있어야 하며, 어느 한 곳에도 절대적 우선순위를 두어서는 안 된다."고 주장한다(Prawat & Floden, 1994, p. 45). 우리가 자기, 관계 속 나, 그리고 맥락을 어떻게 정의하는지는 끊임없는 개인-환경의 상호작용에 따라 함께 구성되며(Ivey et al., 2002) 이 과정에서 개인, 관계, 사회적 현실은 각각의 역할을 한다. 따라서 공동 구성주의 모델에서는 내면화된 생각과 감정뿐만 아니라 내담자가 가족 · 공동체 · 문화와 같은 주변 맥락과 영향을 주고받는 방식을 중시한다(Rigazio-DiGilio et al., 1997).

치료사는 내담자와 동반 관계를 형성하고 어떻게 내면의 사고와 감정을 변화시켜 나갈지, 사회정치 맥락에 어떻게 참여할지 함께 이야기한다(Ivey, 2000; Ivey et al., 2002; Locke, 1992; Rigazio-DiGilio, 2000; Rigazio-DiGilio et al., 1997). 버거와 럭먼(Berger & Luckmann, 1966)은 사회 구성주의를 구성된 현실의 진실성과 올바름에 대한 합의된 인식이자 현실에 대한 사회화 과정이라고 묘사했다. 따라서 치료 과정에서 현재 문제를 정의하고 해결책을 찾아갈 때 문화와 언어를 이해하는 것이 매우 중요하다. 공동 구성주의자들은 언어가 권력의 차이(power differentials)를 어떻게 정의하고 영향을 주는지에 특별히 초점을 맞춘다. 이는 힘의 차이가 사람과 환경 사이의 상호작용에 자연스레 녹아 있기 때문이다. 사용하는 언어에 초점을 맞추다 보면 자연스레 이런 권력 관계를 분석하게 된다.

개인 간 권력 관계(예를 들어 결혼생활 내에서 누가 영향력이 더 있는가), 그룹 간 권력 관계(예컨대 직업군 간), 혹은 문화 간 권력 관계(예를 들어 나라 간 경쟁) 등을 분석한다. 이처럼 공동 구성주의 관점에서 권력(power)은 단순히 특정 사람, 그룹, 기관의 소유물이 아니라, 다른 사람과 자기 자신에게 사회적 영향력을 행사하고 이를 합법화하는 힘을 형성하는 과정(process)이다(Neimeyer, 1998).

이런 원리를 바탕으로 한 공동 구성주의는 상담에도 적용이 된다. 공동 구성주의 상담의 초점은 삶에 중요한 사람들과 공유하는 내담자의 세계관을 탐색하고, 내담자의 언어 체계에 녹아 있는 권력 관계를 탐색하는 데 있다. 이는 내담자가 가정하는 역할과 정체성에 영향을 끼치기 때문이다. 삶의 의미 형성 과정에 영향을 미치는 언어, 권력 관계, 사회 맥락 요소들을 깨닫고 바꿔나갈 수 있도록 돕는 것이 공동 구성주의 상담의 기초이고, 공동체 가계도는 이런 요소를 탐색하고 묘사하게 돕는다.

※ 공동 구성주의 치료

공동 구성주의 상담에서는 내담자의 언어를 그대로 사용한다. 기존에 문제라고 인식했던 부분을 새롭게 바라볼 때까지 내담자의 언어를 기반으로 한 치료적 대화를 유지한다(Monk, 1997). 이를 성취하는 한 방법은 내담자가 다양한 각도에서 자기 고민을 이해하고 해석하도록 돕는 것이다. 내담자 관점에 맞게 치료 목표를 정하는 것이 가장 중요하다. 내담자가 어떻게 문제를 인식하고 있는지, 어떤 문제 인식을 기초로 무엇을 바꾸고자 하는지 이해해야 한다(Guterman, 1994). 공동체 가계도는 내담자 인생에서 중요한 시기에 대한 정보를 탐색하는 데 도움을 준다. 또한 삶을 융통성 없이 좁은 시야에서 해석하는 것에서 벗어나(deconstruct), 긍정적이고 새롭게 이야기를 재구성(reconstruct)하도록 돕는다(Ivey, 2000). 내담자는 이 과정에서 해방감을 느끼고 주인의식을 갖게 된다(Lyddon, 1995). 즉 치료 목표는 내담자가 부정적인 문제 중심 관점에서 벗어나 자기 인생의 진실한 주인공으로 살아가게 돕는 것과 연관이 있다(Neimeyer & Raskin, 2000). 공동체 가계도는 가족 상담에도 사용되는데, 가족을 병리적 시각으로 바라보거나 증상 완화만을 치료 목표로 삼지 않고, 가족에 관한 긍정적이고 대안적인 이야기와 잠재력을 밝히는 데 초점을 맞춘다.

❀ 치료 관점

공동 구성주의 접근 방식과 체계론(systemic) 접근 방식에서 상담사는 협력자 역할을 담당한다. 즉 상담 관계에서 상담사와 내담자는 우위 관계가 아닌 동등하고 평등한 관계를 형성한다. 상담은 대화 공간, 대화 맥락으로 묘사된다(Goolishian & Anderson, 1987). 동맹 혹은 연합 관계를 바탕으로 한 치료적 대화는 상호작용과 상호 탐색을 기본으로 한다. 이런 상호작용을 바탕으로 문제 해결을 위해 새로운 의미를 부여하는 과정이 꾸준히 전개된다. 공동 구성주의 상담 과정은 '상호작용'을 바탕으로 하므로 치료사는 비전문가 위치에 있다. 앤더슨과 굴리쉬안의 표현에 따르면 상담사는 '모른다는 자세(not-knowing stance)', 즉 "풍부하고 진실한 호기심을 표현해야 한다"(Anderson & Goolishian, 1992, p. 29). '모른다는 자세'란 상담사가 자신의 세계관이나 가치관이 내담자와의 대화에 미치는 영향을 이해하고, 이런 자기 성찰을 기반으로 내담자의 이야기를 열린 태도로 경청하고자 노력하는 것이다.

내담자가 직접 이야기를 할 때 상담사는 내담자의 세계관을 배우며 내담자가 자기 삶을 어떻게 이해하고 있는지, 새로운 정체성 확립을 위해 삶을 어떻게 해석하면 좋을지 알아 나간다. 공동체 가계도는 내담자가 자기 이야기를 쉽게 풀어 나가게 도와준다. 상담 관계에서 상담사가 좋은 경청자, 협동자, 상호 탐색자가 될 때 내담자는 자기 삶의 이야기를 더 잘 대면하고 이해할 수 있다. 내담자는 다양한 관점과 해석을 받아들이고 재구성 과정을 거쳐, 긍정적인 방향으로 변화하고 성장해 나간다. 공동체 가계도는 개인, 관계, 가족, 공동체의 모든 구성원이 공유하는 이야기를 새롭게 재탄생, 재구성하게 도와 인생의 의미를 심화하고 중요한 자원을 창출한다.

❁ 환경 맥락과 발달 요인의 역할

전략적(strategic) 가족치료나 구조적(structural) 가족치료 접근 방식과는 달리, 공동 구성주의 가족치료는 내담자의 발달과 환경 맥락의 개인 역사에 초점을 맞춘다. 내담자가 치료 과정에 들고 온 이야기는 내담자만의 독특한 환경 맥락 속에서 오랜 시간 쌓여 온 역사이다. 오랜 시간에 거쳐 발달해 온 사회문화 역시 내담자의 개인, 공동체, 특정 그룹, 가족 환경 이야기에 영향을 미친다. 공동 구성주의자들에게 발달과 환경 맥락 사이의 관계는 뒤얽혀 있다. 즉 내담자의 발달과 환경 맥락은 서로 영향을 주고 받는다. 공동체 가계도는 이 상호작용 과정에서 발견되지 못한 잠재 요소를 찾을 수 있도록 돕는다. 또한 개인 발달 과정과 인생 여정이 내담자가 자라 온 환경과 서로 어떤 영향을 주고받았는지 보도록 돕는다.

공동 구성주의 접근 방식의 목표는 내담자가 새롭고 긍정적인 정체성을 확립하도록 돕는 데 있다. 그 새로운 정체성에는 맥락과 문화의 요인도 포함된다. 상담은 과거에 내담자를 '을'의 위치에 놓이게 했던 권력 관계를 탐색하고 재배치하게 돕는다. 따라서 공동 구성주의 상담에서는 치료사가 내담자 개인과 내면 심리에만 집중하는 것을 뛰어넘어, 내담자가 '을'의 위치에서 느꼈을 억압과 소외감에 영향을 준 사회와 정치와 경제의 장애물들을 상세히 이해하고자 한다(Efran & Cook, 2000). 환경 맥락과 문화 요인을 탐색하면, 내담자의 사회정치 의식과 사회 참여가 강화되는 효과가 있다(Lyddo, 1995). 공동체 가계도는 내담자에게 중요한 환경 맥락과 발달 요인을 다루는 치료적 대화에 초점을 맞추는 도구이다.

❁ 협동적 치료 계획 구성

공동 구성주의 치료 계획은 내담자가 그들의 경험에 직접 의미를 부여하는 내담자 특유의 방법을 장려한다. 이 고유성은 민족적 유산, 성별, 경제적 위치, 나이, 권력 관계 등을 포함한다. 모든 이야기가 공동체와 문화 맥락 내에서 이해된다는 면에서 공동 구성주의 접근 방법은 다문화(multicultural) 및 여성주의(feminist) 관점과 맥이 닿아 있다. 공동체 가계도는 내담자를 억압했던 문화 권력을 보는 관점을 바로잡고, 내담자가 새로 찾은 자기 정체성에 힘을 실어 주는 새로운 문화와 공동체 자원을 발견하게 돕는다.

공동 구성주의 개입은 내담자의 시야를 넓히는 데도 이롭다. 공동체 가계도는 내담자가 같은 경험을 여러 다른 관점에서 보도록 돕는다. 예를 들어 내담자에게 공동체 가계도에 묘사된 다른 사람들이 같은 상황을 어떻게 인식하는지를 물어보면 내담자는 상대방의 처지를 이해하게 된다. 가족치료에서 공동체 가계도를 분석하면 이런 관점의 차이가 쉽게 드러난다.

대화와 질문 기술은 이야기 치료에서 많이 인용했다. 다음 사례에 나타나는 질문들은 치료사가 공동체 가계도를 분석하기 쉽게 돕는다. 문헌에 나타난 질문들은 의미 탐색하기(Freedman & Combs, 1996), 내담자가 스스로 표현하게 돕기(Durant & Kowalski, 1993), 예외 규칙 찾기(De Shazer, 1991), 종속된 지식 발견하기(White & Epston, 1990), 개인과 집단 요인 반추하기(Adams-Westcott, Dafforn, & Sterne, 1993), 긍정적 자원 찾기(Ivey et al., 2002), 변화와 능력을 극대화하기(O'Hanlon & Weiner-Davis, 1989)를 포함한다.

워든(Worden, 2003)이 요약한 톰(Tomm)의 이론에 따르면, 상담 과정에서는 직선(linear), 순환(circular), 전략(strategic), 반추(reflexive) 질문을 모두 사용한다. 공동체 가계도는 내담자가 상담 과정을 통해서 지역사회 공동체 영향력을 인식하도록 돕는다.

변화 혹은 탈바꿈은 '분화(differentiation)와 통합(integration)'에 기초하여 이야기를 재구성하는 과정에서 생긴다(McLeod, 1997). '분화' 과정에서 상담자는 내담자와 협력하여 과거에 경험했던 동일 사건에 관한 대안적 이야기를 만들어 간다. 과거 사건을 재조명하며 내담자는 새로운 가능성과 의미를 찾아간다. '통합' 과정에서 내담자는 과거의 추상적이고 부정적이었던 관점을 깨뜨리고 삶의 이야기를 새롭게 써 나간다(Efran & Cook, 2000). 이 이야기 치료 방법은 이야기에 내재하는 다양한 관점을 통해 일치하지 않는 부분과 갈등을 보게 돕는다. 이야기를 재구성하는 목표는 내담자가 삶에서 무슨 일이 일어났는지, 왜 일어났는지, 그 문제에 대해 어떻게 대처할지에 관한 자신의 생각을 자연스럽게 받아들이고 내담자가 자기 치유력을 발휘하도록 돕는 것이다(Gonalves, 1995; Martin, 1988; Meichenbaum, 1994). 공동체 가계도는 삶 여정에서 일어나는 주요 사건들을 다양하게 탐색하고 해석하게 도와 '분화'와 '통합' 과정을 촉진한다.

❀ 상담 종결 과정 돕기

공동 구성주의 치료는 내담자가 자가 치료자로서 스스로 변화를 창조하고 유지할 수 있다는 희망을 품고 치료를 끝내는 것을 목표로 한다(Arciero & Guidano, 2000). 치료 종결 단계에서 가족들은 더욱 새롭고 폭넓은 이야기를 만들어 나가고, 좀 더 융통성 있는 자기 정체성을 확립하여 이를 바탕으로 공동체와 환경으로부터 더 많은 자원을 사용하게 된다(Neimeyer & Raskin, 2000). 다른 치료 모델들처럼 종결은 마지막 회기 훨씬 전부터 시작된다. 마지막 회기가 다가올수록 공동 구성주의 치료사들은 내담자가 상담 과정에서 창조한 설득력 있고 건설적인 삶의 이야기를 더욱 확장하고 유지하도록 돕는다.

가족 내에서 혹은 상담 과정에서 어떻게 의미를 형성했는가를 되짚어 보면, 내담자가 이론적 개념을 실천에 옮기는 데 도움이 된다. 치료 관계는 가족처럼 발달 과정을 거치고 변하며 되풀이된다. 이 발달 과정은 세상살이나 상담 치료의 이치를 깨닫고 의미를 찾는 다양한 삶의 방법을 내담자 스스로 연습하는 과정을 뜻한다. 가족은 삶과 상담 과정에서 공동의 체계(collective system)이자 맥락 속 체계(systems-in-context)라는 정체성을 확립해 나아간다. 이 단계에는 **체계 탐색**(system exploration), **통합**(consolidation), **강화**(enhancement), 그리고 **변화**(transformation)가 있다(Rigazio-DiGilio, 2000).

개인의 발달 내력과 환경은 의미 형성과 관계 맺음 과정에 영향을 미친다. 이러한 맥락적 요소는 내담자가 자신과 타인을 특정한 방식으로 이해하게 만든다. 체계 탐색 단계에서 개인은 자기와 타인에 대해 새롭게 인식하기 시작하며, 이는 관계적 혹은 치료적 맥락 내에서 계속 변하고 발전한다. 이러한 상호작용 과정에서 내담자는 자신의 세계관을 확인하고 수정하고 강화하는 단계를 거친다. 체계 발달(systems development)은 이렇게 역동적인 상호 교환 과정과 맞물려 있다. 체계 통합 단계에서는 공통 바탕을 기반으로 상호작용의 의미를 깨닫는다. 상담 과정에서나 삶 여정에서 이런 상호작용(관계) 교환이 확장될 때 개인과 그 개인을 둘러싼 체계(혹은 주변)는 더 넓은 환경 맥락을 이해하고 참여할 수 있게 되며 이는 강화 단계이다. 이러한 상호작용이 지속될 때 치료 관계에서 안팎으로 변화해야 하는 압박을 느낀다. 이러한 압박은 지지받는 느낌, 불확실한 느낌, 혹은 강요받는 느낌일 수도 있다. 이런 변화 과정을 경험하면서 오래되고 부적응적인 세계관을 뛰어넘어, 새로운 관점과 선택을 마주하게 된다. 이런 상호작용이 지속되면서 개인과 관계, 환경 맥락은 필수 불가결한 변화를 겪게 되는데 이 단계가 바로 체계 변화 단계이다.

가족 구성원이 가족 발달 과정 역사에 대해서 각각 다른 시각을 가지고 있음을 나누는 것은 매우 좋은 기회이다. 발달학 관점에서 다양한 시각을 인정하는 능력은 필요한 자원과 강점을 끌어내는 데 이바지한다. 다양한 시각을 가짐으로써 공동체 차원에서 가용 자원을 협상하거나 보존하고, 다변하는 환경에 맞춰 삶의 이야기를 수정하고 재구성해 나가기 쉽다. 즉 다양한 관점은 인생 여정과 상담에서 매우 중요한 이정표가 된다. 치료 과정에서 공동체 가계도를 사용하면 조금 더 넓게, 조금 더 깊고 넓게 현상과 본질을 포착하게 된다. 가족들이 함께 만든 초기 공동체 가계도나 이후의 가계도 수정본 모두 가족이 변화하고 성장했다는 사실을 떠올리게 하는 매우 좋은 도구이다. 공동체 가계도는 눈에 뚜렷이 보이는 구체적인 산물이기에 내담자가 긍정적으로 재구성한 이야기를 지속하게끔 돕는다. 가족들이 함께 만든 공동체 가계도의 최종판은 상담을 통해 깨달은 관계와 문화 자원을 상징할 뿐만 아니라 상담 종결 혹은 가족 문제 해소를 표상한다.

다음 사례는 공동 구성주의 관점에서 상담 관계를 어떻게 시작하고 유지하는지를 보여 준다. 공동체 가계도에 사용하는 여러 질문 방식과 모형들을 보여 주며 각 치료 단계에서 이를 어떻게 반영하는지 소개한다. 아래 사례는 비임상 사례로, 맥락 속 개인, 커플 관계, 가족 발달을 탐색하기 원하는 커플과 면담한 내용이다. 그 후에는 내담자들의 정보를 바탕으로 공동 구성주의 치료가 어떻게 이루어지는지를 설명한다. 본 사례는 인터뷰 내용을 포함하였고, 공동체 가계도가 커플과 가족 상담에서 어떻게 활용되는지를 보여 준다.

✲ 치료 묘사: 티나와 캐시 사례

캐시(Kathy, 44세)와 티나(Tina, 38세)는 미시간(Michigan)에 사는 커플이다. 두 사람은 1996년 6월에 루이지애나(Louisiana)에서 만났고, 7월 10일에 서로 호감을 표시했고 만난 지 1년이 안 되어 루이지애나에 있는 아파트에서 함께 살기 시작했다. 지금은 미시간에 살며 캐시의 두 아이의 양육권을 얻으려고 계획 중이다. 애나(Anna, 15세)는 캐시의 딸이고 인근 고등학교에 입학 예정이다. 캐시와 캐시의 전남편 짐(Jim)은 크리스티(Kristi, 13세)가 1살 때 크리스티를 딸로 입양하였다. 현재 아이들의 양육권은 루이지애나에 사는 캐시의 전남편 짐에게 있다. 공동체 가계도는 이 모의 사례(simulated case) 상담 과정의 여러 단계에서 사용되었다. 공동체 가계도를 분석하면서 과거 이야기를 강조하기도 하고 아이들이 캐시와 티나 가정에 적응해 나아가는 데 필요한 계획을 세우기도 한다.

❀ 배경 정보

캐시는 미시간으로 이사 오면서 큰 대학에 새 일자리를 구했다. 미시간에서는 더는 죄책감이나 부끄러움에 시달릴 필요가 없이 떳떳하게 새 생활을 시작할 수 있었지만, 티나의 직업상에서의 변화를 비롯하여 두 사람은 수많은 어려움에 직면했다. 캐시는 아이들을 루이지애나에 두고 와야 했으며, 티나는 무언가 잘못된 느낌이 들어 힘겨워했다.

이사 직후 두 사람은 고립된 채 외롭게 지냈고, 지역사회에서 받는 지지와 자원도 부족했다. 캐시는 루이지애나로 다시 돌아갈 생각도 했다. 하지만 새로 정착한 이 동네는 더 열린 분위기였고, 캐시는 직장에서 솔직하게 자기 정체성을 드러낼 수 있었다.

티나는 직장을 구하는 데 어려움을 겪었다. 무직 상태로 지내기란 티나에겐 무척 힘든 일이었다. 티나는 루이지애나에서 매우 명망 있는 교회 목사였는데, 미시간에서는 목회 활동이 아닌 새로운 직업을 알아봐야만 했다. 6개월 후 티나는 한 대기업의 접수원(receptionist)으로 일하기 시작했고 꽤 빠르게 승진했다. 상담 시작 당시 이 커플은 재정적 어려움을 호소했고, 재정 문제는 두 사람 사이에 많은 스트레스와 갈등을 낳았다.

"어떻게 만나셨나요?"라는 질문에 티나는 "만났을 당시 제가 캐시의 목사였죠."라고 대답했다. 캐시는 "티나를 오랫동안 알고 지냈는데, 전에는 어떤 매력도 느끼지 못했어요."라고 대답했다. 티나는 첫눈에 캐시에게 호감을 느꼈지만 자신의 마음을 표현하지 못했다. 티나는 캐시가 아름답고, 지적이고, 재미있고, 에너지 넘치는 매력 있는 사람이라고 생각했다. 이런 매력들은 티나가 자기 삶에서 추구하는 면이기도 하다.

캐시와 티나는 정기적으로 교회 관련 주제에 관해 이야기 나누고 점심을 함께 먹으며 천천히 가까워졌다. 처음에 티나는 말을 많이 하지 않았는데 캐시는 티나가 왜 말이 없는지 궁금해했다. 티나는 "말을 많이 하면 관계를 망쳐버리게 될까 봐 그랬던 것 같아요."라고 이야기했다. 티나가 유방암에 걸렸다는 걸 알았을 때 두 사람의 관계는 변하기 시작했다. 캐시는 티나를 포근히 안아주었고, 좋아하는 마음을 담아 티나의 머리카락을 부드럽게 쓰다듬었다.

두 사람은 현재 미시간으로 이사한 것보다 더 큰 변화를 준비하고 있다. 커플 상담에서 공동체 가계도는 각 커플이 관계에 가지고 오는 개인 이야기를 발견하게 돕는다. 공동체 가계도의 관계망(connections)에는 커플이 서로 가까워지던 시기에 중요했던 사람들을 그려 넣고, 경험(experiences)에는 당시의 주요 사건들을 적게 된다. **그림 6.1**은 두 사람이 만나는 데 있어서 중요한 역할을 한 맥락과 발달 요인을 보여 준다. 원가족과 티나와 캐시가 이전에 꾸리고 있던 가족에 대한 정보도 포함된다.

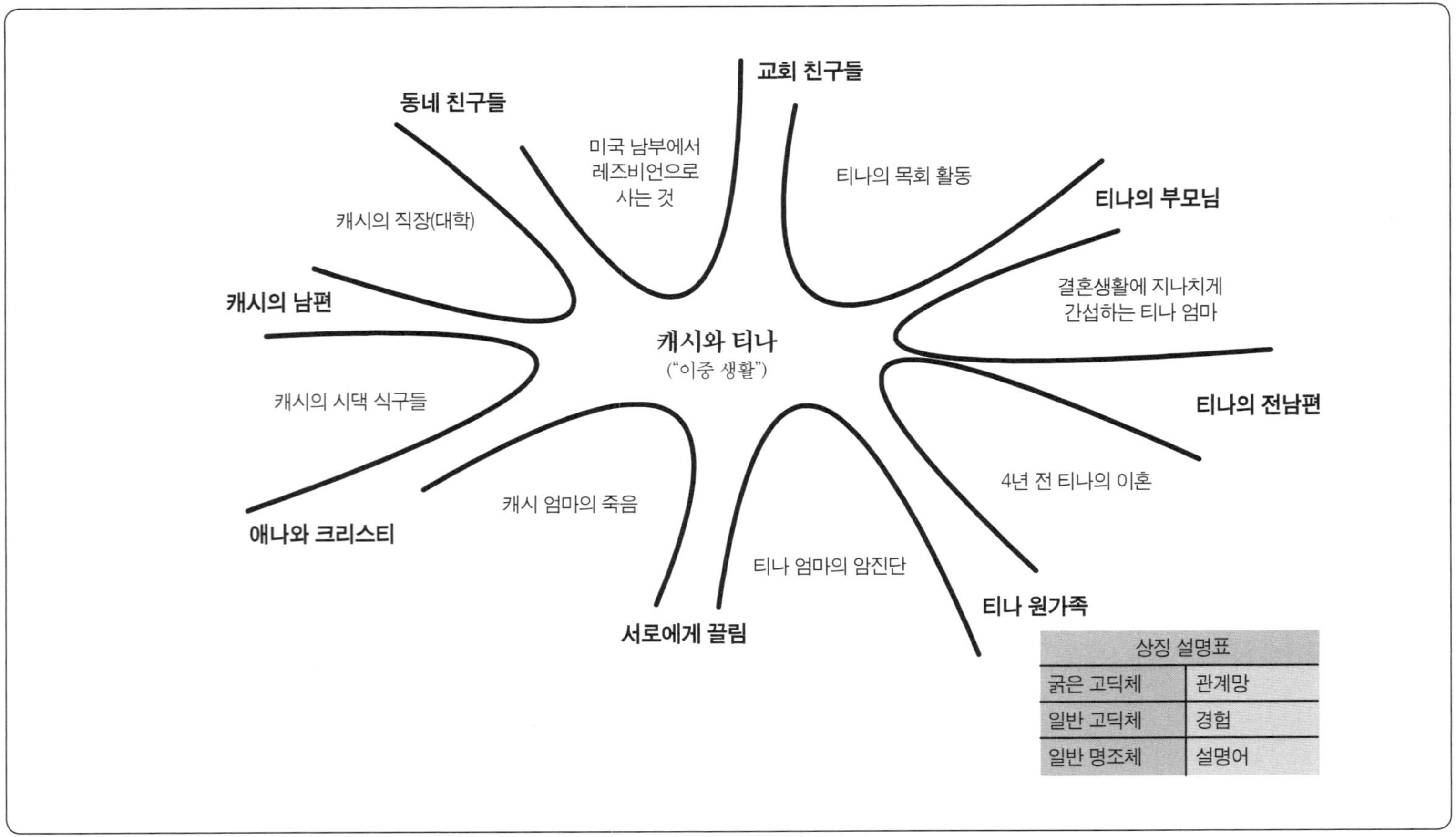

교회 친구들

동네 친구들

미국 남부에서
레즈비언으로
사는 것

티나의 목회 활동

캐시의 직장(대학)

티나의 부모님

결혼생활에 지나치게
간섭하는 티나 엄마

캐시의 남편

캐시와 티나
("이중 생활")

캐시의 시댁 식구들

티나의 전남편

4년 전 티나의 이혼

캐시 엄마의 죽음

애나와 크리스티

티나 엄마의 암진단

티나 원가족

서로에게 끌림

상징 설명표	
굵은 고딕체	관계망
일반 고딕체	경험
일반 명조체	설명어

그림 6.1 캐시와 티나의 커플 공동체 가계도: 커플의 만남

맥락과 세대 간 영향력 탐색

두 사람이 만나 가정을 이룰 때, 그 두 사람은 원가족으로부터 형성한 삶의 방식을 새로운 가정에 그대로 가지고 온다. 캐시와 티나는 커플 공동체 가계도를 통해 이러한 세대 간 요인들을 탐색하였다.

치료사: 두 사람이 만나는 데 원가족과 이전 가족이 어떤 영향을 미쳤나요?

캐시의 이전 가족: 캐시는 공동체 가계도 속 여러 요소를 설명한다(그림 6.1 참조). "큰 대학에서 일했고, 아이가 둘이었어요. 하지만 결혼생활은 불행했어요. 친밀함도 없었고 신체 접촉도 거의 없었거든요. 남편은 두 아이에게 좋은 아빠였고 훌륭한 의사였지만, 결혼생활이 힘들었어요. 그래서 내가 동성에게 더 관심이 있는 건 아닌지 고민하게 됐죠."

캐시의 원가족: "대학 때 엄마가 돌아가셨는데, 이 영향이 매우 컸어요. 엄마가 돌아가신 이후로 친정 식구와 거의 연락을 안 했어요. 애들을 가진 후로는 다시 연락도 해봤는데 지속되지 못했고, 오히려 전남편 시댁 식구와 더 가깝게 지냈어요."

티나의 이전 가족: 그림 6.1에 보이듯 티나는 4년 전에 이혼했다. 결혼생활은 불행했고 뭔가 틀린 것 같이 느껴졌다. "그냥 집에 들어가기가 싫었어요. 남편과 같이 집에 있는 걸 피하고 싶어서 더 일에 집중했고요. 어릴 때부터 동성에 관심이 있다는 걸 전 알았어요. 대학 때 동성과 만나보기도 했구요. 하지만 그냥 이러다 말겠지 했어요."

티나의 원가족: "이혼하기 전, 제 원가족과 제가 직접 꾸린 가족 사이에 차이가 거의 없었어요. 엄마는 제가 결혼생활을 유지하기를 바라셨고 간섭도 많이 하셨어요. 제가 이혼하자 엄마가 많이 힘들어했고, 결국에는 친정 식구와 멀어지게 됐어요. 이즈음에 저는 캐시를 만났고 엄마는 유방암 진단을 받으셨죠."

더 큰 맥락

치료사: 둘이 함께 살기 시작하면서 어땠나요? 직장, 친구들, 사는 동네 등

주변 환경이 두 분의 동거에 영향을 주었나요?

티나는 다음과 같이 요약했다. "정말 힘들었어요. 남편을 떠난 두 여성이 '편의상 동거'를 시작한 거로 보였거든요. 이웃 사람들은 저희를 매우 의심하는 눈초리로 쳐다봤지만, 딱히 뭐라고 말하지는 않았어요. 하지만 작은 동네이다 보니 뒷말이 많이 오갔죠."

캐시는 이렇게 말했다. "교회 사람들은 티나에게 저랑 사귀냐고 직접 물어봤어요. 물론 티나는 우리가 그냥 친구라고 했죠. 그러면 사람들은 '캐시랑 사귀면 티나 넌 동성연애자가 되는 거야.'라고 말했어요. 동성애를 수용하지 않는 환경이었기 때문에 우리는 이중생활을 할 수밖에 없었어요. 티나가 교회에 발각이 된다면 분명 쫓겨날 것이고, 창피스럽고, 고발을 당할 수도 있었거든요. 이런 상황 때문에 티나가 많이 불안해하고 힘들어했어요. 몸도 아팠고요. 반면 저는 법적인 문제가 더 두려웠어요. 애들을 잃거나 경제적인 불이익을 겪을지도 모르니까요."

그 당시 캐시와 티나는 상담을 받으며 숱한 어려움에도 불구하고 서로에게 매우 헌신하고 있는 것을 깨달았다. 결국 티나는 교회 일을 그만두기로 했다. 신기하게도 티나가 사직서를 내자마자 아픈 게 씻은 듯이 나았다.

티나와 진심으로 함께 하고 싶다고 느낀 이후에 캐시는 남편 짐과 결혼생활을 유지하는 것이 옳지 않음을 깨달았다. 캐시는 이렇게 설명했다. "짐은 부부 상담을 제안했고, 저는 부부 치료사에게 이 결혼생활을 유지할 수 없다고 이야기했어요. 전남편은 떠나려면 아이들을 포함해 모든 것을 놓고 혼자 떠나야 한다고 이야기했어요. 저와 티나의 관계는 더더욱 말을 할 수가 없었죠. 짐이 분명히 저에게 불리한 증거로 쓸 테니까요."

캐시와 짐은 이혼했다. 1년이 걸렸다. 캐시는 아무것도 요구하지 않았고, 아이들에 대한 공동 양육권을 얻었다. 짐은 한 달 동안 보름은 일하고, 보름은 쉬었는데, 아이들은 짐이 일할 동안 캐시와 함께 지냈다. 캐시는 이혼이 마무리되던 날, 딸 애나에게 자기와 티나의 관계에 관해서 이야기해 주었다. 애나는 이 사실에 조금도 개의치 않았으며, 더 일찍 말하지 못한 이유도 이해해 주었다.

한편 티나의 기억은 엄마와의 관계가 중심이 되었다. "엄마와 전 서로를 지지하고 응원하는 사이였어요. 그래서 전 당연히 엄마가 제 편이 되어 주시리라 믿었죠. 우리 관계를 엄마가 받아들이기 힘들 거라는 건 알았지만, 결국엔 이해하시리라 믿었죠. 제가 어떤 사람이든 엄마는 절 항상 사랑할 거라고 믿었거든요. 하지만 엄마께 말씀드리자 우셨어요. 많이 우셨어요. 너무 괴롭고 힘들어하셨어요. 제가 엄마 인생을 망쳤다고까지 말씀하실 정도로요."

치료사: 직장, 친구들, 이웃 사람들의 반응은 어땠나요? 루이지애나에 계속 사는 데 영향을 미쳤나요?

티나와 캐시는 다른 동성애 커플을 만났던 이야기를 했다. 그들 역시 그들 관계를 반드시 비밀에 부쳐야 했다고 했다. 티나는, "그 커플 중 한 명이 지역사회에서 매우 영향력 있는 사람이었어요. 변호사였는데, 교회 재정 부장이기도 했거든요. 그녀가 우리 관계를 비밀로 하는 것이 얼마나 중요한 일인지 경고해 줬죠. 이 커플은 개인 결혼생활을 유지하고 아이들과 같이 삶으로써 그들 관계에 대해서 철저히 숨겼어요. 우리 역시 우리 관계를 당연히 비밀로 해야 한다는 이야기를 이 커플한테서 많이 들었어요. 얼마 후에 다른 커플들이 우리에게 오더니 그들 역시 동성연애자라고 이야기해 줬어요. 결국 동성애 커플들끼리 하나의 비밀 모임을 만들게 되었죠. 지하 조직 일원 같은 느낌도 받았어요. 루이지애나에서 커밍아웃한 사람은 한 명도 못 봤거든요. 그 흔한 무지개 스티커도 못 봤어요."라고 말했다.

티나와 캐시는 재정을 다루는 일에 익숙하지 않았다. 관계에서 재정을 다루는 일에 준비된 사람이 없었다. 캐시는 이렇게 말했다. "돈이 많이 없었어요. 돈 쓰는 습관을 바꿔야 했는데, 이게 참 쉽지 않았죠. 하지만 티나에 비하면 아무것도 아니에요. 티나는 직장을 잃었잖아요."

치료사: 지금까지 이야기한 커플 공동체 가계도를 돌아보면 무슨 생각이 떠오르세요? 깨달은 점이 있으시다면?

"돌이켜보면 우리가 올바른 판단만 한 건 아닌 것 같아요. 비유하자면 우리는 오랜 시간 억압되어 있던 활화산 같았어요. 친밀함 없고 형편없는 결혼생활을 하던 중에 티나를 만나게 된 거죠. 이 관계는 저에게 처음엔 이중 억압이었어요. 우리가 전남편이나 가족들에게 했던 행동들은 지금 생각하면 좀 창피하기도 해요. 너그럽지 못했거든요. 다른 사람들은 이전 관계를 완전히 끝내고 새로운 관계를 시작한다는데, 우리는 그러지 못했어요."라고 캐시가 말했다.

"새로운 관계를 시작하려고 1년 넘게 기다렸던 사람들도 알아요. 그들은 이전 관계를 완전히 끝내기 전에는 아무것도 안 했죠."라고 티나가 이야기했다. "그래도 20년간 결혼생활을 유지하면서 다른 관계를 비밀로 하는 여자들도 알아요. 적어도 우리는 그러진 않았어요. 생각해 보면 뭘 할 수 있는지 생각해 보고 결정을 내리는 게 맞는 것 같아요."라고 캐시가 덧붙였다. "우리로서는 최선을 다했어요."라고 캐시는 자기 경험을 간추렸다.

치료사: 지금 이 탐색 과정에서 뭘 발견하셨어요? 주요 이슈를 꼽자면?

티나는 이렇게 대답했다. "두 가지가 생각나요. 하나는 우리는 진심을 따라서 행동했다는 거예요. 우리가 부딪혀야 하는 수많은 어려움과 부정적인 반응들과 상관없이 우리는 함께 했어요. 둘째는, 가족과 친구들에게 우리 관계를 인정받지 못해서 너무 슬퍼요. 너무 힘들고요. 이 공동체 가계도를 분석하면서 가족과 친구들이 얼마나 저에게 소중한지 깨달았거든요." 티나는 공감어린 말투로 이야기했다. "아이들이 쉽게 적응하도록 돕는 데 친구들이 정말 중요한 것 같아요."

캐시도 동의하며 말했다. "제 생각에도 우리가 예전과 견주어 잘 판단하는 것 같아요. 이젠 더는 다른 사람들이 우리를 어떻게 받아들이는지 마음 쓰지 않아도 돼요. 이제 아이들을 잘 돕고 아이들 말에 귀 기울이려고 노력해요. 아이들이 듣기 껄끄러운 말을 할 때조차도요."

정리하자면 공동체 가계도 분석 초반은 티나와 캐시 삶에 영향을 준 다양한 관계, 발달, 가족, 맥락의 요소를 이해하는 과정이었다. 공동체 가계도는 이런 주제들을 구체적으로 다루는 장을 마련하였고 티나와 캐시는 무엇이 개인과 커플의 삶에 영향을 미쳤는지 이야기 나누었다.

티나와 캐시에게 문화적으로 적합한 치료 계획 수립하기

티나와 캐시 두 사람은 캐시의 10대 자녀들이 새 가정에 잘 적응하기를 바랐다. 상담사는 캐시와 티나 각자의 세대 간 주제들을 밝히기 위해 두 사람이 10대였을 당시 개인 공동체 가계도를 따로 그려 보자고 권유했다.

10대 시절: 티나

그림 6.2에 묘사된 티나가 그린 공동체 가계도 그림을 배경 정보로 하여 치료사는 세대 간 주제를 밝히고 분석하는 데 도움이 되는 질문을 하였다.

치료사: 선생님, 공동체 가계도를 살펴보면서 무엇을 알게 되셨나요?

티나. "제 존재감이 미미하다는 거요. 경험과 관계망이 중앙 공간을 많이 차지해서 정작 저 자신에게 남은 자리는 별로 없었어요. 제가 10대일 때 전 소심해서 친구들과 잘 어울리지 못했어요. 알토 색소폰을 연주하는데 푹 빠져 있었지요. 전 그때 제가 레즈비언이라는 걸 알아챘지만 집에서는 용납이 안 되는 일이었죠."

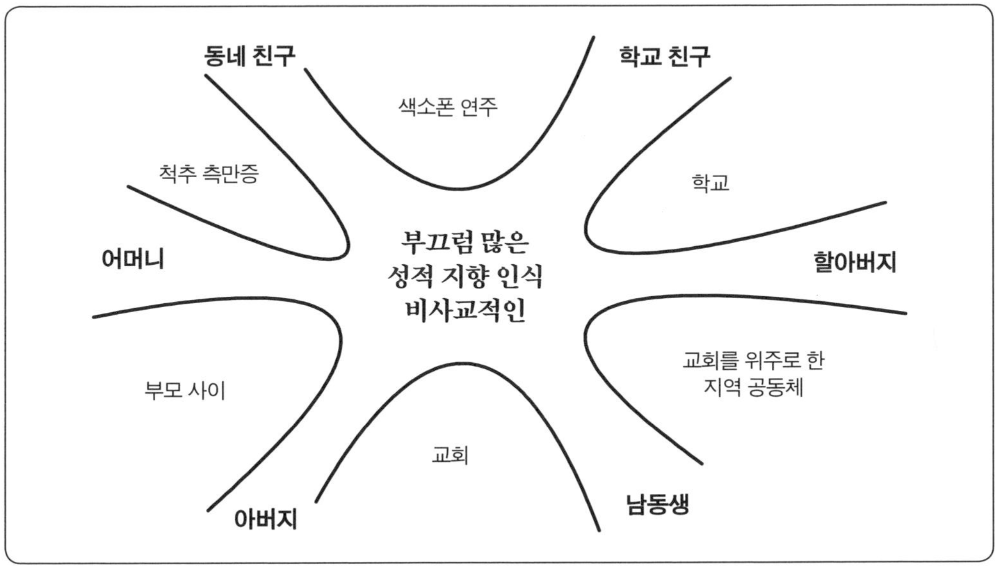

그림 6.2 티나의 청소년기 공동체 가계도

티나에게 소중한 사람들(관계망)

어머니. "엄마는 그때 제게 정말 큰 영향을 미치셨죠. 여기 관계망을 넓게 그렸죠? 엄마가 제게 미친 영향력이 이렇게 커요." 티나가 말했다. 티나 어머니는 굉장히 지적인 사람이었지만 기분 변화가 심했다. "엄마는 간섭이 지나치셨어요. 저를 보시며 대리만족을 하려고 하셨고 저도 몇 년간은 엄마의 기대에 부응하여 살려고 노력했죠…. 엄마가 우울증을 겪을 때 저만이 엄마를 행복하게 해드릴 수 있었거든요." 티나는 8살 이후로 이런 행동을 되풀이했고 이를 잘 인지하고 있었다. "정말 어려웠어요. 엄마 기대에 맞춰 살기가 힘들었지만 소중하고 특별한 일이기도 했지요. 하지만 이런 생활을 유지하기는 힘들었어요."

티나 어머니는 청소년 시기에 거쳐 티나에게 가장 많은 영향을 미쳤다. "엄마는 아주 강하게 이야기하셨죠. 제가 척추 측만증이 심해서 늘 허리 보호대를 차고 다녀야 했거든요. 청소년 시기에 허리 보호대를 차고 다니는 건 쉬운 일이 아니었고, 엄마도 이해는 하셨지만 견뎌야 하는 거라고 하셨죠." 이 시기에 티나 어머니는 전도사와 바람을 피웠다. 이 일이 있고 난 뒤 티나는 부모를 믿지 못했고 집안은 풍비박산이 났다.

아버지. 아버지에게로 난 관계망은 더 좁은데, 이는 아버지가 티나에게 미친 영향이 덜했음을 암시한다. "아빠는 엄마보다 재미있는 분이셨어요. 아빠를 보면 '약한' 남성이라는 생각을 했는데, 아빠는 평생 한 직장에서 일하시면서 투덜거리기만 하셨거든요. 아빠는 제게 이렇게 충고하셨어요. "직장을 가지고, 직장을 지키고, 일하고, 가족을 사랑하고, 가족을 돌봐라." 티나는 아빠와 낚시를 즐겼고 낚시와 관련된 즐거운 추억이 많았다.

남동생. 남동생은 아버지보다 더 큰 영향을 티나에게 미쳤고 티나는 아버지에게로 난 관계망보다 남동생에게로 난 관계망을 더 크게 그렸다. "부모님은 제 남동생을 '티나에게 주는 선물'이라고 부르곤 하셨어요. 동생 이름을 지을 때 저도 참여했고요." 티나는 남동생과 무척 가까웠고 남동생과 '건강하고 긍정적인' 관계를 맺고 있다고 말했다.

할아버지. 티나는 할아버지와 많은 시간을 보냈다. "할아버지는 제가 원하는 거라면 뭐든지 하게 해 주셨어요." 티나는 할아버지와 트랙터를 몰고, 연장을 들고 일하는 게 좋았다. 할아버지는 티나에게 화를 낸 적이 없었고 티나는 할아버지를 이렇게 추억했다. "할아버지는 늘 절 받아 주셨어요. 자유로움을 느꼈죠…. 제게 정말 좋은 영향을 미친 분이세요."

학교 친구들. 티나는 척추 측만증 때문에 고등학교 시절 친한 친구를 많이 사귀지 못했다고 말했다.

동네 친구들. 티나는 동네 친구들과 가까이 지내지 않았다. 아주 가끔 동네 친구들이 주일 학교에 가면서 티나네 집에 들르는 일이 있을 뿐이었다.

티나의 공동체 가계도에 나타난 경험

부모님 사이. "부모님은 자주 싸우셨어요. 엄마가 기가 세신 편이셨죠. 서로 공감하는 부분은 별로 없으셨어요. 엄마는 이따금 아빠랑 헤어질 거라고 위협하곤 하셨죠. 지금 같이 사시긴 하시지만, 거짓말하고 계실지도 모르죠." 어머니가 전도사와 바람피운 일은 지금까지도 티나를 괴롭힌다.

교회. 교회가 티나에게 끼친 영향은 상당했다. 어머니와 교회 전도사 사이의 불륜 외에도 교회가 티나에게 전하고자 하는 교훈을 잘 알고 있었다. "화 내면 안 된다, 신에게 헌신해야 한다, '정도(正道)'가 있다." 티나는 이런 교회 원칙들이 사람에 따라 다르게 적용된다고 생각했다.

지역 공동체. 티나는 시골 남부 마을에 살았는데, 거기에는 교회가 여럿 있었고 가게라고는 딱 하나였다. "마을은 교회 위주로 돌아갔어요. 가족마다 가는 교회가 달랐고, 교회마다 차이도 컸지요. 제가 다니던 교회는 대형 교회였고, 마을에 큰 영향을 미쳤죠."

학교. 수술과 재활 때문에 티나는 1년간 휴학을 했다. 티나는 "집에서 학교 공부를 하는 게 정말 좋았어요." 티나를 돕기 위해 파견된 개인 지도 교사가 참 좋은 사람이었다고 떠올렸다.

음악. 음악은 당시 티나가 유일하게 자신을 표현할 수단이었다. 티나는 악단에서 알토 색소폰을 연주했다.

척추 측만증. 중학교 1학년이 되었을 때 티나는 허리 보호대를 차야 했다. "딱 두 시간만 제외하고는 온종일 허리 보호대를 차야 했어요. 친구 중에 저처럼 허리 보호대를 하는 사람은 아무도 없었지요. 전 그냥 혼자 집에 있고 싶었어요. 전 청소년 시기를 동굴 속에서 보낸 것 같아요. 악단에서 악기를 연주하긴 했지만 그게 다였죠. 보호대를 2년 내내 착용했고 중학교 2학년이 되었을 때는 수술을 해야 했어요. 엄마가 많이 속상해하셨죠. 수술 후에는 깁스를 해야 했고 고등학교 2학년 때까지 보호대를 계속 찼어요. 절 따로 살갑게 챙겨 주는 친구가 없어서 그냥 혼자서 견뎌냈죠. 기독교인이었기에 화를 낼 수도 없었어요. 그때는 데이트도 거의 못했고요."

치료사: 선생님, 지금 다시 선생님 공동체 가계도를 보시면서 새로 깨닫게 되신 게 있으세요?

티나는 이렇게 대답했다. "네. 제 낮은 자존감의 뿌리를 알 것 같아요. 이때는 정말 힘든 시기였어요. 보호대를 착용하고 사람들과 거리를 두면서 혼자 지내는 법을 배운 것 같아요. 허리 보호대 때문에 엄마도 조금 물러나서 덜 간섭하셨어요. 불행하고 끔찍한 시기였죠. 고등학교를 빨리 졸업하고 싶다는 생각뿐이었어요."

"아, 저 그때 남자아이들이랑 데이트도 했어요. 제가 레즈비언이라는 걸 알고 있었지만, 남자와 데이트하는 게 제가 해야 할 일이었으니까요. 제가 여자니까 남자를 좋아해야 했죠. 교회에 저처럼 레즈비언인 여자들이 있었어요. 엄마는 사람들이 없는 데서 제게 레즈비언을 비난하셨죠. 제 자신을 바꾸려고 많이 노력했어요. 다르게 행동하면 바꿀 수 있으리라 믿었거든요. 생각을 바꾸려 노력했고 남자를 좋아하려고 애를 썼어요. 정말 오래 노력하면 바꿀 수 있으리라 믿었어요."

이제부터는 그림 6.3에 나타난 캐시의 공동체 가계도를 살펴보자. 여기에는 캐시가 청소년일 때 영향을 미친 주요 요소들이 묘사되어 있다.

캐시. 캐시가 기억하는 청소년기의 모습은 자신을 공동체 가계도 중앙에 위치시킨 데서 짐작할 수 있다. "놀이와 운동이 저랑 가장 가까웠죠. 고등학교 때는 모범생이었어요. 술도 담배도 성관계도 안 했거든요. 대학에 와서야 규칙을 어겼어요. 침례교에서 운영하는 진보적 성향이 강한 대학을 다녔거든요. 대학에 들어가 다양한 생각을 접하면서 부모님의 틀에서 벗어

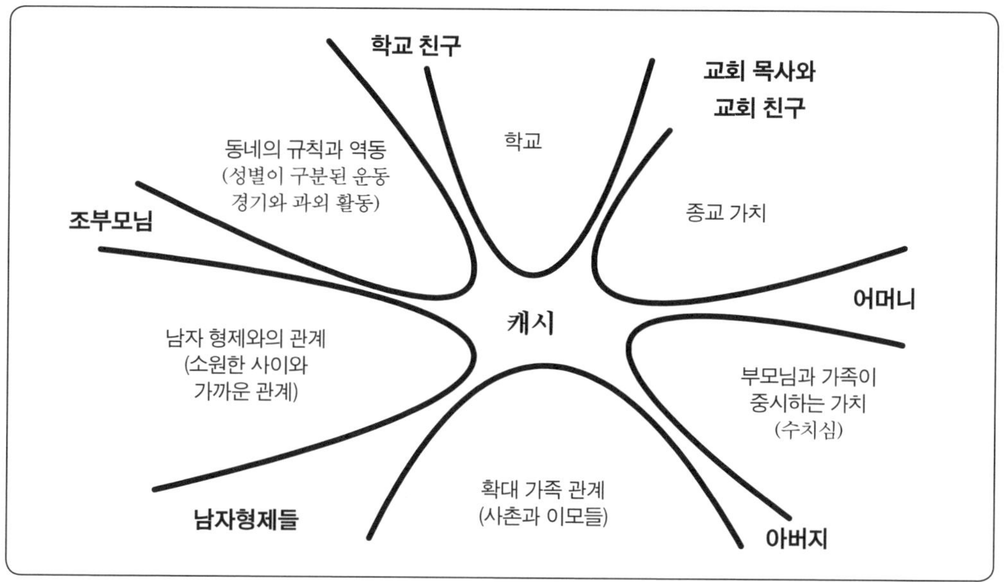

그림 6.3 캐시의 청소년기 공동체 가계도

났죠." 더불어 캐시는 성경을 문자 그대로만 해석할 필요가 없다고 믿게 되었다. 이런 변화는 캐시 엄마가 돌아가시는 과정에서 일어났다.

캐시에게 소중한 사람들(관계망)

어머니와 아버지. 캐시의 공동체 가계도를 보면 부모와 자녀 사이에 명확한 경계선이 있다. 캐시는 다음과 같이 말한다. "부모님이 권위를 오빠에게로 넘겨줄 때도 있었어요. 엄마는 가족 일, 친구 일, 교회 일로 바쁘신 편이셨고요. 엄마가 다른 사람들을 옹호할 때면 상당히 강해지셨어요. 엄마가 우리 가족 중심에 계셨죠. 가족 관련 일은 엄마가 주로 결정하셨어요. 장거리 여행이나 주말 여행 말이지요. 아버지는 재미없는 분이셨어요. 늘 일만 하셨죠. 좀 고지식하게 아버지 규칙을 강요하셨고요."

청소년기 어머니가 캐시의 삶에 적극적으로 관여했다는 점에 초점을 맞춰 이야기가 진행되었다. 캐시는 어머니에게 다가가기가 힘들었다. 캐시 어머니는 캐시가 고등학생일 때 암이 발병했고, 캐시가 대학 입학 후 5년이 지났을 때 돌아가셨다. 어머니는 캐시에 대한 기대가 컸다. 어머니는 캐시가 빌리 그레이엄(Billy Graham) 같은 사람과 결혼하고 종교 관련 일을 하길 원했다.

"엄마는 제가 신실한 사람이 되길 바라셨어요. 전 부모님의 원칙을 의심 없이 따랐죠. 엄마에게 그런 부분에 의문을 제기한 건 엄마가 아주 아프셨을 때 나눴던 대화 한 번이 유일했어요. 딱 한 번 엄마와 저 사이에서 있었던 토론이었죠. 엄마는 우리 두 사람에게 좀 더 시간이 있었다면, 제가 세상을 달리 보는 방식을 받아들였을지도 모른다는 식으로 이야기해 주셨어요." 캐시가 말했다.

캐시는 부모님의 결혼생활이 "불행했다."고 말했다. 캐시의 어머니는 이따금 자기 신세를 한탄했다. 어머니는 캐시에게 "정말 사랑해 주는 사람과 결혼하라."고 조언했다. 캐시 어머니는 알코올 중독자가 많은 복잡한 가정 환경에서 자랐다. 어머니는 아버지를 만나 안정감을 느꼈지만, 아버지는 완고하신 분이셨다. 아버지는 고지식하고 고집이 센 가정 환경에서 자랐다. 캐시는 부모님을 다음과 같이 묘사했다. "서로를 미워하셨어요. 서로 결혼했다는 사실 자체를 싫어하셨죠."

형제. 캐시는 형제가 둘 있고 이름은 폴(Paul)과 로드니(Rodney)다. 오빠 로드니는 캐시에게 많은 영향력을 끼쳤다. 폴은 캐시와 나이 차가 적게 나서 둘은 자주 함께 놀았다. 캐시는 형제 관계가 친구, 이웃 관계와 다 연결되어 있다고 말했다. 청소년기, 캐시는 형제들과 종종 싸우기도 했지만 대체로 서로 잘 어울려 지냈다고 언급했다.

사촌. 친척 중에 사촌 한 명과는 같은 학교와 교회에 다녔다. 고등학교 때 캐시는 사촌과는 다른 친구 무리와 어울렸다. 사촌들은 캐시 삶에 큰 영향을 미치진 않았지만 늘 사소하게 관련되어 있었고, 가족 모임 때면 함께 시간을 보내곤 했다.

교회 친구. 교회 친구는 캐시가 집에서 놀던 친구와는 다른 무리였다. 가족들은 주말에 교회 친구와 어딘가로 함께 떠나 놀았다.

학교 친구. 학교 친구는 교회 친구와 다른 무리였다. 같은 동네 친구는 몇 없었고 동네 친구와 학교 친구 사이에 특정 연관도 없었다. 고등학교 졸업 후 캐시는 학교 친구들과 연락이 끊겼다.

조부모. 양가 조부모 어느 쪽도 10대 캐시에게 큰 영향을 미치지 않았다. "별로 연락을 안 했어요. 할아버지와 할머니는 차갑고 우리에게 관심이 없었고요. 외할아버지와 외할머니는 멀리 사시는 데다 가난하셨어요. 우리가 형편이 나았죠. 특히 아빠가 그렇게 생각하셨어요. 엄마조차도 외할아버지와 외할머니께 잘난 체하곤 하셨죠."

캐시의 공동체 가계도에 나타난 경험

종교의 가치와 교리. 캐시 부모님은 신앙심이 깊어 교회 일에 열심이셨다. 침례교 성장 기반이 죄책감을 느끼는 주요 기반이라고 캐시는 생각한다. "종교는 무엇이 옳고 무엇이 그른지 명확한 잣대를 제공해 줬어요. 대학에 가서 독립적으로 사고할 때, 교회 생활에서 체득한 이 토대가 참 고마웠죠. 제가 누구인지에 대해, 제가 믿고 있는 것에 대해 자신감을 가졌어요. 성경을 꽤 잘 배웠고 사람들과 논쟁할 때면 성경 말씀을 써먹곤 하죠." 교회 생활을 하면서 캐시는 "다른 사람들을 지지하고 헌신하는 삶을 살아야 한다."고 배웠다. 부모와 종교는 캐시에게 일종의 통제와 죄책감에 대한 메시지를 강하게 주입하였다. 실수와 용서는 허용되지 않았다. "언제든 이보다 더 잘할 수 있어."

부모의 영향력과 가족 안의 믿음. 부모님은 캐시에게 강한 사람이 되어야 한다고 강조했다. "다친 상황에서도 강해야 해. 다친 게 뭐 대수니, 아직 살아 있잖아!" 이런 신념은 캐시가 여러 방면에서 두각을 나타내는 데 도움이 되었다. 하지만 한편으로는 이런 신념 때문에 캐시는 타인이 겪는 어려움에 공감하기가 어려웠다. 캐시 가족은 감정이나 관심사를 표현하거나 나누지 않았다. 실수는 가족 안에서 조롱받을 일이었다. "모든 일에 대비해서 준비해 둬야지. 가족 규칙에 반항할 생각은 꿈도 꾸지 마."

캐시 가족은 무척 배타적이었다. 가족들은 늘 자기가 다른 이들보다 나은 듯 오만하게 행동했다. 종종 가족들은 다른 친구들을 비판했다. 하지만 캐시는 친구들을 용서하고 이해하고 싶었는데, 이 점이 다른 가족 구성원과 캐시 사이에 있었던 차이점이다. 캐시의 아버지와 오빠는 가족에 많은 영향을 미쳤고, 부드러운 편이었던 어머니는 이 점에서 가족에 미친 영향이 미미한 편이었다. 가족들은 캐시에게 이런 메시지를 주입했다. "네가 다른 사람들을 비난하지 않으면 그 사람들이 널 비난할 거야."

확대 가족. 이 시기 확대 가족의 영향력은 소소했다.

형제. 캐시의 오빠 로드니는 가족 내에서 목소리가 큰 사람이었다. 로드니가 규칙을 어길 때 캐시 부모님은 처음에는 하지 말라고 위협하고 혼내기도 했지만 아무 변화도 없는 경우가 많았다. 부모님은 이내 포기하기 일쑤였다. 부모님은 '요구 금지와 말하기 금지'라는 방침을 정했다. 로드니는 3학년 때까지 집에서 통학이 가능한 지역 대학에 다녀서 집에서 지배권을 잡았다.

사회 환경. 캐시는 교회와 동네 친구들과 가까운 사이는 아니었다. 캐시는 주로 운동과 관련된 바깥 활동을 했고 형제들, 동네와 학교에서 소규모 무리의 친구들과 어울려 지냈다.

학교 환경. 캐시는 학교에서 인기가 많았다. 이른바 '잘 나가는' 무리와 어울렸고 테니스와 같은 스포츠 활동을 즐겼다. 캐시는 여자 선생님들에게 인기가 많았고 함께 어울리길 좋아했다. 캐시는 무언가 이상하다고 느꼈다.

치료사: 선생님, 이 그림을 제게 보여 주셨는데, 어떤 걸 새롭게 알아채거나 깨달으셨어요?

"옳고 그름에 대한 분명한 잣대가 있었어요. 변하지 않는 굳은 신념 같은… 지금은 달라요. 이제는 세상이 그렇게 쉽게 좋다 나쁘다 나누기 어렵다는 걸 배웠어요. 이것만이 옳다고 하거나 저건 무조건 나쁜 거라고 말하기 힘들죠. 10대 때 전 기독교인이고 이 사실을 숨기지 않았죠. 지금 전 레즈비언이고 앞으로도 그럴 거고, 이 사실을 숨기지 않을 거예요."

"10대 때 전 경쟁심이 강했고 재미있게 노는 법을 배웠어요. 제가 뭘 하고 있는지 잘 알았고 자신감도 있었어요. 제가 다른 사람들 말에 휘둘리기보다는 진정한 자율성을 가지도록 가족들이 많이 도와줬어요."

"어릴 적부터 여자들에게 끌렸어요. 하지만 여기에 대해 깊이 생각하거나 이야기하지는 않았어요. 이런 자유분방한 남자와 결혼한다면 괜찮지 않을까 생각하기도 했고요. 하지만 여자들과 지내면서, 제가 레즈비언이라는 걸 확실히 깨달았어요. 한편으로는 제가 좀 더 개방적인 사회에 살았더라면,

그러니까 제가 누구에게 끌리는지 터놓고 이야기할 수 있는 사회였더라면, 좀 더 어린 나이에 제가 레즈비언이라는 걸 알았을 것 같아요."

치료사: 두 분 가계도에서 뚜렷이 드러나는 주제가 있나요? 공통된 주제도 좋고 개인 주제도 좋아요.

캐시와 티나는 청소년기에 나타난 서로의 공통점을 발견했다. 캐시는 말했다. "우리 둘 다 교회 활동을 열심히 했고 또래 친구들과는 깊이 사귀지 않았어요. 부모님과도 갈등이 있었고요." 캐시 자녀들이 행복해지려면 두 사람이 자기 원가족과는 다른 가정을 만들어 가야 한다고 생각했다.

이 주제는 치료 중반기에 깊이 있게 다뤄졌다. 티나와 캐시는 새 환경에 적응해야 하는 10대인 두 딸을 어떻게 잘 돌보고 챙겨 줄지를 새로운 관점에서 바라보게 되었다.

티나와 캐시의 최종 합동 공동체 가계도

티나와 캐시가 기존에 만든 두 개의 공동체 가계도에서 얻은 통찰력을 잘 활용했으면 하는 바람으로, 치료사는 두 사람이 함께 캐시의 두 딸을 잘 키우는 모습을 담은 미래의 공동체 가계도를 함께 그려 보자고 제안했다. 이 관계형 공동체 가계도는 희망찬 변화를 만들어 가기 위한 청사진이었다. 마지막 세 번의 치료 회기는 **그림 6.4**에 묘사된 상황을 창조하도록 티나와 캐시를 돕는 데 할애했다.

가족 일단(family constellation). 티나와 캐시는 애나(Anna)와 크리스티(Kristi)를 공동체 가계도 맨 중앙에 그려 넣었다. 캐시는 이렇게 덧붙였다. "우린 애나와 크리스티가 환영받고 있다고 느끼도록 돕고 싶어요. 그렇게 어렵진 않을 것 같아요. 우리가 루이지애나(Louisiana) 주에 있을 때 두 아이와 사이가 좋았고 아이들도 미시간(Michigan) 주에서 우리와 같이 살고 싶다고 했거든요." 티나는 지금 당장 이 일을 이루기는 힘들다고 생각했다. "아이들은 저한테도 적응해야 하고, 캐시와 저 사이 새로운 관계에도 적응해야 해요. 아이들과 제가 캐시와 시간을 보내고 싶어 서로 겨루게 될지도 모르죠." 캐시 또한 신중한 계획이 필요하다는 데 동의했다.

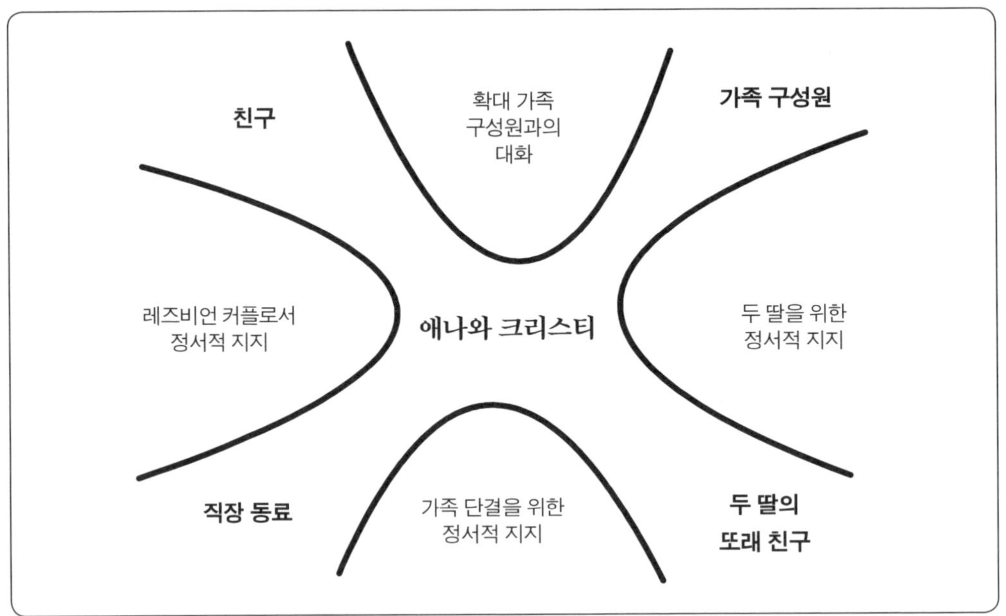

그림 6.4 티나와 캐시의 관계형 공동체 가계도: 미래 모습

친구. 캐시와 티나는 이웃이 자녀와 함께 사는 동성애 커플에게 어떻게 반응할지 걱정했다. 캐시와 티나는 차에 붙여 두었던 무지개 스티커를 당분간 떼 버릴 계획을 세웠다. 무지개 스티커는 다른 동성애자들과 두 사람을 연결해 주었기에 이 변화는 큰 양보를 의미한다. 캐시는 이를 일종의 일보 후퇴로 보았다. 티나는 이를 '잠시 휴식 취하기' 또는 '공백'으로 생각했다. 두 사람은 한동안 스티커를 제거할 것이다. 주변 사람들 반응에 따라 스티커를 도로 붙일지를 결정할 계획이다.

직장 동료. 캐시와 티나 모두 직장 동료들이 많이 응원해 줄 것 같다고 말한다. 캐시는 최근 일하던 대학을 떠나 개인 사업을 시작했는데, 직장 동료들이 이 결정을 응원해 주리라는 느낌이 든다고 했다. 티나의 경우 직장 동료들이 참 많은 힘이 되었지만 따로 회사 밖에서 보는 사이는 아니었기에 실제로 큰 도움이 될 것 같지는 않았다.

두 딸의 또래 친구. 캐시는 걱정스럽게 말했다. "우리 두 딸이 새 학교에 잘 적응하기 위해 도울 수 있는 건 최선을 다해 돕겠지만, 우리가 아이들 친구를 선택해 줄 수는 없잖아요. 동네 YWCA에 연락해서 애나가 좋아하는

드라마 클럽, 크리스티가 원하는 승마 교실을 찾긴 했는데… 이 부분은 앞으로도 걱정돼요."

가족 구성원. 이 지역에는 가까운 친인척이 살지 않는다. 확대 가족 구성원들은 모두 남부지방에 살아서 지금 이 시점에서는 두 아이가 새 환경에 적응하는데 큰 갈등이 없으리라 예상한다.

경험

커플을 위한 정서적 지지. 캐시와 티나는 함께 있을 때 더 강인해지는 느낌이었다. 티나는 이런 느낌을 명확히 말로 묘사하였다. "앞으로 더 험난하고 힘든 일이 많을 거로 생각해요. 그래도 우리가 함께하면 이런 고난을 잘 극복하리라는 자신감이 있어요. 물론 경제적으로도 더 안정되었고 순탄한 직장생활도 한몫을 하죠. 하지만 그 무엇보다 지금 너무 행복해요. 이사를 하는 과정에서도 서로를 응원했고 다른 커플이라면 헤어질지도 모를 고초를 함께 슬기롭게 해결해 나갔어요. 이런 경험으로 우리는 더 강해졌고 서로를 더 사랑하게 되었어요."

두 딸을 위한 정서적 지지. 캐시와 티나는 함께 두 딸과 마음을 열고 대화를 나누는 방법을 모색했다. 두 사람은 두 딸이 각각 다른 바람을 가졌고 이런 개인성을 존중해야 한다고 생각했다. 캐시는 이렇게 말했다. "우리 딸이 어떤 친구와 사귈지는 저희 소관이 아니잖아요. 이 부분을 어떻게 잘 지원해 주어야 할지가 가장 힘든 과제일 것 같아요. 아이들이 커갈수록 데이트고 잘하고 성적 존재로서 건강한 자아감을 확립하도록 도와주고 싶어요."

가족 단결을 위한 정서적 지지. 경험의 크기는 캐시와 티나가 이 부분을 얼마나 중요시하는지를 보여 준다. 혼합 가족(blended family)이 되기란 쉬운 일이 아니고 경계선과 관련한 수많은 시행착오가 있다는 것을 두 사람은 잘 안다. 이 부분을 깊이 탐색하는 과정에서 많은 질문이 오갔다. "캐시의 관심과 사랑을 받기 위해 두 딸이 서로 티나와 경쟁하는 모습을 보일까요? 두 딸이 티나를 부모로 받아들이고 부모로서 권위를 인정할까요? 캐시와 티나가 어떤 식으로 애나가 새로 시작하는 것을 도와주고, 이는 크리스티에게 어떤 영향을 미칠까요? 두 딸이 동성애자 가족에 대한 이웃의 반응에 어떻게 대처할까요?"

확대 가족 구성원과 대화. 이 부분은 캐시와 티나의 가족 구성원들이 애나와 크리스티를 가족으로 인정한다고 두 아이가 느끼는 데 도움이 되는 질문으로 채워졌다. "친인척들이 캐시와 티나와 함께 사는 두 딸에게 어떻게 반응할까요?" 캐시는 이렇게 말했다. "짐(Jim)은 우리 가족 상황을 잘 이해해 줘요. 티나 아버지나 제 형제들은 아직 이 상황을 제대로 받아들이지 못하는 듯해요. 아직은 계속 노력해야 할 부분인데, 그래도 언젠가는 서로 이해할 날이 오리라 봐요. 결국에는 다 맞닥뜨리게 될 테지만, 다행히 지금 당장 친인척들을 만날 일은 많이 없어요. 예를 들어 애나 졸업식이나 명절에는 친인척들과 어떻게 이야기 나눌지 고민해야겠지요."

티나와 캐시가 이루어 낸 결실

공동체 가계도는 두 딸과 재결합할 때 예상되는 어려움을 이해하는 데 도움이 되었다. 또한 공동체 가계도를 활용하여 캐시와 티나는 좀 더 긍정적인 재결합과 통합 과정에 도움이 되는 안팎의 자원을 찾고 활용하는 방법을 배웠다. 남은 치료 회기들은 이 주제에 초점을 맞춰 진행되었고 티나와 캐시는 두 딸과 재결합 뒤 3개월 안에 가족 모두 함께 치료를 재개, 서너 회기 가족치료를 하며 티나, 캐시, 애나, 크리스티 모두가 가진 바람이 잘 이뤄졌는지 확인하기로 했다.

✲ 결론: 줄거리를 통한 설명

이 장에서는 공동 구성주의 틀 안에서 공동체 가계도를 평가도구로 쓰는 방법과 전략적으로 해석하는 방식을 보여 주었다. 공동체 가계도가 과거, 현재, 미래의 바람과 내담자 가족을 둘러싼 환경 요소의 영향력을 밝히는 데 유용한 상호 소통형 도구라는 점은 명백하다. 공동체 가계도가 상담에서 포스트모더니즘 접근(postmodern approach)과 일맥상통하긴 하지만 일반 개인 치료 혹은 체계 치료에 곁들여 사용하기도 좋다.

이 장 전반에 걸쳐 상담사가 쓸 수 있는 여러 질문을 설명하였다. 이 질문은 치료 과정에서 내담자가 자기 이야기를 더 상세히 말하는 데 도움이 되도록 고안되었다. 내담자를 힘겹게 하는 기억조차도 내담자가 현재와 미래 삶을 향상하는 결정을 하는 데 도움을 준다. 내담자가 변화를 위한 계획을 설계하고 자기 이야기를 새로 쓰고 이를 시각적으로 표현하는 데도 공동체 가계도를 손쉽고 융통성 있게 활용할 수 있다.

공동체 가계도는 말로만 하는 상담에서는 쉽게 드러나지 않는 주제를 발굴하는 데도 유용하다. 시각화한 그림은 내담자들과 치료사들이 공동체 가계도를 다양하게 해석할 여지를 남겨 준다. 치료 목적이 내담자가 인접 환경에 잘 적응하도록 돕는 데 있다면, 공동체 가계도는 타인과 관계 속에서 자기 모습을 이해하는 방법으로 대단히 유용하다. 나아가 내담자가 새로운 미래를 맞이할 준비를 할 때, 공동체 가계도는 내담자가 미처 보지 못했던 자원과 내면에 있는 강점을 알아채는 데 도움이 된다.

끝맺는 말

치료사는 치료 상황에서 내담자 반응에 영향을 미치는 요소나 치료 상황 밖에서 내담자 삶과 관련된 요소가 무엇인지 명확히 인지하고 있어야 한다. 이는 심리치료에서 치료사에게 요구되는 필수사항이다.

— 홀(J. Whol),『심리치료와 문화 다양성(*Psychotherapy and Cultural Diversity*)』

상담과 심리치료 분야는 정보와 기술이 넘치는 시대 변화에 능동적으로 대응하고 있으며, 우리는 자기 성찰과 통찰력을 촉진하는 방법을 찾고자 한다. 다양한 학파와 상담 방법론에서는 환경 요소를 이해하여 개개인 이야기에 더 풍부한 의미를 부여하고자 한다. 임상가와 교육자는 이러한 자기 성찰과 집단 성찰을 촉진하는 데 공동체 가계도를 활용할 수 있다.

✲ 임상 실무에서 공동체 가계도 활용하기

임상가들은 치료에 더욱 효과적인 수단을 찾아내려 노력한다. 증거 기반 치료 접근(evidence-based approaches to treatment)이 여러 분야에 걸쳐 대세이긴 하지만, 임상가들은 여전히 특정 내담자에게 적합한 치료 방법을 찾아 선택하는 능력을 향상하려 한다. 치료 학파나 모델에 상관없이 공동체 가계도는 치료의 보조적 방법이나 통합적 방법으로 활용할 수 있다. 또한 내담자가 자라 온 성장 환경이나 학습 방식에 비추어 어떤 치료 방법을 선택하는 게 좋을지와 관련하여 공동체 가계도는 유용한 정보를 제공한다.

❁ 측정 도구

내담자의 자기 성찰을 촉진하는 일은 어려울 뿐만 아니라 시간도 많이 소요된다. 공동체 가계도를 치료 초반에 사용하면 내담자와 상담사 관계를 향상하고 내담자가 가진 세계관에 영향을 미치는 환경 요소를 이해하는 데 큰 도움이 된다. 공동체 가계도를 측정도구로 활용할 때, 치료사는 내담자가 선호하는 사고방식과 이야기 방식, 중요한 역사/환경의 요소들에 대한 지식을 얻게 된다. 공동체 가계도를 열린 방식으로 사용하면 내담자는 현재 삶에 영향을 미치는 이슈들이 어디서부터 시작하고 발전해 왔는지를 이해하기 쉽다. 이렇듯 역사의 측면에 초점을 둠으로써 공동체 가계도는 성찰 과정(reflective process)을 촉진하며, 임상가에게 다양한 개입 시점을 제공한다. 공동체 가계도의 핵심 요소들, 이야기 방식, 시간과 변화하는 인간관계의 영향, 현재 상황을 두루 다루며 공동체 가계도를 완성한다. 그림을 통해 구체적으로 묘사하고 개념을 통합하는 방식은 내담자의 과거와 현재를 연결하고, 다양한 내담자들이 상담실에 들고 온 문제를 좀 더 빨리 평가하는 데 도움이 된다. 치료 초반 공동체 가계도를 그릴 때, 이를 향후 치료 성과를 가늠하는 지표나 좀 더 뿌리 깊은 핵심 문제를 탐색하는 도구로도 활용할 수 있다.

❁ 개입 장치

공동체 가계도는 치료라는 여정 전반에 걸쳐 유연하게 쓸 수 있다. 공동체 가계도는 내담자가 특정 이슈에 깊이 집중하도록 도와준다. 열린 방식으로 공동체 가계도를 사용하는 것과 다르게 치료 중반 '개입'을 목적으로 공동체 가계도를 활용하면 내담자는 현 상황 배후의 핵심 세력이 무엇인지 잘 이해하게 된다.

문제 규명 과정(problem-identification process) 단계에서 공동체 가계도는 기존 언어 기반의 심리치료에서 종종 지나쳐 버린 역사와 환경의 기여 요소를 더욱더 깊이 탐색하는 데 도움을 준다. 치료가 점점 문제 해결 시도 국면에 접어들면 공동체 가계도는 내담자가 과거에 성공적으로 변화를 이끌었던 긍정적인 경험들을 밝히는 데 유용하다. 치료 종결 단계에서는 공동체 가계도를 활용하여 내담자가 치료에서 성공적으로 독립하도록 돕는다.

치료의 특정 단계에서 사용하는 것 외에도 내담자가 겪는 어려움을 이해하고 해결 방법을 모색하는 데 영향을 미치는 체계적이고 생태계적 측면을 통합하여 보는 데 공동체 가계도는 두루 유용하다. 내담자가 1차원적 설명이 얼마나 편견을 지속시키며 그 자체로 한계가 있다는 점을 깨달을 때 치료적 변화가 일어난다. 공동체 가계도는 내담자가 개인, 두 사람, 가족/집단, 지역 공동체, 문화 수준에서 어떻게 서로 영향을 주고받는지 이해하게끔 도와준다. 즉 공동체 가계도는 내담자가 좀 더 거시적 관점에서 반복되는—특정한 맥락 속에서 혹은 시간에 걸쳐 반복되는—상호작용 패턴을 인식하도록 도와준다.

마지막으로 공동체 가계도는 문제가 사회적으로 어떻게 형성되고 그 영향력은 무엇인지 내담자가 깨닫게 도와준다. 사회의 힘과 대인관계 역동을 알아가기란 복잡하고 어려운 과정이다. 공동체 가계도는 이런 숨겨진 역동과 힘을 명확하게 드러내며 사회에서 내담자를 억압하고 조정하는 배후 세력을 알아채고 이를 치료에서 사용하게 도와준다. 공동체 가계도는 내담자가 가진 강점을 알아채고, 특정 행동이나 사고를 새로운 시각으로 이해하게끔 한다. 권력 관계(power relationships)를 조명하는 과정을 거쳐 내담자는 미래에 대해 좀 더 신중한 결정을 내리게 된다.

❀ 연구 평가도구

이 책에서는 연구 도구로서 공동체 가계도가 가지고 있는 잠재성에 대해 따로 언급하지 않았지만, 공동체 가계도는 질적 · 양적 평가도구로도 활용할 수 있다. 내담자가 그린 그림과 이 그림에 연관된 이야기를 하면서 내담자가 지닌 문화적 인식 수준을 평가할 수 있다. 이 문화적 인식 수준을 치료 진전을 나타내는 다른 척도들과 함께 사용하면 우리는 내담자가 얼마나 많은 변화를 이루었는지 좀 더 넓은 시각에서 이해하게 된다. 맥락을 이해함과 동시에 세상을 변화시키는 주체로서—영향을 받는 수동적 존재로서만이 아니라—자신을 인식할 경우, 공동체 가계도는 내담자의 성공과 만족을 이끄는 사회와 지역사회 세력을 밝히는 도구로도 활용할 수 있다. 심리치료와 상담 분야에서 점점 더 생태학과 체계의 이해가 중요시되고 있다. 공동체 가계도는 내담자 삶에 영향을 미치는 과거와 현재와 미래의 배후 세력을 이해하도록 돕는 징검다리 노릇을 하는 도구 중 하나이다.

※ 결론: 맥락의 중요성

지금까지 공동체 가계도의 여러 방법과 기술을 적용한 다양한 양식을 소개하였다. 무엇보다도 생태학의 상호성 원리를 깨닫는 것이 얼마나 중요한지 강조하고 싶다. 별 모양 그림, 집 평면도 그림, 지역사회 지도 그림 등과 같은 방법은 목적을 달성하기 위한 수단일 뿐이다. 임상가가 창조성을 발휘한다면 기존 양식뿐만 아니라 즉흥적인 시각화 방식을 사용, 내담자 삶에 영향을 미치는 맥락 요소를 깊이 탐색할 수 있다. 무엇보다 '맥락의 중요성'을 잊어서는 안 된다. 복잡한 문제를 이해하기 쉬운 형식으로 바꾸려면 우리는 여러 가지 전략을 활용해야 한다.

맥락이 중요하다는 점은 자명하지만, 맥락의 방대한 정보량이나 정서적 부담감을 고려할 때 이를 치료나 상담 현장에 실제 적용하기란 쉽지 않다. 우리가 특정 관점이나 해석에 집착할 때 맥락을 포괄하는 넓은 시야를 확보하기가 더 어려워진다. 때때로 우리는 맥락에 대해 잠시 이야기를 나누는 데 그칠 뿐, 맥락을 쉽게 망각하고 도외시하며 익숙한 치료 방법으로 돌아간다. 맥락을 충분히 고려하고 반영하려고 계속 노력해야 이를 치료 과정에서 제대로 통합하고 활용할 수 있다. 공동체 가계도는 치료의 모든 과정에 걸쳐 반복해서 참조할 수 있기에 내담자가 치료 요점을 쉽게 이해하는 데 유용하다.

참고 문헌

Adams-Westcott, J., Dafforn, T. A., & Sterne, P. (1993). Escaping victim life stories and co-constructing personal agency. In S. Gilligan & R. Price (Eds.), *Therapeutic conversations* (pp. 258–276). New York: W. W. Norton.

Adler, A. (1926). *The neurotic constitution*. New York: Books for Libraries Press.

Anderson, H., & Goolishian, H. A. (1988). Human systems as linguistic systems: Preliminary and evolving ideas about the implications for clinical theory. *Family Process*, *27*, 371–393.

Anderson, H., & Goolishian, H. A. (1992). The client is the expert. In S. McNamee & K. Gergen (Eds.), *Therapy as social construction* (pp. 67–79). Newbury Park, CA: Sage.

Angelou, M. (1970). *I know why the caged bird sings*. New York: Bantam.

Anthony, W., & Carkhuff, R. (1977). The functional professional therapeutic agent. In A. Gurman & A. Razin (Eds.), *Effective psychotherapy* (pp. 103–119). Elmsford, NY: Pergamon.

Arciero, G., & Guidano, V. F. (2000). Experience, explanation, and the quest for coherence. In R. A. Neimeyer & J. D. Raskin (Eds.), *Constructions of disorder* (pp. 91–118). Washington, DC: American Psychological Association.

Attneave, C. (1982). American Indian and Alaska native families: Emigrants in their own homeland. In M. McGoldrick, J. Pearce, & J. Giordano (Eds.), *Ethnicity and family therapy* (pp. 187–201). New York: Guilford Press.

Auerswald, E. (1983). The Gouveneur Health Service Program: An experiment in ecosystemic community care delivery. *Family Systems Medicine, 1*, 5–13.

Axelson, J. A. (1999). *Counseling and development in a multicultural society* (3rd ed.). Pacific Grove, CA: Brooks/Cole.

Banks, J. (2002). *An introduction to multicultural education* (3rd ed.). Boston: Allyn and Bacon.

Becvar, D. S., & Becvar, R. J. (2003). *Family therapy: A systemic integration* (5th ed.). Boston, MA: Allyn and Bacon.

Becvar, R. J., & Becvar, D. S. (1994). The ecosystemic story: A story about stories. *Journal of Mental Health Counseling, 16*, 22–32.

Berger, P., & Luckmann, T. (1966). *The social construction of reality.* Garden City, NY: Doubleday.

Bowen, M. (1978). Family therapy in clinical practice. New York: Jason Aronson. Breunlin, D., Schwartz, R., & MacKune-Karrer, B. (1992). *Metaframeworks: Transcending the models of family therapy.* San Francisco: Jossey-Bass.

Bronfenbrenner, U. (1979). *The ecology of human development.* Cambridge, MA: Harvard University Press.

Brown, L. S. (2000). Discomforts of the powerless: Feminist constructions of distress. In R. A. Neimeyer & J. D. Raskin (Eds.), *Constructions of disorder* (pp. 287–308). Washington, DC: American Psychological Association.

Burr, V. (1995). *An introduction to social constructionism.* London: Routledge.

Cheatham, H. (1990). Empowering black families. In H. Cheatham & J. Stewart (Eds.), *Black families* (pp. 373–393). New Brunswick, NJ: Transaction Press.

Congress, E. P. (1994). The use of culturagrams to assess and empower culturally diverse families. *Families in Society: The Journal of Contemporary Human Services, 75*, 531–540.

Coopersmith, E. (1980). The family floor plan: A tool for training, assessment and intervention in family therapy. *Journal of Marital and Family Therapy, 6*, 141–145.

Cross, W. E., Jr. (1991). *Shades of black: Diversity in African American identity.* Philadelphia: Temple University Press.

D'Andrea, M. (2000). Postmodernism, constructivism, and multiculturalism: Three forces reshaping and expanding our thoughts about counseling. *Journal of Mental Health Counseling, 22*, 1–16.

D'Andrea, M., & Daniels, J. (2001). Respectful counseling: An integrative multidimensional model for counselors. In D. Pope-Davis & H. Coleman (Eds.), *The intersection of race, class, and gender in multicultural counseling* (pp. 417–466). Thousand Oaks, CA: Sage.

Daniels, M. H., & White, L. J. (1994). Human systems as problem-determined linguistic systems: Relevance for training, *Journal of Mental Health Counseling, 16*, 105–119.

Dell, P. (1982). Beyond homeostasis: Toward a concept of coherence. *Family Process, 21*, 21–24.

De Shazer, S. (1991). *Putting difference to work*. New York: W. W. Norton.

Duhl, F. J. (1981). The use of the chronological chart in general systems family therapy. *Journal of Marital and Family Therapy, 7*, 361–373.

Dunn, A. B., & Levitt, M. M. (2000). The genogram: From diagnostics to mutual collaboration. *Family Journal: Counseling and Therapy for Couples and Families, 8*, 236–244.

Durrant, M., & Kowalski, K. (1993). Enhancing views of competence. In S. Friedman (Ed.), *The new language of change: Constructive collaboration in psychotherapy* (pp. 107–137). New York: Guilford Press.

Efran, J. S., & Cook, P. E. (2000). Linguistic ambiguity as a diagnostic tool. In R. A. Neimeyer & J. D. Raskin (Eds.), *Constructions of disorder* (pp. 121–144). Washington, DC: American Psychological Association.

Falicov, C. J. (1988). Learning to think culturally. In H. A. Liddle, D. S. Breunlin, & R. C. Schwartz (Eds.), *Handbook of family therapy training and supervision* (pp. 237–251). New York: Guilford Press.

Frame, M. W. (2000). Constructing religious/spiritual genograms. In R. E. Watts (Ed.), *Techniques in marriage and family counseling* (pp. 69–74). Alexandria, VA: American Counseling Association.

Freedman, J., & Combs, G. (1996). *Narrative therapy*. New York: W. W. Norton.

Gergen, K. J. (1999). *An invitation to social construction*. London: Sage.

Gladding, S. T. (2002). *Family therapy: History, theory, and practice* (3rd ed.). Upper Saddle River, NJ: Merrill.

Goldner, V. (1993). Power and hierarchy: Let's talk about it! *Family Process, 32*, 157–162.

Gonçalves, O. (1995). Hermeneutics, constructivism and cognitive-behavioral therapies: From the object to the project. In R. A. Neimeyer & M. J. Mahoney (Eds.), *Constructivism in psychotherapy* (pp. 195–230). Washington, DC: American Psychological Association.

Goodman, G. Jr. (1972, March 24). Maya Angelou's lonely black outlook. *The New York Times*, p. 28.

Goolishian, H., & Anderson, A. (1987). Language systems and therapy: An evolving idea. *Psychotherapy, 24*, 529–545.

Grant, C. A., & Sleeter, C. E. (2002). *Turning on learning: Five approaches for multicultural teaching plans for race, class, gender, and disability*. New York: Wiley.

Green, J. B. (2003). *Introduction to family theory and therapy: Exploring an evolving field*. Pacific Grove, CA: Brooks/Cole.

Green, J. W. (1999). *Cultural awareness in the human services* (3rd ed.). Boston, MA: Allyn and Bacon.

Guerin, P. J., & Pendagast, E. G. (1976). Evaluations of family system and genogram. In P. J. Guerin (Ed.), *Family therapy: Theory and practice* (pp. 450–464). New York: Gardner Press.

Guidano, V. F. (1995). Self-observation in constructivist psychotherapy. In R. A. Neimeyer & M. J. Mahoney (Eds.), *Constructivism in psychotherapy* (pp. 61–84). Washington, DC: American Psychological Association.

Guterman, J. T. (1994). A social constructionist position for mental health counseling. *Journal of Mental Health Counseling, 16*, 226–244.

Hanson, S. M., & Boyd, S. (1996). *Family health care nursing*. Philadelphia: F. A. Davis.

Hardy, K. (1990). The theoretical myth of sameness: A critical issue in family therapy training and treatment. In G. Saba, B. Karrer, & K. Hardy (Eds.), *Minorities and family therapy* (pp. 17–33). New York: Haworth Press.

Hardy, K., & Laszloffy, T. (1995). The cultural genogram: Key to training culturally competent family therapists. *Journal of Marital and Family Therapy, 21*, 227–237.

Hare-Mustin, R. T. (1978). Discourses in the mirrored room: A postmodern analysis of therapy. *Family Process, 33*, 19–35.

Harland, R. (1987). *Superstructuralism*. London: Methuen.

Hartman, A. (1978). Diagrammatic assessment of family relationships. *Social Casework, 59*, 465–476.

Hayes, R. L. (1994). Counseling in the postmodern world: Origins and implications of a constructivist developmental approach. *Counseling and Human Development, 26*(6), 1–12.

Helms, J. (1990). *Black and White racial identity*. Westport, CT: Greenwood.

Hoffman, L. (1990). Constructing realities: An art of lenses. *Family Process*, *29*, 1–12.

Howard, G. S. (1991). Cultural tales: A narrative approach to thinking, crosscultural psychology and psychotherapy. *American Psychologist*, *46*, 187–197.

Ibrahim, F. A. (1985). Effective cross-cultural counseling and psychotherapy: A framework. *Counseling Psychologist*, *12*, 625–638.

Ivey, A. E. (1991). *Developmental strategies for helpers: Individual, family, and network interventions*. Pacific Grove, CA: Brooks/Cole.

Ivey, A. E. (1995). *Psychotherapy as liberation*. In J. Ponterotto, J. Casas, L. Suzuki,

& C. Alexander (Eds.), *Handbook of multicultural counseling* (pp. 131–145). Beverly Hills, CA: Sage.

Ivey, A. E. (2000). *Developmental therapy: Theory into practice*. North Amherst, MA: Microtraining Associates.

Ivey, A. E., D'Andrea, M., Ivey, M. B., & Simek-Morgan, L. (2002). *Theories of counseling and psychotherapy: A multicultural perspective* (5th ed.). Boston: Allyn and Bacon.

Ivey, A. E., Gluckstern, N., & Ivey, M. (1992). *Basic attending skills* (3rd ed.). North Amherst, MA: Microtraining Associates.

Ivey, A. E., Gonçalves, O., & Ivey, M. (1989). Developmental therapy: Theory and practice. In O. Gonçalves (Ed.), *Advances in the cognitive therapies: The constructive-developmental approach* (pp. 91–110). Porto, Portugal: APPORT.

Ivey, A. E., Pedersen, P. B., & Ivey, M. B. (2001). *Intentional group counseling: A microskills approach*. Belmont, CA: Brooks/Cole.

Jackson, B. (1975). Black identity development. *Journal of Educational Diversity*, *2*, 19–25.

Jackson, B. (1990). *Building a multicultural school*. Paper presented to the Amherst Regional School System, Amherst, MA.

Julianelli, J. (1972, November). Maya Angelou. *Harper's Bazaar*, p. 124.

Jung, C. (1935). The personal and collective unconscious. In C. Jung, Collected works (Vol. 7, pp. 87–110). New York: Pantheon.

Keeney, B. P. (1983). *Aesthetics of change*. New York: Guilford Press.

Kelly, G. A. (1955). *The psychology of personal constructs*. New York: Norton.

Kittredge, W. (1999). *Taking care: Thoughts on story-telling and belief.* Minneapolis, MN: Milkweed Editions.

L'Abate, L., & Bagarozzi, D. A. (1993). *Sourcebook of marriage and family evaluation*. New York: Bruner/Mazel.

Lambert, M., & Bergin, A. (1994). The effectiveness of psychotherapy. In A. Bergin & S. Garfield (Eds.), *Handbook of psychotherapy and behavior change* (pp. 184–197). New York: Wiley.

Locke, D. (1992). *Increasing multicultural understanding*. Beverly Hills, CA: Sage.

Luepnitz, D. (1988). *The family interpreted: Feminist theory in clinical practice*. New York: Basic Books.

Lyddon, W. J. (1995). Cognitive therapy and theories of knowing: A social constructionist view. *Journal of Counseling and Development*, *73*, 579–585.

Mahoney, M. (2003). *Constructive psychotherapy: A practical guide*. New York: Guilford Press.

Martin, J. (1988). A proposal for researching possible relationships between scientific theories and the personal theories of counselors and clients. *Journal of Counseling and Development*, *66*, 261–265.

Maturana, H., & Varela, F. (1987). *The tree of knowledge*. Boston: New Science Library.

McGoldrick, M., Gerson, R., & Shellenberger, S. (1999). *Genograms: Assessment and intervention* (2nd ed.). New York: W. W. Norton.

McLeod, J. (1997). *Narrative and psychotherapy*. London: Sage.

Meichenbaum, D. (1994). *A clinical handbook/practical therapist manual for assessing and treating adults with post-traumatic stress disorder (PTSD)*. Waterloo, Ontario: Institute Press.

Meyerstein, I. (1979). The family behavioral snapshot: A tool for teaching family assessment. *American Journal of Family Therapy*, *7*, 48–56.

Minuchin, S. (1974). *Families and family therapy*. Cambridge, MA: Harvard University Press.

Monk, G. (1997). How narrative therapy works. In G. Monk, J. Winslade, K. Crocket, & D. Epston (Eds.), *Narrative therapy in practice* (pp. 94–103). San Francisco: Jossey-Bass.

Montalvo, B. (1987). Family strengths: Obstacles and facilitators. In M. Karpel (Ed.), *Family resources: The hidden partner in family therapy* (pp. 93–115). New York: Guilford Press.

Morgan, A. (2000). *What is narrative therapy? An easy-to-read introduction*. Adelaide, South Australia: Dulwich Centre.

Mumford, D. J., & Weeks, G. (2003). The money genogram. *Journal of Family Psychotherapy, 14*(3), 33–44.

Neimeyer, G., & Neimeyer, R. A. (1994). Constructivist methods of marital and family therapy: A practical precis. *Journal of Mental Health Counseling, 116*, 85–104.

Neimeyer, R. A. (1998). Social constructionism in the counseling context. *Counseling Psychology Quarterly, 11*, 135–149.

Neimeyer, R., & Harter, S. (1988). Facilitating individual change in Personal Construct Therapy. In G. Dunnett (Ed.), *Working with people: Clinical use of Personal Construct Psychology* (pp. 83–97). London: Routledge.

Neimeyer, R. A., & Raskin, J. D. (Eds.). (2000). *Constructions of disorder: Meaning-making frameworks for psychotherapy.* Washington, DC: American Psychological Association.

Nieto, S. (2001). *Language, Culture and Teaching: Critical perspectives for a new century.* San Francisco: Lawrence Erlbaum.

Ogbonnaya, O. (1994). Person as community: An African understanding of the person as an intrapsychic community. *Journal of Black Psychology, 20*, 75–87.

O'Hanlon, W. H., & Weiner-Davis, M. (1989). *In search of solutions.* New York: W. W. Norton.

Paniagua, F. A. (2001). *Diagnosis in a multicultural context: A casebook for mental health professionals.* Thousand Oaks, CA: Sage.

Pedersen, P. (Ed.). (1991). Multiculturalism as a fourth force in counseling [Special issue]. *Journal of Counseling and Development, 70.*

Pedersen, P. (2000). *A handbook for developing multicultural awareness* (3rd ed.). Alexandria, VA: American Counseling Association.

Polkinghorne, D. E. (1994). Reaction to special section on qualitative research in counseling process and outcome. *Journal of Counseling Psychology, 41*, 510–512.

Ponterotto, J., Casas, J., Suzuki, L., & Alexander, C. (1995). *Handbook of multicultural counseling.* Beverly Hills, CA: Sage.

Prawat, R., & Floden, R. (1994). Philosophical perspectives on constructivist views of learning. *Educational Psychology, 29*, 37–48.

Rigazio-DiGilio, S. A. (1994). A co-constructive-developmental approach to ecosystemic treatment. *Journal of Mental Health Counseling, 16*, 43–74.

Rigazio-DiGilio, S. A. (1997). From microscopes to holographs: Client development within a constructivist paradigm. In T. Sexton & B. Griffin (Eds.), *Constructivist thinking in counseling practice, research, and training* (pp. 74–100). New York: Teachers College Press.

Rigazio-DiGilio, S. A. (2000). Reconstructing psychological distress and disorder from a relational perspective: A systemic coconstructive-developmental framework. In R. A. Neimeyer & J. D. Raskin (Eds.), *Constructions of disorder* (pp. 309–332). Washington, DC: American Psychological Association.

Rigazio-DiGilio, S. A., Gonçalves, O. F., & Ivey, A. E. (1996). From cultural to existential diversity: The impossibility of an integrative psychotherapy within a traditional framework. *Applied and Preventive Psychology: Current Scientific Perspectives*, *5*, 235–248.

Rigazio-DiGilio, S. A., & Ivey, A. E. (1995). Individual and family issues in intercultural counselling and therapy: A culturally-centered perspective. *Canadian Journal of Counselling*, *29*, 244–261.

Rigazio-DiGilio, S. A., Ivey, A. E., & Locke, D. (1997). Continuing the postmodern dialogue: Enhancing and contextualizing multiple voices. *Journal of Mental Health Counseling*, *19*, 233–255.

Rogers, C. R. (1959). A theory and therapy, personality, and interpersonal relationships, as developed in the client-centered framework. In S. Koch (Ed.), *Psychology: A study of a science* (Vol. 3, pp. 97–109). New York: McGraw-Hill.

Rohner, R. (1986). *The warmth dimension: Foundations of parental acceptance-rejection theory*. New Perspectives on Family. San Francisco: Sage.

Seligman, M. S. P. (1975). *Helplessness: On depression, development, and death*. San Francisco: W. H. Freeman.

Sexton, T. L., & Whiston, S. C. (1994). The status of the counseling relationship: An empirical review, theoretical implications, and research directions. *Counseling Psychologist*, *22*, 6–78.

Sloane, R., & Staples, F. (1984). Psychotherapy versus behavior therapy: Implications for future psychotherapy research. In J. Williams & R. Spitzer (Eds.), *Psychotherapy research: Where are we and where should we go?* (pp. 203–215). New York: Guilford Press.

Smith, G. P. (1998). *Common sense about uncommon knowledge: The knowledge bases for diversity*. Washington, DC: American Association of Colleges for Teacher Education (AACTE).

Sue, D. W., Ivey, A. E., & Pedersen, P. B. (1996). *A theory of multicultural coun-*

seling and therapy. Pacific Grove, CA: Brooks/Cole.

Sue, D. W., & Sue, D. (1999). *Counseling the culturally different: Theory and practice* (3rd ed.). New York: Wiley.

Thomlison, B. (2002). *Family assessment handbook*. Pacific Grove, CA: Brooks/Cole.

Tomm, K. (1988). Interventive interviewing: III. Intending to ask lineal, circular, strategic, or reflective questions? *Family Process*, *27*, 1–5.

Toppman, L. (1983, December 11). Maya Angelou: The serene spirit of a survivor. *Charlotte Observer*, pp. F1–2.

Von Foerster, H. (1984). On constructing a reality. In P. Watzlawick (Ed.), *The invented reality* (pp. 40–71). New York: W. W. Norton.

Von Glaserfeld, E. (1991). Knowing without metaphysics: Aspects of the radical constructivist position. In F. Steier (Ed.), *Research and reflexivity* (pp. 12–29). Knobbier Park, CA: Sage.

Vygotsky, L. (1986). *Thought and language*. Cambridge, MA: MIT Press. (Original work published 1934)

Watzlawick, P. (Ed.). (1984). *The invented reality*. New York: W. W. Norton.

Wentworth, W. M., & Wentworth, C. M. (1997). The social construction of culture and its implications for the therapeutic mind-self. In T. Sexton & B. Griffin (Eds.), *Constructivist thinking in counseling practice, research, and training* (pp. 41–57). New York: Teachers College Press.

Whipple, V. (1999). Feminist and family therapies: Continuing the dialogue. *ICA Quarterly*, *147*, 2–13.

White, M. (1989). The externalizing of the problem. *Dulwich Centre Newsletter*, *3*(20), 12, 15–16.

White, M. (1995). *Re-authorizing lives*. Adelaide, South Australia: Dulwich Centre.

White, M., & Epston, D. (1990). *Narrative means to therapeutic ends*. New York: Norton.

White, J., & Parham, T. (1991). *The psychology of Blacks: An African-American perspective*. Englewood Cliffs, NJ: Prentice-Hall.

Williams, R., & Wittig, M. A. (1997). "I'm not a feminist but . . .": Factors contributing to the discrepancy between pro-feminist orientation and feminist social identity. *Sex Roles*, *37*, 885–904.

Wohl, J. (2000). Psychotherapy and cultural diversity. In J. Aponte & J. Wohl (Eds.), *Psychological intervention and cultural diversity* (2nd ed., pp. 75–

90). Boston, MA: Allyn and Bacon.

Worden, M. (2003). *Family therapy basics* (3rd ed.). Pacific Grove, CA: Brooks/Cole.

찾아보기

[ㄱ]

[ㄴ]

[ㄷ]

[ㄹ]

[ㅁ]

[ㅂ]

[ㅅ]

[ㅇ]

[ㅈ]

[ㅊ]

[ㅋ]

[ㅌ]

[ㅍ]

[ㅎ]

저자와 공헌자

❀ 저자

산드라 리가지오-디질리오 박사(Sandra A. Rigazio-DiGilio, Ph.D.)는 코네티컷 주립 대학교 가족학과의 결혼과 가족치료 프로그램(Marriage and Family Therapy Program) 교수이다. 리가지오-디질리오 박사는 공인 결혼과 가족치료사이자 심리학자이다. 리가지오-디질리오 박사는 문화와 맥락을 중시하는 치료 모델 가운데 하나인「체계론적 인지 발달 치료(Systemic Cognitive Developmental Therapy)」및 이와 연계된「체계론적 인지 발달 슈퍼비전(Systemic Cognitive-Developmental Supervision)」과 관련 활발한 저술과 강연 활동을 하고 있다.

앨런 아이비 박사(Allen E. Ivey, Ed.D.)는 매사추세츠 주립 대학(the University of Massachusetts, Amherst)의 저명한 명예 교수이다. 아이비 박사는 저자 · 공저자로 35권이 넘는 책과 200편 이상의 논문과 장(章)을 썼고, 이는 16개 이상의 나라에서 번역되었다. 아이비 박사는 또한 미시상담(microcounseling), 기초 기술 훈련 프로그램(foundational skills training program), 발달 상담과 치료(developmental counseling and therapy) 과정

을 개발하였다.

카라 쿤클러-펙 박사(Kara P. Kunkler-Peck, Ph.D.)는 가족치료사이자 특수 교육 전문가이다. 쿤클러-펙 박사는 특수 교육이 필요한 아이들을 평가하고 이들을 위한 교육 프로그램을 구축하는 데 앞장서 왔으며 아이들 가족과 가까이서 협력하여 일한다. 쿤클러-펙 박사는 특히 초등학교 안에서 인종주의를 타파하기 위한 교과과정과 교수법을 실행하는 일에 적극적으로 가담하고 있다.

로이스 그레이디 박사(Lois T. Grady, Ph.D.)는 1994년 스탠퍼드 대학에서 경제학으로 학사학위를 받고, 교육 평가 서비스 분야에서 일하며 시카고 대학에서 사회학으로 대학원을 나왔다. 1971년에는 도예 전공으로 석사학위를 받았고 1989년 매사추세츠 대학에서 상담심리학 특화 창의성 연구로 박사학위를 받았다. 그레이디 박사는 활발한 저술활동을 하고 있으며 자연 사진과 그림도 출판하였다. 그레이디 박사는 남편, 확대 가족과 함께 매사추세츠주의 애머스트에 살며 지질학과 풍경화 연구에 관심이 많다.

❀ 공헌자

앤서니 리가지오-디질리오 박사(Anthony J. Rigazio-DiGilio, Ed.D.)는 중앙 코네티컷 주립 대학교(Central Connecticut State University) 교육 리더십 학과(Department of Educational Leadership) 교수이다. 리가지오-디질리오 박사는 컨설턴트로 일하며 긍정적인 인간 상호작용과 교육을 도모하는 지역·국가·국제 기관과 그룹을 돕고 있다.

역자 소개

■ 강혜성

고려대학교 사회학과 및 심리학과 졸업
고려대학교 대학원 임상 및 상담 심리학 석사
현재 코네티컷 주립대학교 인간 발달 및 가족학과(Human Development and Family Studies) 박사 과정 중

공동체 가계도: 개인·가족·문화 이야기를 두루 담아
Community Genograms: Using Individual, Family, and Cultural Narratives with Clients

발 행 일 | 2017년 2월 28일 초판 1쇄 발행
저 자 | Sandra A. Rigazio-DiGilio · Allen E. Ivey
Kara P. Kunkler-Peck · Lois T. Grady
역 자 | 강혜성
발 행 인 | 구본하
발 행 처 | 도서출판 **박학사**
주 소 | 서울시 마포구 월드컵북로5길 33 동아빌딩 2층
전 화 | (02)3142-3764~5
팩 스 | (02)3142-3766
웹사이트 | www.pakhaksa.co.kr
등록번호 | 제10-2230호

정가 12,000원 ISBN 978-89-98521-61-5

♣ 역자와의 합의하에 인지첨부는 생략합니다.